GOLDMANN
ESOTERIK

Buch

1963 entdeckte die amerikanische Schriftstellerin Jane Roberts an sich hochentwickelte Fähigkeiten als Medium. In Trance erhielt sie Kontakt zu einem Wesen, das sich Seth nennt und das den Menschen helfen will, die Hintergründe des eigenen Schicksals, der Natur der Psyche und des Wesens der Realität zu verstehen. Das vorliegende Buch ist Jane Roberts' grundlegende Einführung in die Esoterik und der Schlüssel zu ihren Begegnungen mit Seth. Es ist Führer und Ratgeber zugleich, in dem der Leser seinen eigenen Zugang zur außersinnlichen Wahrnehmung entdecken kann, indem er die Erfahrungen von Jane Roberts nachvollzieht. Sie berücksichtigt dabei, daß die Entwicklung unserer PSI-Fähigkeiten Intuition und kritischen Verstand zugleich erfordert.

Autorin

Jane Roberts (1929–1984) stammte aus Saratoga Springs und besuchte das Skidmore College. Sie veröffentlichte Erzählungen und Gedichte, für die sie mehrere Literaturpreise erhielt. Seit 1962 beschäftigte sie sich mit außersinnlicher Wahrnehmung und begann mit der Aufzeichnung der in Trance von dem Geistwesen Seth erhaltenen Botschaften. Nach ihrem Tod führte ihr Ehemann Bob Butts ihre Arbeit fort und veröffentlichte weitere ihrer Aufzeichnungen aus dem Nachlaß. *Der Weg zu Seth* entstand zu Beginn ihrer ASW-Forschungen und wurde vor ihrem Tod von ihr selbst noch einmal überarbeitet.

Im Goldmann Verlag liegen von Jane Roberts außerdem vor:
Die Natur der Psyche (11760)
Gespräche mit Seth (11768)
Dialog der Seele (11850)
Das Seth-Material (12144)
Der Weg zu Seth (12080)
Überseele Sieben (12163)
Lehrzeit (12164)
Zeitmuseum (12165)
Seth und die Wirklichkeit der Psyche, Band 1 + 2 (Paperback)

JANE ROBERTS

Der Weg zu Seth

Der persönliche Führer in das Wesen einer neuen Realität

Aus dem Amerikanischen
von Susanne Kahn-Ackermann

GOLDMANN VERLAG

Originaltitel: How to Develop Your ESP-Power
Originalverlag: Frederick Fell Publishers, Inc., New York

Umwelthinweis:
Alle bedruckten Materialien dieses Taschenbuches
sind chlorfrei und umweltschonend.
Das Papier enthält Recycling-Anteile.

Der Goldmann Verlag
ist ein Unternehmen der Verlagsgruppe Bertelsmann

Made in Germany · 3. Auflage · 4/93
Genehmigte Taschenbuchausgabe

Umschlaggestaltung: Design Team München
Druck: Elsnerdruck, Berlin
Verlagsnummer: 12080
Lektorat: Diane von Weltzien
Ba · Herstellung: Sebastian Strohmaier/sc
ISBN 3-442-12080-2

Inhalt

Einleitung

Unser Bewußtsein weiß nur, was zu wissen wir ihm gestatten. Alles andere bleibt in unserem Unterbewußtsein verborgen. Oft entfallen uns wichtige Tatsachen, nur weil wir uns vor ihnen fürchten. Aber kein Eindruck geht wirklich verloren. Wir vergessen nie wirklich. Und häufig handeln wir aufgrund einer Information aus dem Unbewußten, deren Existenz das bewußte Ich zuzugeben sich weigert.

Unsere eigenen inneren Fähigkeiten und Talente sind mannigfaltiger und größer als wir uns eingestehen. Es ist Anliegen meines Buches zu untersuchen, welche außergewöhnlichen Talente in unserem Unbewußten schlummern und wie sie sich im Alltag nutzen lassen. Auch jetzt schon machen wir Gebrauch von ihnen, doch in gedämpfter und oft fruchtloser Weise. Sie sind wirksam, sozusagen trotz unseres mangelnden Bewußtseins ihrer Wirksamkeit.

Dieses Buch ist für all jene geschrieben, die auf diese inneren Fähigkeiten neugierig sind, die etwas über ASW, außersinnliche Wahrnehmung, gehört oder gelesen haben und sich fragen, welche unerkannten Kommunikationsmöglichkeiten in ihnen stecken. Dieses Buch wird Ihnen nicht irgendwelche neuartigen »esoterischen« Kräfte verleihen. Aber es wird Sie vielleicht befähigen, jene latenten medialen Fähigkeiten in Ihnen zu entwickeln und zu nutzen, die in jedem Individuum schlummern.

Ich weiß, daß ein ganz normales Individuum diese verborgenen Kommunikationsmöglichkeiten zu entdecken und zu gebrauchen vermag, da ich es selbst getan habe; zugegeben, harte Arbeit, Zeit und Selbstdisziplin waren erforderlich, aber ich hatte keine vorherige Erfahrung oder Ausbildung in diesen Phänomenen. Dieses Unternehmen ist und bleibt eines der lohnenswertesten Abenteuer meines Lebens. Sie werden durch die Lektüre auf meine Erfahrung zurückgreifen können und mit ihr als Reiseführerin durch die weithin unkartographierten Gebiete des außersinnlichen Geistpotentials streifen.

Bevor ich mit meinen eigenen Experimenten begann, wußte ich wenig über den praktischen Umgang mit diesen inneren Fähigkeiten. Seither sind sie mir durch intensives Experimentieren und durch Anwendung sehr vertraut geworden. Mit Hilfe der Experimente, die ich für Sie in diesem Buch aufzeichnete, habe ich meine außersinnlichen Fähigkeiten erkennen und nutzen gelernt.

Ich weiß jetzt, daß es in der Macht der menschlichen Persönlichkeit liegt, die Zukunft vorherzusagen, weil ich es selbst auf begrenzter, aber doch ziemlich stimmiger Grundlage getan habe. Ich weiß, daß Träume hellseherisch sein können, weil ich mir beigebracht habe, meine Träume im Gedächtnis zu behalten und sie dann an späteren Ereignissen im Alltagsleben zu überprüfen. Auch diese Experimente habe ich für Sie beschrieben. Ich weiß, daß Telepathie funktioniert, weil ich nun darauf achte und Erfahrung mich gelehrt hat, sie zu erkennen. Ich kann sie inzwischen vom bloßen Zufall unterscheiden.

Als Folge meiner Experimente machte ich viele beeindruckende Erfahrungen verschiedenster Art, die im begrenzten Rahmen unserer anerkannten Wissenssysteme nicht befriedigend zu erklären sind. Sie werden in späteren Kapiteln besprochen. Doch wie ich schon sagte, bis zu meiner Entscheidung, den Bereich der außersinnlichen Wahrnehmung selbst zu erforschen, hatte ich keine Erfahrung mit irgendwelchen übersinnlichen Phänomenen. Ich bin davon überzeugt, daß diese Kräfte und Fähigkeiten in jedem Individuum latent vorhanden sind, daß ich sie aber lange ignorierte, so wie Sie sie möglicherweise bisher nicht zur Kenntnis genommen haben.

Mein Lesestoff berührt viele Interessensgebiete, vielleicht weil ich Schriftstellerin bin. Als ich über ASW las, wuchs meine Neugierde. Auch mein Mann, Robert F. Butts, war interessiert. Wir wollten selbst Untersuchungen anstellen, doch die Mehrheit der Bücher zu diesem Thema befaßte sich mit älteren Beispielen von ASW, die von verschiedenen parapsychologischen Gesellschaften untersucht worden waren. Andere Bücher gingen auf die Leistungen bekannter Sensitiver ein. Nirgends konnten wir ein taugliches Buch finden, das einem ganz normalem Individuum vermittelte, was es mit ASW im allgemeinen auf sich hat, oder erklärte, wie diese Fähigkeiten zu entwickeln sind.

Verschiedene esoterische Vereinigungen boten dem Anfänger entsprechende Informationen an, doch sie wurden nur an Mitglieder weitergegeben, und die Mitgliedschaft war ziemlich teuer. Auch wiesen die meisten Gesellschaften in ihren Anzeigen, die ich in verschiedenen Zeitschriften entdeckte, eine okkulte Note auf, und dies schreckte mich ab.

Unsere Fragen schienen endlos. Gehörten ASW-Fähigkeiten zur Natur der menschlichen Persönlichkeit? Wie ging Telepathie vonstatten? Hatten einige Träume wirklich hellseherische Qualität? Was waren Séancen, abergläubischer Unsinn oder doch etwas mehr? Wo kam das »Ouija-Brett« her?

Mein Mann schlug vor, ich solle meine eigenen Experimente entwickeln, die Ergebnisse aufzeichnen – negativ oder positiv – und das Material für ein Buch nutzen. Keiner von uns ahnte, daß dieser unschuldige Vorschlag unser Leben für immer verändern sollte.

Leser, denen der Ursprung des Wortes »Ouija« unbekannt ist, wird es vielleicht – wie uns auch – interessieren, daß es vor fünfundsiebzig Jahren von Dr. William Fuld in Baltimore als Handelsmarke für sein »sprechendes Brett« erfunden wurde; in diesem Sinne wird das Wort »Ouija« hier gebraucht.*)

Ich begann meine Forschungen nicht, indem ich an Séancen teilnahm oder Medien aufsuchte. Zum einen kannte ich keine, wie

*) Erklärung und Bezugsquellen siehe Seite 20

es bei vielen von Ihnen auch der Fall sein dürfte. Zum andern hegte ich, vielleicht ungerechtfertigt, Vorurteile gegen Leute, die Wahrsager oder Astrologen und dergleichen aufsuchen. Weder wollte ich mich in einen möglichen Betrug verwickelt sehen noch in enthusiastische Leichtgläubigkeit. Ich wußte, daß ich nur mir selbst trauen konnte. Ich wollte eigenständig die mir möglichen Entdekkungen machen. Dieses Buch berichtet von den Ergebnissen meiner Untersuchungen und verzeichnet die von mir unternommenen Experimente, so daß Sie Ihre eigenen Forschungen anstellen können.

Im Grunde handelt es sich hier um eine Art Lehrfibel, ein »Do-it-yourself-Buch« im Bereich übersinnlicher Phänomene. Nehmen Sie sich Zeit und lesen Sie es langsam. Nach Beendigung Ihrer Experimente sind Sie vielleicht nicht imstande, mit einem meilenweit entfernten Freund zu sprechen, ohne zum Telefon zu greifen, werden Sie nicht vor Katastrophen gewarnt, bevor sie eintreten, oder können nicht Verwandte oder Freunde besuchen, die nach unseren Begriffen nicht mehr am Leben sind. Das heißt, Sie können vielleicht nicht alle diese Dinge tun. Sie werden aber die Existenz Ihrer medialen Fähigkeiten entdeckt haben. Sie wird sich in der einen oder anderen Weise bemerkbar machen.

Ihre Fortschritte hängen in starkem Maße von Ihrer Einstellung ab, aber Sie werden nie wieder der- oder dieselbe sein, wenn Sie dieses Potential erst einmal zu erforschen begonnen haben. Jede neue Erfahrung verändert die menschliche Persönlichkeit bis zu einem gewissen Grad. Diese Erfahrung wird Ihren Bewußtseinshorizont erweitern und jene Fähigkeiten und inneren Wahrnehmungen in Ihren Wahrnehmungsbereich bringen, die lebenswichtiger Bestandteil unseres menschlichen Erbguts sind, auch wenn wir sie in unserer westlichen Zivilisation nur äußerst selten zur Kenntnis nehmen.

Selbst jene, die das Buch nur zum Spaß lesen und sich nicht der Mühe der Experimente unterziehen wollen, werden viel lernen. Sie werden, vielleicht zum ersten Mal, begreifen, daß Ihre Träume keine chaotischen Zufallserscheinungen sind, sondern gültige unbewußte Handlungen, die in sich Informationen über Vergangenheit, Gegenwart und Zukunft bergen. Sie werden wissen, daß Ihre Ahnungen oftmals wertvolle Angaben enthalten, aus denen Nutzen zu ziehen Sie lernen können, und daß Ihre außersinnliche Wahrnehmungsfähigkeit und ihr Gebrauch nur von Ihnen selbst beschränkt werden.

Weder werde ich hier die Geschichten oder Erfolge berühmter Sensitiver wiedergeben, noch bereits dokumentierte Fälle übersinnlicher Phänomene anführen. Zum einen sind diese Informationen in einem wachsenden Buchangebot zugänglich, zum andern sind sie zwar interessant, verhelfen dem Individuum aber nicht zur Entwicklung der eigenen Fähigkeiten. Statt dessen werde ich von meiner eigenen Initiation und Weiterentwicklung berichten und Ihnen Experimente vorstellen, die Sie ausprobieren können. Hier sind Sie auf sich selbst gestellt. Kein anderer kann die Experimente für Sie unternehmen. Es liegt an Ihnen, Sie auszuprobieren und ihre Resultate ehrlich, integer und mit gesundem Menschenverstand einzuschätzen.

Zu allen Zeiten haben sich Menschen auf außersinnliche Wahrnehmung der einen oder anderen Art verlassen. Ganz gewöhnliche Männer und Frauen haben immer vermutet, daß das Leben neben der sinnlich wahrnehmbaren Dimension noch eine andere hat. Mit der Entstehung der modernen Wissenschaft befaßte sich unsere Gesellschaft jedoch nur noch mit Realitäten, die gesehen und berührt werden können. Eine Weile lang schien es, als könne das gesamte Universum auf diese Weise erklärt werden.

War eine Realität mit physischen Sinnen nicht wahrnehmbar, so existierte sie für den zivilisierten Menschen eben nicht. Dann kam die Elektrizität auf. Noch heute weiß niemand, was sie ist. Wir wissen, wie sie unter bestimmten Bedingungen funktioniert, aber da ist nichts, was wir sehen, berühren, in Händen halten und dazu sagen könnten: »Ah ja, das ist Elektrizität.«

Später entdeckte die Wissenschaft die sogenannte Welt der Festkörper, die objektive physikalische Welt, die in der herkömmlichen Bedeutung der Begriffe weder fest noch real ist. Ein Tisch zum

Beispiel ist nicht, was er den physischen Sinnen zu sein scheint. Aus Bequemlichkeit und vielleicht um unserer geistigen Gesundheit willen tun wir so, als sei der Tisch ein fester Gegenstand, obgleich er es ganz und gar nicht ist. Ein Tisch ist ein Konglomerat locker verbundener, nicht einmal statischer Atome, denn kein Atom ist wirklich statisch. In Wirklichkeit besteht der uns vertraute Tisch aus einer Mischung von in Molekülen geordneten Atomen, die sich ständig verändern und dauernd in Bewegung sind. Heute müssen Wissenschaftler darauf achten, daß sie sich bei ihren Experimenten nicht von ihren physischen Sinnen täuschen lassen. Mit anderen Worten, ein Tisch ist das Resultat unserer Methode, den Grundstoff des Universums wahrzunehmen und in ein System zu bringen.

Wir benutzen ständig Elektrizität. Wir gebrauchen ständig Tische, auf denen wir unsere Tassen und Untertassen abstellen, die selbst ein Netzwerk aus Atomen und Molekülen sind. Gewiß ist Elektrizität praktisch. Gewiß ist ein Tisch praktisch. Es stört uns nicht, daß er nicht ist, was er zu sein scheint, solange wir unsere gleichermaßen trügerischen Tassen und Untertassen darauf abstellen können. Und wir halten uns auch nicht für abergläubisch, wenn wir uns dieser Dinge bedienen.

Die Tatsache bleibt aber bestehen, daß uns unsere physischen Sinne über die Natur der Grundrealität täuschen. Doch in uns steckt die latente Fähigkeit zur Wahrnehmung der Realität, wie sie wirklich ist. Außersinnliche Wahrnehmungen sind Teil dieser Fähigkeit. Sie ermöglichen uns, Realität durch die von unseren physischen Sinnen aufgerichteten Barrieren hindurch wahrzunehmen.

An dieser inneren Wahrnehmung ist nichts Okkultes. ASW, wie der Begriff im allgemeinen gebraucht wird, bezieht sich auf Wahrnehmungen, die uns auf anderem Wege als dem der physischen Sinne erreichen. Viele Menschen ziehen daraus den Schluß, daß solche Wahrnehmungen eine übernatürliche Quelle haben müssen, wobei der Begriff »übernatürlich« an sich nicht sehr aussagekräftig ist. Im Mittelalter wäre das Fernsehen als etwas Übernatürliches betrachtet worden. Die Annahme, daß die menschliche

Persönlichkeit über Kräfte verfügt, von denen der Mensch selbst weitgehend nichts weiß, ist sehr viel logischer. Es ist logischer, das Offensichtliche anzunehmen, nämlich daß weitaus mehr existiert, als der Mensch in den Bereichen seiner anerkannten Wissenssysteme zugelassen hat, als dafür gleich okkulte Mächte zu bemühen.

Warum sollten wir also, wenn die physischen Sinne die Grundrealität verzerren, die Realität auf deren alleinigen Maßstab einengen? Nehmen wir irgendein Gefühl. Bestimmte Gefühle sind real, haben aber nicht die gleiche physische Realität wie ein Tisch. Ein Gefühl können wir nicht anfassen. Ein Gefühl können wir nicht wirklich sehen. Jeder Leser wird verstehen, was gemeint ist, wenn ich sage, daß Leid schwer wiegt, daß es uns hinunterzieht. Doch keine Waage kann das Gewicht von Leid in Pfund und Gramm messen. Leid hat kein physikalisches Gewicht. Es hat zweifellos ein psychisches Gewicht, das uns allen vertraut ist. Und wie andere psychische Erfahrungen ist Leid Teil der Realität, auch wenn es nicht mit physikalischen Instrumenten gemessen oder untersucht werden kann. Und so existieren viele andere Realitäten, die mit physischen Sinnen nicht voll wahrgenommen werden können.

Die Ergebnisse meiner Experimente bringen mich dazu, wenigstens die Möglichkeit eines Überlebens der menschlichen Persönlichkeit jenseits der Verwandlung, die wir Tod nennen, anzuerkennen. Ich sehe nicht, wie sich einige meiner Erfahrungen erklären lassen, wenn nicht eingeräumt wird, daß die Persönlichkeit sogar in dieser Existenz bis zu einem gewissen Grad von physischer Materie unabhängig ist. Und wenn dies der Fall ist, warum sollte diese Persönlichkeit dann von physischer Materie abhängig sein, wenn sich diese Materie auflöst?

Mir scheint, wir müssen die Möglichkeit des Überlebens der menschlichen Persönlichkeit nach dem Tod ernsthaft in Betracht ziehen. Wir sind gegenwärtig eine Mischung aus Bewußtsein und physischer Materie, aber was waren wir vor dieser Existenz und was werden wir danach sein? Einwandfreie ASW-Forschungen könnten hier einen wesentlichen Beitrag leisten, denn solange wir nicht mehr über die Kräfte der menschlichen Persönlichkeit wissen, können wir nicht hoffen, mehr über ihre Zukunft oder Vergangenheit zu erfahren. Wir haben unseren Blick auf die Außenwelt gerichtet und das physische Universum erforscht, doch vor den Möglichkeiten, die innerhalb des Geistes und der Seele des Menschen ruhen, haben wir die Augen geschlossen.

Meine eigene Erfahrung in diesem Bereich hat einige meiner früheren Vorstellungen von einem solchen Überleben drastisch verändert. Im Trancezustand habe ich Worte gesprochen, die nicht meine eigenen waren, Worte, die bereits innerhalb eines guten Jahres zu einem zweitausendseitigen getippten Manuskript angewachsen sind, das ich das Seth-Material* nenne. Darin finden sich unter anderem entschiedene Fortschritte im Kenntnisbereich der Wissenschaft und Parapsychologie. Seth besteht in seinem Material darauf, daß er ein »Energiepersönlichkeitskern« ist, der nicht mehr in der physischen Realität zentriert ist; daß er durch mein Unbewußtes spricht, aber davon unabhängig ist.

Seth schlug einige der in diesem Buch aufgeführten Experimente vor. Das Seth-Material bespricht Themen wie die Natur physischer Materie, die Gottesvorstellung, Antimaterie, das Traumuniversum, die Schichten des Unbewußten, die Theorie des sich ausdehnenden Universums und die Beschränkungen der Theorie von Ursache und Wirkung. Nirgends finden sich innerhalb des Materials Widersprüchlichkeiten. Seit Dezember 1963 spreche ich an je zwei festen Abenden die Woche im leichten Trancezustand für Seth. Seth sagte zum Beispiel voraus, daß das Manuskript von dem amerikanischen Verlag veröffentlicht werden würde, der es zur Zeit der Voraussage vorliegen hatte. Aber er sagte auch aus, daß eine Frau bei der Veröffentlichung eine wesentliche Rolle spielen würde, obschon nicht klar war, ob sich das auf dieses spezielle Buch bezog. Ich hatte mit dem Verlagsleiter verhandelt und seit einiger Zeit nichts von ihm gehört. Schließlich schrieb ich einen Brief und bat um die Rückgabe des Manuskripts. Ich erhielt einen Antwortbrief von

* In Deutschland sind aus diesem Material bisher erschienen: »Das Seth-Material«, »Gespräche mit Seth«, »Die Natur der Psyche« und »Die Natur der persönlichen Realität« (alle Titel im Ariston Verlag, Genf und München).

einer neuen Lektorin mit der Bitte, ihnen das Manuskript noch eine Weile zu überlassen. Einen Monat später wurde es angenommen, fünf Monate nach der Voraussage. Der Verlagsvertrag kam jedenfalls auch aufgrund der Beurteilung des Manuskripts durch diese Frau zustande. Zur Zeit der Voraussage jedoch hatte ich keinen Kontakt mit einer Lektorin, und soweit ich weiß, war sie damals noch gar nicht mit dem Verlag verbunden.

Um es zu wiederholen, in der Vergangenheit hatte ich keine übersinnlichen Erfahrungen irgendwelcher Art gemacht. Das Erkennen außersinnlicher Wahrnehmungen wurde uns durch unsere Erziehungssysteme aberzogen. Wir werden gelehrt, nur den Dingen zu vertrauen, die gesehen, gerochen, geschmeckt oder betastet werden können. Wir wachsen mit einer einzigen Vorstellung von Realität auf, und diese ist durch vorgefaßte Ideen und Theorien säuberlich eingezäunt. Es ist an der Zeit, für uns selbst die Möglichkeiten der gesamten menschlichen Persönlichkeit zu entdecken.

Wenn Sie mit Aufgeschlossenheit die in diesem Buch dargestellten Prinzipien anwenden, werden Sie bald Realitäten wahrnehmen, die Ihr Bewußtsein bisher nicht erreichten. Sie werden einerseits ein intellektuelles Gespür für Objektivität brauchen und andererseits ein freies starkes Gespür für das Intuitive. Sie finden hier Experimente, die Sie selbst zu Hause durchführen können, Experimente, die die Realität außersinnlicher Wahrnehmung in Ihre persönliche Umgebung bringen und Sie entdecken lassen werden, wo Ihre Fähigkeiten liegen.

Alle Individuen unterscheiden sich voneinander. Die Tatsache, daß es Musik gibt, macht uns noch nicht alle zu professionellen Musikern. Aber wir alle haben bis zu einem gewissen Grad ein Empfinden für Musik und können uns an ihr erfreuen, und uns allen kommt so Musik zugute. Wie jede Person besondere Fähigkeiten in bestimmten Bereichen hat, verhält es sich auch bei außersinnlichen Wahrnehmungen.

Sie werden durch ihre experimentellen Versuche herausfinden, wo Ihre persönlichen Neigungen liegen. Was immer mein Mann und ich lernten, haben wir auf mühsamem Wege entdeckt, durch praktisches Ausprobieren. Sie können hier viel Zeit sparen. Wenn Sie dieses Buch lesen, werden Sie zumindest eine klare Vorstellung davon haben, was Sie tun, wie Sie es tun und wie Sie die Resultate beurteilen können.

Gesunder Menschenverstand und kritisches Urteilsvermögen sind zur Einschätzung der Experimente nötig, aber ihre Ausführung erfordert eine gewisse Spontaneität. Befreien Sie sich soweit wie möglich von vorgefaßten Meinungen. Erforschen Sie die innere Realität mit derselben Neugierde und Fähigkeit zu staunen, mit der ein Kind jede neue Erfahrung erforscht.

Als ich zum Beispiel dieses Wagnis begann, war ich durchaus bereit, Telepathie und Hellsichtigkeit als echte Aspekte psychischen Vermögens anzuerkennen, fand aber den Gedanken an Séancen und sprechende Bretter töricht und hielt sie für etwas, womit sich Neurotiker und psychisch Kranke beschäftigten. Ich bezog beides nur deshalb in meine Forschungen ein, weil ich entschlossen war, mich nicht von meinen persönlichen Vorurteilen leiten zu lassen. Als Resultat wandelten sich meine Vorstellungen beträchtlich. Es war ein einfaches Experiment mit dem Ouija-Brett, auf das ich mich nur halbherzig eingelassen hatte, das zum Beginn der Seth-Sitzungen führte. Spätere experimentelle Séancen, die in meinem Haus abgehalten wurden, brachten mich zur Überzeugung, daß hier mehr als Hysterie oder Aberglaube im Spiel ist.

Was Sie aus diesem Buch herausholen, hängt weitgehend von der Energie, Zeit und dem Interesse ab, die Sie zu investieren bereit sind. Selbstdisziplin, gesunder Menschenverstand, Intuition und Ausdauer sind erforderlich, um den größtmöglichen Nutzen aus diesen Experimenten zu ziehen. Zumindest aber werden Sie die Realität Ihrer eigenen inneren Wahrnehmungen entdecken.

Diese Reise in die ASW-Welt ist eigentlich eine Erkundung Ihrer individuellen Persönlichkeit; eine Reise in Ihr Selbst. Sie brauchen also nicht ein Medium oder eine Wahrsagerin aufzusuchen, um herauszufinden, was es mit Phänomenen wie Hellsehen oder Telepathie auf sich hat. Unter Umständen fahren Sie in Ihrer Eigenständigkeit sehr viel besser. Die meisten Medien sind vertrauenswürdige und integre Menschen, aber ein Besuch bei einem Schwindler oder einem sich der Selbsttäuschung hingebenden Neurotiker kann Sie das ganze Unternehmen angewidert aufgeben lassen.

Wenn Ihnen einige Experimente exotisch oder sehr weit hergeholt erscheinen, dann denken Sie an den Tisch, der ganz und gar nicht »solide« ist. Vielleicht stützen Sie gerade beim Lesen Ihren Ellbogen auf einen solchen Tisch. Denken Sie an die Elektrizität, von der wir ständig Gebrauch machen, ohne sie zu verstehen. Dann werden Ihnen Ihre eigenen verborgenen Fähigkeiten nicht mehr ganz so seltsam vorkommen.

Sie können Vertrauen in sich selbst haben. Schauen Sie in sich hinein und sehen Sie, was Sie finden.

KAPITEL 1

Erste Erfahrungen

Im Sommer 1913 spielte eine Hausfrau in St. Louis zur Unterhaltung im Freundeskreis mit einem Ouija-Brett. Der Zeiger begann die Botschaft einer weiblichen Persönlichkeit zu buchstabieren, die sich Patience Worth nannte und vermutlich im 17. Jahrhundert in England gelebt hatte. Über einen Zeitraum von fünfundzwanzig Jahren hinweg diktierte Patience Worth Lyrik und Romane, die veröffentlicht und rezensiert wurden. Die Hausfrau, Mrs. Pearl Curran, war keine gebildete Frau. Ihre Persönlichkeit war mit der von Patience Worth nicht zu vergleichen.

Patience schrieb in der Sprache einer vergangenen Zeit mit der entsprechenden altertümlichen Rechtschreibung. In ihrer Prosa erwähnte sie beiläufig alltägliche Haushaltsgegenstände, die nun schon lange außer Gebrauch und vergessen sind. Der Fall wurde gründlich untersucht. Hinweise auf einen Betrug fanden sich nie. Uneinigkeit bestand nur hinsichtlich der verschiedenen Erklärungen über den Ursprung von Patience Worth' Persönlichkeit.

War Patience Worth der Geist einer schon vor langer Zeit verstorbenen Frau? Besaß sie ein umfassendes Wissen über das 17. Jahrhundert, weil sie darin gelebt hatte? Oder hatte Mrs. Curran, ohne selbst davon zu wissen, unbewußt, eine fantastische Menge an allgemeinen historischen Kenntnissen angesammelt? Wenn dem so war, was war die Quelle dieses Wissens?

Viele Details, die in den Ouija-Brett-Botschaften übermittelt wurden, waren nur Gelehrten bekannt. Wenn Mrs. Currans Unbewußtes diesen Wissensreichtum irgendwie auffing, dann war dies ein Beweis dafür, daß das Unbewußte über Fähigkeiten verfügt, von denen das Bewußtsein keine Kenntnis hat. Doch diese Erklärung des Falles Patience Worth läßt viele Fragen offen. Die vermittelten Informationen sind nicht auf gewöhnlichem Wege zugänglich. Woher kamen sie? Wie organisierte Mrs. Currans Unbewußtes das Material zu Romanen und anderen literarischen Produktionen?

Wenn andererseits Patience Worth eine Persönlichkeit war, die einst auf der Ebene der physischen Materie agierte, dann ergeben sich eine Reihe anderer Fragen. Teilte sie sich über Mrs. Currans Unbewußtes mit? Handhabte sie das Ouija-Brett oder Mrs. Curran? In jedem Fall sind wir vor die Tatsache gestellt, daß die menschliche Persönlichkeit weniger durch Zeit und Raum begrenzt ist, als wir annehmen.

Ich erwähne diesen Fall, weil das Ouija-Brett beim Auftreten von Patience Worth' Persönlichkeit eine so bedeutsame Rolle spielte. Man kann in diesem Brett eine Methode zur Freisetzung des Unbewußten, ein Kommunikationsmittel zwischen Lebenden und Toten oder einfach ein törichtes Gesellschaftsspiel für gelangweilte und neurotische Menschen sehen. Die Rolle, die es im Falle von Patience Worth spielte, war jedoch provokant genug, um mich davon zu überzeugen, daß es einen Platz in meiner ASW-Forschung verdiente.

Weder mein Mann noch ich hatten je ein Ouija-Brett gesehen, aber wir kauften uns eins. Dieses Kapitel befaßt sich mit unseren diesbezüglichen Experimenten, ihren Resultaten, und es enthält ausführliche Anweisungen für Ihre eigenen Experimente.

Das Ouija-Brett*) ist etwa 65 cm lang und 45 cm breit. Darauf sind in zwei langen Reihen die Buchstaben des Alphabets in leicht lesbaren Großbuchstaben gedruckt. Das Wort »ja« steht in der oberen linken, das Wort »nein« in der oberen rechten Ecke. Unter dem Alphabet befinden sich die Zahlen von null bis neun. Ganz unten ist etwas kleiner das Wort »Auf Wiedersehen« aufgedruckt.

*) Das Ouija-Brett ist in der BRD nur im esoterischen Fachhandel erhältlich. Zu beziehen u. a. bei HORUS Versand und Buchhandlung, Bismarckstr. 16–19, 53 Bonn 1 und Wrage Buchhandlung, Schlüterstr. 4, 2000 Hamburg 13.

Zu dem Brett gehört ein kleiner Zeiger. Er sieht wie ein dreibeiniger, dreieckiger Miniaturtisch aus. Bei der Arbeit mit dem Brett legen die Teilnehmer die Hände auf den Zeiger. Der Zeiger selbst ruht auf dem Brett. Um sich mit der Prozedur vertraut zu machen, legen Sie die Hände auf den Zeiger und schieben ihn sanft über das Brett. Wenn das Brett korrekt arbeitet, wird sich der Zeiger anscheinend wie von selbst und ohne Anstrengung von Ihrer Seite bewegen.

Vielleicht haben Sie auf Anhieb mit dem Brett Erfolg. Wenn nicht, seien Sie unbesorgt. Unsere ersten Versuche waren enttäuschend. Entweder bewegte sich der kleine Zeiger überhaupt nicht oder die angegebenen Buchstaben ergaben nur Kauderwelsch. Meine Einstellung dazu ließ zu jener Zeit zu wünschen übrig. Ich hielt das Ouija-Brett meines ernsthaften Interesses für nicht würdig. Intellektuell sah ich ein, daß es einen Platz in meinen Forschungen verdiente, aber gefühlsmäßig war ich peinlich berührt und befangen. Ganz offensichtlich ist das keine angemessene Einstellung für einen ersten Versuch mit dem Brett. Unsere ersten Bemühungen brachten so unzulängliche Ergebnisse, daß mich unser späterer Erfolg umso mehr wundert.

Hier sind einige Schritte, denen Sie bei Ihren anfänglichen Experimenten folgen können. Plazieren Sie das Ouija-Brett zwischen sich und Ihrem Partner. Benutzen Sie es wie ein Tischchen und lassen Sie die eine Kante auf Ihren Knien, die andere auf den Knien des anderen Teilnehmers ruhen. Lassen Sie die Augen offen. Es gibt keinen Grund, sie zu schließen. Lassen Sie beide Hände auf dem kleinen Zeiger ruhen, den Sie auf das Brett gelegt haben. Veranlassen Sie Ihren Partner, das gleiche zu tun.

Entspannen Sie sich. Wenn das Brett zu arbeiten beginnt, wird sich der Zeiger bewegen und die Buchstaben anzeigen, aus denen sich die Botschaft zusammensetzt. Sollten sich in den ersten Sitzungen von, sagen wir, jeweils zwanzig Minuten keine Resultate ergeben, dann seien Sie nicht entmutigt. Bei den meisten von Ihnen wird das Brett jedoch schon beim ersten Mal funktionieren. Wenn nicht, dann haben Sie vielleicht die falsche Einstellung. Machen Sie dann einen unbeschwerteren Versuch, einfach im Sinne von Spaß haben. Erinnern Sie sich daran, daß sich das Seth-Material vielleicht nie ergeben hätte, wenn wir nach unseren ersten Mißerfolgen angewidert aufgegeben hätten.

Wenn Fragen an das Brett gestellt werden, dann werden sie anfangs besser von nur jeweils einer Person gestellt. Bewegt sich der Zeiger nicht, wiederholen Sie die Frage. Sprechen Sie in einfachen Sätzen. Sie können flüstern, laut sprechen oder die Worte nur in Gedanken formen. Stellen Sie jeweils nur eine Frage. Versichern Sie sich, daß Sie dem Brett ausreichend Zeit zur Beantwortung lassen.

Üben Sie nur ganz leichten Druck auf den Zeiger aus. Er kann sich nicht bewegen, wenn Sie ihn zu stark nach unten drücken. Wenn Sie sich am Brett etwas seltsam vorkommen, eröffnen Sie die Sitzung sofort mit einer Frage. Eine übliche Eröffnungsfrage ist: Ist jemand da? Dann ergeben sich die folgenden Fragen ganz natürlich aus den Antworten des Brettes.

Wenn die Botschaft besagt, daß sie von einer anderen Persönlichkeit stammt, dann stellen Sie Fragen, durch die Sie die größtmögliche Menge an Information erhalten. Wenn die Persönlichkeit behauptet, nicht zu den Lebenden zu gehören, fragen Sie nach Ort und Zeit der Geburt und des Todes. Sie werden vielleicht später bestimmte Details überprüfen wollen. Fragen Sie nach den Namen anderer Familienmitglieder der Persönlichkeit. Sind sie am Leben oder tot? Wenn sie leben, wo leben sie? Wenn sie tot sind, wann und wo starben sie? Falls eine Frage nicht beantwortet wird oder der Zeiger zu zögern scheint, dann lassen Sie sie fallen und nehmen Sie sie später wieder auf.

Manche Leute finden, daß sie durch die Frage-und-Antwort-Prozedur beeinträchtigt werden. Sollte das bei Ihnen der Fall sein, dann sitzen Sie einfach ganz ruhig da, die Hände auf dem Zeiger. Innerhalb kurzer Zeit wird er dann seine eigene Botschaft buchstabieren ohne irgendeine Frage von Ihrer Seite. Wenn Sie sich später ein bißchen lockerer fühlen, können Sie auch eine Kombination der Verfahren anwenden und damit ausgezeichnete Resultate erzielen. Bei der Arbeit mit dem Brett muß mit unbedingter Integrität vorgegangen werden. Mißtrauen auf seiten eines Partners wird jeden möglichen Fortschritt ernsthaft behindern.

Das Experimentieren mit dem Ouija-Brett ist eine faszinierende Erfahrung und vielleicht der leichteste Weg für den Beginn mit ASW-Experimenten. Ich schlage vor, daß Sie die Experimente in diesem Buch in der angegebenen Reihenfolge ausprobieren, da Sie das eine auf das jeweils nächste vorbereitet. Der Bereich der medialen Phänomene ist einer der wenigen, in dem auch Amateure echte Forschungsbeiträge leisten können. Daher ist es lohnend, daß Sie sorgfältige Aufzeichnungen zu Ihren Experimenten machen.

Wenn Sie mit dem Brett arbeiten, können Sie oder Ihr Partner alle Fragen und Antworten aufschreiben, wenn der Zeiger zwischen den Botschaften innehält oder einfach pausiert, was manchmal der Fall ist. Effizienter aber ist es, wenn eine dritte Person die Fragen und Antworten aufschreibt. Beginnen Sie mit Ihren Aufzeichnungen schon bei der ersten Sitzung. Halten Sie das Datum, die Namen der teilnehmenden Personen und die Uhrzeit fest. Werden Fragen gestellt, schreiben Sie sie auf und lassen Sie Platz für die Einfügung der Antworten. Sind Sie mit dem Brett vertrauter geworden, dann erweist es sich als günstig, wenn Sie sich die Fragen im voraus überlegen.

Sollte das Ouija-Brett sehr gut arbeiten, müssen Sie eventuell eine persönliche Kurzschrift entwickeln, da die Botschaften sehr rasch kommen. Normalerweise zeigt das Brett keine Interpunktion an, Sie müssen also aufpassen, wo ein Satz endet und der nächste beginnt. Die Worte können ineinander verlaufen, so daß die Botschaft auf den ersten Blick keinen Sinn zu ergeben scheint. Sehen Sie sich aus diesem Grund alle Botschaften sorgfältig an. In manchen Fällen verwendet das Brett seine eigene Kurzschrift. Die Zahl 1 könnte für das Wort »eine/r« gebraucht werden. Der Buchstabe »r« könnte für das Wort »er« erscheinen.

Am Anfang stellen Sie vielleicht einfache Fragen, die mit ja oder nein beantwortet werden können. Und bis Sie mehr Sicherheit gewonnen haben, bitten Sie eventuell um Initialen statt volle

Namen. Akzeptieren Sie nicht allzu leichtgläubig verstümmelte Botschaften. Versuchen Sie nicht durch zuviel Phantasie Unsinnigem einen Sinn zu geben. Das Brett wird vollständige Worte und dann ganze Sätze buchstabieren, und Sie werden durch Übung besser werden.

Es ist möglich, aber nicht sehr wahrscheinlich, daß eine unverständlich erscheinende Botschaft eine einwandfreie Mitteilung in einer anderen Sprache darstellt. Normalerweise enthält eine Botschaft, die für Sie keinen Sinn ergibt, auch keinen Sinn. Legen Sie sie zu den Akten und ignorieren Sie sie, werfen Sie sie aber nicht weg. In einem späteren Kapitel werden wir über die Methoden sprechen, mit denen Sie solche Botschaften beurteilen können, und der Frage nachgehen, ob Sie über das Ouija-Brett selbst oder andere Wege empfangen werden.

Beunruhigen Sie sich nicht, wenn sich, vor allem am Anfang, einige Aspekte Ihrer Botschaften zu widersprechen scheinen. Es kann sich um Verzerrungen einer an sich gültigen Information handeln. Auch zu diesem Thema wird später noch mehr gesagt werden. Bei der dritten oder vierten Sitzung sollten Sie vollständige Sätze erhalten, wenn Sie es nicht bereits tun. Nach einmonatiger Erfahrung mit dem Brett erhielten Robert und ich Material, das sich auf zehn Schreibmaschinenseiten pro Sitzung belief.

Zu fühlen, wie der Zeiger sich bewegt, und zu wissen, daß Sie oder Ihr Partner ihn nicht bewußt führen, ist eine bemerkenswerte Erfahrung. Als wir mit unseren Experimenten begannen, wußten wir nicht, worauf wir unsere Erwartungen richten sollten. Ich gebe Ihnen einen kurzen Bericht von unseren früheren Sitzungen, damit Sie eine Vergleichsgrundlage für Ihre eigenen Resultate haben.

Nach unseren ersten beiden erfolglosen Versuchen begannen wir verständliche Botschaften zu erhalten, die ihrer Aussage nach von meinem Großvater stammten, Joseph Adolph Burdo, der 1949 gestorben war. Großvater war französischer und indianischer Abstammung. Er sprach sehr gut Englisch, aber mit bestimmten Eigenheiten. Zum Beispiel sprach er die englischen Worte *these*, *them* und *those* wie *dees, dem*, und *dos* aus. Das Brett gab die Eigenheiten seiner Aussprache wieder, wie auch die allgemeine Wortwahl charakteristisch für seinen Umgang mit der englischen Sprache war.

Wir erhielten auch Botschaften, die angeblich von anderen Persönlichkeiten stammten, die den Tod überlebt hatten, Persönlichkeiten, die keiner von uns gekannt hatte. Wir überprüften die Geburts- und Todesdaten, wie sie in den Botschaften erschienen. In der Regel war das Material in sich stimmig. Die angegebenen Lebensgeschichten waren gewiß plausibel. Bis zu diesem Punkt waren wir beide ziemlich überrascht, aber nicht besonders beeindruckt. Zum Beispiel konnten wir beim nächsten Versuch mit dem Brett nie dieselben »Leute« zurückholen. Wir waren jedoch interessiert genug, um weiterzumachen.

Nach zwei oder drei solcher Sitzungen wurden wir wieder mit Kauderwelsch belagert. Inmitten von unsinnigen Worten erschien eine klare Aussage: »östliche Wege«. Diese Worte waren in der Tat bedeutsam, was wir jedoch zu diesem Zeitpunkt nicht wußten. Wir haben sie aber pflichtbewußt in unseren Aufzeichnungen festgehalten. Dies ist einer der Gründe, warum Notizen so wichtig sind. Manchmal ergibt eine unsinnig erscheinende Aussage später Sinn. Unser nächstes Experiment mit dem Ouija-Brett war der Anfang einer einzigartigen Erfahrung, die noch immer andauert. Sie begann ziemlich belanglos mit einer Botschaft von einer Persönlichkeit, die ich Frank Withers nennen will, obgleich dies nicht der angegebene Name war. Frank Withers teilte uns mit, daß er dreißig Jahre lang in Elmira im Staate New York Englisch unterrichtet hatte und fügte andere Hintergrundinformationen über sich und seine Familie hinzu.

Am nächsten Tag fragte ich eine ältere, in Elmira ansässige Frau, ob sie jemand dieses Namens gekannt habe. Zu diesem Zeitpunkt gab ich keine Begründung für meine Frage an. Sie bestätigte ausdrücklich, daß sie eine solche Person gekannt habe und fügte hinzu, daß sie sich an der Peripherie ihres Bekanntenkreises bewegt habe und in den frühen vierziger Jahren gestorben sei.

Frank Withers hatte als sein Todesjahr 1942 angegeben, was die Frau natürlich nicht wissen konnte.

Unsere nächsten Sitzungen verliefen in gleicher Weise weiterhin mit Frank Withers. Aus verschiedenen Gründen überprüften wir damals dieses frühe Material nicht weiter. Zum einen traten ganz offensichtliche Widersprüche in den Daten auf. Zum andern war es vor allem am Anfang schwierig, die Information im herkömmlichen Sinne als authentisch anzusehen. Auch Zeitmangel hatte etwas mit unserer Nachlässigkeit zu tun (wir beide hatten unsere Jobs) und die Angst vor einer möglichen peinlichen Situation, wenn wir in den Gemeindeunterlagen nachforschten.

Wie sich herausstellte, waren wir nur kurz mit Frank Withers befaßt, nämlich drei Sitzungen lang. Die nächste Sitzung begann mit Frank Withers, aber seine Persönlichkeit wurde durch Seths Persönlichkeit abgelöst. Die Seth-Sitzungen hatten begonnen. Es war sofort ersichtlich, daß die durch das Brett erhaltenen Botschaften an Dimension und Qualität zunahmen. Wir hatten es mit einer Persönlichkeit von überlegener Intelligenz zu tun, einer Persönlichkeit mit ausgeprägtem Humor, die stets hervorragende psychologische Einsichten und eine Kenntnis enthüllte, die unsere bewußten Fähigkeiten ganz gewiß überstiegen.

Seit dieser Sitzung begann das Brett Absatz um Absatz zu buchstabieren. Zu meiner Bestürzung hatte Seth bereits in den früheren Sitzungen darauf bestanden, daß Reinkarnation nicht nur eine Möglichkeit, sondern eine Tatsache menschlicher Existenz sei. Er zählte frühere Reinkarnationen von Robert und mir auf und gab Namen, Daten, Familienbeziehungen und andere Details an. Einiges Material wurde in Hypnose bestätigt. Andere Details müssen noch überprüft werden. In den Kapiteln über Reinkarnation werden wir im einzelnen darüber sprechen.

Sowohl Robert als auch ich waren mit der Reinkarnationstheorie vertraut, hatten sie aber praktisch verworfen, weil sie anscheinend unüberwindbare Mängel und Brüche aufwies. Für mich hatte Reinkarnation einen Beigeschmack von Okkultismus. Seth begegnete jedem meiner Einwände mit makelloser Logik und führte später Experimente an, die der Bestätigung seiner Theorie dienen konnten.

Bewegte ich den Zeiger? Oder Robert? Wir begannen einander zu testen. Ohne Vorwarnung hob ich meine Hand vom Zeiger. Er blieb stehen. Robert tat dasselbe. Der Zeiger blieb stehen. Im allgemeinen arbeitete das Brett nicht für einen von uns allein. Wir beide schienen notwendig zu sein, und auch bewegte keiner von uns allein den Zeiger.

Unsere erste Begegnung mit Frank Withers fand am 2. Dezember 1963 statt. Davor hatten wir in den Sitzungen nie eine Kontinuität herstellen können. Mit Beginn der Seth-Sitzungen bekräftigte eine Sitzung sofort die vorangegangene. Seth erklärte, daß wir zwei Sitzungen pro Woche haben würden, benannte die Abende und die Uhrzeit. Die Sitzungen dauerten zwischen zwei und drei Stunden, manchmal länger. Seither haben wir uns an diesen Zeitplan gehalten.

Bald nach unserer Bekanntschaft mit Seths Persönlichkeit erregte ein Ausdruck unsere Aufmerksamkeit. Es geschah, als Seth über Roberts frühere Reinkarnationen sprach. Laut Seth war Robert um 1600 ein Landbesitzer in Dänemark gewesen, der über Güter nahe einer Stadt Triev verfügte, die nicht mehr existiert. Die Worte »östliche Wege« wurden gebraucht, um die Örtlichkeit in Dänemark zu bezeichnen, und wir erinnerten uns, daß dieser Ausdruck inmitten des Kauderwelschs einer früheren Sitzung aufgetaucht war.

Am Ende dieses Kapitels finden Sie Auszüge aus früheren Sitzungen. Die Fragen, die wir stellten, werden Ihnen bei Ihrer Formulierung der Fragen helfen. Achten Sie darauf, wie die Antworten anfänglich nur aus einem Wort bestehen und bei der vierten Sitzung bereits länger sind. Aller Wahrscheinlichkeit nach wird Ihre Erfahrung eine solche Entwicklung aufweisen.

Doch was bringt das Ouija-Brett zum Funktionieren? Lassen Sie uns, bevor ich darauf eingehe, einen prüfenden Blick auf die Zusammensetzung der menschlichen Persönlichkeit werfen, denn es ist ein Teil dieser Persönlichkeit, der diese Art der Kommunikation ermöglicht.

Das Ego ist der Teil von Ihnen, mit dem Sie im Alltagsleben vertraut sind. Es ist Ihr bewußtes *Ich*. Dieses bewußte *Ich* ist nichts Feststehendes. Es wandelt sich ständig. Es ist jetzt nicht das, was es war, als Sie ein Kind waren und wird morgen nicht das sein, was es heute ist.

Das Ego ist der Teil von Ihnen, der sich dem Alltag stellt und mit praktischen Problemen umgeht. Es formiert sich um bestimmte Fähigkeiten und Neigungen, die Teil Ihrer Persönlichkeit sind. Einige davon werden vom Ego genutzt und akzeptiert, um Teil des bewußten *Ich* zu werden. Diese Vorlieben und Abneigungen, Fähigkeiten und charakteristischen Merkmale, die Sie als Ihre eigenen betrachten, tragen zur Konstituierung des Ego bei.

Das Ego ist für das Alltagsleben außerordentlich wichtig. Es befähigt uns, uns auf die anliegenden praktischen Belange zu konzentrieren. Doch unser Gehirn empfängt ständig Reize von außen, und das bewußte Ego kann diese überwältigende Menge an Reizen nicht allein handhaben. Es ist nötig, daß vieles bewußt ignoriert wird. Wir können uns nur einer bestimmten Anzahl von Dingen auf einmal bewußt werden. Wir führen viele Handlungen aus, ohne bewußt zu wissen wie. Das Ego ist sich noch nicht einmal vieler Reize bewußt, die im Körper ihren Ursprung haben.

Wir gehen durchs Zimmer, wechseln den Stuhl und nehmen beispielsweise ein Buch auf. Und während wir mit diesen Aktivitäten befaßt sind, atmen wir natürlich ein und aus. Unsere Körperzellen erneuern sich selbst. Doch wir sind uns nicht bewußt, daß wir uns willentlich zum Atmen brächten. Wir sind uns nicht einmal der notwendigen Muskelbewegungen bewußt, die uns von einem Stuhl zum anderen bringen. Und nicht nur das, wir haben auch wenig bewußte Kontrolle über diese Aktivitäten. Es scheint beinahe, als nähme sich ein anderes Selbst gewisser Funktionen an – Funktionen, die für unser physisches Überleben sehr wichtig sind – wie etwa Atmen und Verdauung. Werden sie nicht präzise und vorzüglich ausgeführt, sterben wir.

Wenn so viele Aspekte von so lebenswichtiger Bedeutung von unbewußten Kräften, in diesem Falle vom autonomen Nervensystem kontrolliert werden, ist es dann so schwer zu glauben, daß auch andere Funktionen und Fähigkeiten auf einer unbewußten Ebene kontrolliert werden? Doch wohl nicht. Oft summen wir zum Beispiel vor uns hin, ohne uns dessen gewahr zu sein. Manche von uns wandern im Schlaf im Zimmer herum, verlassen sogar manchmal das Haus und gehen die Straße entlang, während unser Bewußtsein von diesen Aktivitäten nichts weiß. Tatsächlich kann das feine Gleichgewicht der Psyche eines Schlafwandlers erheblich durcheinandergebracht werden, wenn er zu rasch aufgestört oder geweckt wird.

Ein bewußter Eingriff in eine unbewußte Handlung kann also ihren glatten Ablauf stören. Wenn wir willentlich jeden Atemzug herbeiführen, bewußt die Millionen kleiner Körpermanipulationen überwachen müßten, die für die tägliche Fortbewegung nötig sind, hätten wir für nichts anderes Zeit. Und zudem gibt es keinen Grund zur Annahme, daß wir damit unsere gegenwärtige unbewußte Leistung verbesserten.

Die Arbeit mit dem Ouija-Brett ist eine Methode, dieses persönliche, für unser physisches Überleben so wichtige Unbewußte zu erreichen und mit ihm zu kommunizieren. Das persönliche Unbewußte weiß mehr über uns als wir. Ist das bewußte *Ich* entspannt, kann sich das Unbewußte durch Muskelbewegungen ausdrücken, wie es zum Beispiel der Fall ist, wenn sie beim Telefonieren auf einem Blatt Papier herummalen. Ihre Kritzeleien sind Hinweise auf Ihr inneres Selbst. Während Ihr Bewußtsein mit anderen Dingen beschäftigt ist, kontrolliert Ihr Unbewußtes Ihre Muskelbewegungen und veranlaßt Ihre Finger zum Herummalen. Ihr Gekritzel mag Ihrem Bewußtsein bedeutungslos erscheinen, aber aller Wahrscheinlichkeit nach hat es ganz bestimmte Bedeutungen für Ihr Unbewußtes. Da viele unserer Muskelbewegungen immer unbewußt gesteuert sind, überrascht es nicht, daß sich dieser innere Teil unseres Selbst durch solche Bewegungen ausdrücken kann.

Eine Theorie besagt, daß es dieselben unbewußten Muskelbewegungen sind, die den kleinen Zeiger über das Ouija-Brett führen. Wäre dies alles, stellte das Brett immerhin ein sehr lohnendes

Mittel dar, mit dem das bewußte *Ich* die verborgenen Bereiche des Gesamtselbst entdecken kann. Ich vermute aber, daß dieser persönliche Teil des Unbewußten nur die alleroberste Ebene einer sehr viel weiteren unbewußten Region bildet. Das Seth-Material sagt aus, daß Freuds Entdeckung des Unbewußten nur eine erste Forschungserkenntnis über das gesamte innere Selbst darstellt. Seth zufolge berührten Freud und Jung nur die offensichtlichsten Teile dessen, was als der »Unentdeckte Mensch« oder als das »Gesamtselbst« bezeichnet werden kann.

Das Unbewußte birgt eben mehr als nur unterdrückte primitive Triebe, die vom Individuum und der Gesellschaft im Zaume gehalten werden müssen. Es ist auch der Ursprung der wunderbarsten intuitiven Einsichten der Menschheit und vielleicht die Grundlage von Sprache und Kultur. Es ist sehr wohl möglich, daß uns ein Studium der Schichten des Unbewußten zu Erkenntnissen über die vergangene geistige und psychische Existenz des Menschen führt, so wie eine Untersuchung der Erdschichten den Archäologen Aufschluß über vergangene Kulturen gibt.

Wenn Sie den in diesem Buch angegebenen Experimenten folgen, werden Sie für sich selbst entdecken, daß da jenseits dieses persönlichen Unbewußten eine Realität ist, so lebendig und gültig wie jene, mit der Sie jetzt vertraut sind. Das Ouija-Brett wird Sie Ihr Bewußtsein entspannen lassen, so daß Sie, vielleicht zum erstenmal, von Botschaften aus diesem inneren Selbst Kenntnis nehmen können. Sie werden Ihr eigenes Unbewußtes entdecken, Ihre persönlichen unbewußten Bereiche, und Sie werden erfahren, daß dieses Unbewußte eine Schwelle zu einer anderen inneren Realität bildet.

Denken Sie bei Ihren Ouija-Brett-Experimenten daran, daß das Schlüsselwort Entspannung heißt. Hier folgen nun Auszüge aus unseren frühen Sitzungen. Obwohl wir drei vorangegangene Erfahrungen mit dem Brett hatten, zwei erfolglose und eine mit Passagen, die laut Aussage von meinem Großvater und anderen Persönlichkeiten stammten, betrachten wir diese als Vorbereitungen und beginnen unsere formellen Aufzeichnungen mit Frank Withers.

Dies ist also ein Auszug aus Sitzung 1, in der Frank Withers in Erscheinung trat.

Wir haben keine Veränderungen vorgenommen. Alle Antworten sind korrekt wiedergegeben, nur die Namen haben wir geändert, um lebende Personen nicht in eventuelle Verlegenheit zu bringen. Alle Fragen wurden von Robert F. Butts gestellt.

Auszüge aus der Sitzung 1, 2. Dezember 1963

F. Ist jemand da?
A. Ja

F. Gibst du uns deine Initialen?
A. FW

F. Bitte buchstabiere deinen Vornamen.
A. Frank

F. Bitte buchstabiere deinen Nachnamen.
A. Withers

F. Kannst du uns dein Todesjahr nennen?
A. 1942

F. Hast du einen von uns gekannt?
A. Nein

F. Warst du verheiratet?
A. Ja

F. Lebt deine Frau noch, oder ist sie gestorben?
A. Gestorben

F. Wie war ihr Vorname?
A. Ursula

F. Wie war ihr Nachname?
A. Alteri

F. Welcher Nationalität war sie?

A. Italienischer

F. Welcher Nationalität warst du?
A. Englischer

F. Was war dein Beruf?
A. Lehrer

F. Was hast du unterrichtet?
A. Englisch

F. In welcher Stadt oder Ortschaft?
A. Elmira

F. Wie viele Jahre lang hast du unterrichtet?
A. 34

F. In welchem Jahr wurdest du geboren?
A. 1885

Das folgende sind Auszüge aus der zweiten Sitzung. Wir waren nun sehr neugierig, da wir zum ersten Mal die Chance hatten, einen durch das Brett hergestellten Kontakt wieder aufzunehmen.

F. Bist du da, Frank Withers?
A. Ja

F. Wo hast du den größten Teil deines Lebens verbracht?
A. Elmira

F. Wo wurdest du geboren? In welchem Haus?
A. State Street

F. In Elmira?
A. Nein

F. Nun, in welchem Staate dann?
A. Im Zustand des Leids*)

Diese Antwort faszinierte uns. Zum ersten Mal schien das Brett unsere Frage und damit auch die Anwort umzuinterpretieren.

*) (Anmerkung: engl. »*In the state of sorrow*«, *state* bedeutet sowohl Staat wie Zustand)

Vielleicht brachte diese Antwort Robert zu seiner nächsten Frage. Da wir beide, wie erwähnt, Reinkarnation allenfalls für einen ziemlich unplausiblen Gedanken hielten, waren wir von dem folgenden ziemlich überrascht:

F. Hast du andere Leben auf der Erde gelebt?
A. Ja

F. Wie viele?
A. Drei

F. Wann hast du zum ersten Mal auf der Erde gelebt?
A. 6. Jahrhundert

Im Verlauf der Sitzung sagte Frank Withers, daß er in einem Leben ein Soldat in der Türkei gewesen sei, und er bestand darauf, daß er in einer anderen Existenz Robert und mich in Triev in Dänemark gekannt habe. Neben anderen Einzelheiten sagte er aus, ich sei zu dieser Zeit ein Mann und der Sohn meines jetzigen Ehemanns gewesen. Es wurden Daten und Örtlichkeiten angegeben, obschon klargestellt wurde, daß die Stadt Triev nicht mehr existiert.

Die dritte Sitzung ähnelte den ersten beiden. Die vierte Sitzung stellte jedoch einen Wendepunkt dar. In ihr fand der Rückzug der Persönlichkeit Frank Withers und die Einführung von Seth statt. Der allgemeine Ton und die Qualität der Seth-Sitzungen waren sofort augenfällig. Hier nahmen Diskussionen ihren Anfang, die zur Grundlage vieler künftiger Sitzungen wurden.

Antworten, die vorher aus einem Wort oder einem Satz bestanden hatten, erstreckten sich nun auf ganze Absätze, alle vom Zeiger buchstabiert. Die Intelligenz der Antworten machten die Sitzungen vergnüglicher. Seths Persönlichkeit zeigte sich sofort in ihrer individuellen und entschiedenen Ausprägung. Die Sitzung beginnt mit Frank Withers und endet mit Seth.

Auszüge aus Sitzung 4

F. Bist du da, Frank Withers?

A. Ja

F. Hast du eine Botschaft für uns?

A. Bewußtsein ist wie eine Blume mit vielen Blättern.

F. Spricht hier Janes Unbewußtes?

A. Das Unbewußte ist ein Korridor. Ist es nicht egal, durch welche Tür ihr reist? Dennoch kann ich durch sie sprechen, wenn das meine Wahl ist. Einst sprach sie durch mich. Den Witz daran könnt ihr natürlich nicht erkennen. Ha.

F. Wann sprachst du durch Jane?

A. Vor einem Jahrhundert. Séance. Sie war ein Medium, das mich für dich erreichte. Ich kam auch durch.

F. Frank Withers, können wir dir in Zukunft ganz bestimmte Fragen stellen?

A. Ja. Nennt mich aber nicht Frank Withers. Diese Persönlichkeit war recht farblos.

F. Wir brauchen irgendeinen Namen, mit dem wir dich ansprechen können.

A. Ihr könnt mich nennen, wie ihr wollt. Ich selbst nenne mich Seth. Es paßt zu meinem Ich, zu der Persönlichkeit, die meinem Gesamtselbst am nächsten kommt oder dem, was ich zu sein bemüht bin. Joseph ist dein Gesamtselbst, mehr oder weniger das Summenbild deiner verschiedenen Persönlichkeiten in Vergangenheit und Zukunft . . . Du bist Joseph, der Joseph, den du in deinem Geiste siehst, der Entwurf.

F. Wenn du mich Joseph nennst, wie nennst du Jane?

A. Ruburt

F. Könntest du das etwas erklären?

A. Was erklären?

F. Der Name klingt ungewohnt für unsere Ohren. Ich glaube, Jane gefällt er nicht sehr.

A. Ungewohnt dem Ungewohnten.

Auszüge aus Sitzung 6

F. Stimmt es nicht, daß wir mehr oder weniger dem Unbewußten preisgegeben sind?

A. Ja, aber das ist ungefähr so als sagte man, das Ganze sei seinen Teilen preisgegeben. Der Mensch hat noch nicht gelernt, seine Teile wirksam zu gebrauchen. Die Summe aller sollte hervorragendes Bewußtsein sein. Individuelles Bewußtsein ist überaus wichtig. Es büßt nichts ein, sondern gewinnt immer dazu. Es erweitert sich jedesmal, um mehr einzubegreifen.

F. Aus reiner Neugierde, Seth, was machst du zwischen den Sitzungen?

A. Was tut ihr?

F. Kannst du uns mehr Informationen in bezug auf den Namen Ruburt geben?

A. Dies war einst vor langer Zeit Janes Name, wie der deine Joseph war. Beide repräsentierten Höhepunkte eurer Wesenheiten, Bilder in den mentalen Genen, Blaupausen, denen der Geist folgen kann. Joseph und Ruburt stehen für das gesamte Potential eurer irdischen Persönlichkeiten, in das ihr hineinwachsen müßt. Aber in anderer Hinsicht seid ihr bereits Joseph und Ruburt, da die Blaupause existiert. Jeder hat eine solche Blaupause. Und dieser versucht das Individuum in jedem Leben zu folgen. Das Muster wird nicht aufgezwungen, handelt es sich doch um den eigenen Entwurf der Wesenheit.

F. Beeinträchtigt das nicht den freien Willen?

A. Wie? Ihr habt die Blaupause selbst erstellt und eure verschiedenen inkarnierten Selbst sind sich der Blaupause nicht bewußt. Sie haben freien Willen. Du hast ihn ihnen gegeben. Das ist die Herausforderung.

KAPITEL 2

Der Einstieg

Können Sie sich vorstellen, daß Sie stundenlang intelligent und ohne Stocken über Themen wie die Natur der physischen Materie, das Unbewußte, die Gottesvorstellung, Antimaterie oder Zeit sprechen? Können Sie sich vorstellen, daß Sie auf diesbezügliche, spontan gestellte Fragen logische, ja beredte Antworten geben? Können Sie sich eine solche Situation vorstellen, trotz der Tatsache, daß die von Ihnen gesprochenen Worte nicht Ihre eigenen sind und Sie nicht bewußt wissen, welches Wort dem nächsten folgt? Können Sie sich vorstellen, daß Sie eine solche Leistung am Ende eines normalen Arbeitstages und das kontinuierlich vollbringen?

Bevor ich mit den Experimenten für dieses Buch begann, wären mir solche Leistungen als außerordentlich unwahrscheinlich erschienen. Und doch habe ich in etwas mehr als einem Jahr im Trancezustand für Seth über 2000 Seiten solchen Materials diktiert, klar und präzise, ohne Widersprüchlichkeiten und ohne Zögern, wie es normalerweise beim Sprechen vorkommt.

Gesteigerte Bewußtheit erheitert buchstäblich das Selbst. Denken Sie einmal ein paar Minuten darüber nach: Was sind die wirklichen Begrenzungen des Selbst? Sind Sie als ein Selbst begrenzt? Welche Schranken trennen Sie von allem, was nicht Ihr Selbst ist? Haut scheint unser physisches Selbst und andere physische Objekte voneinander zu trennen. Aber sie trennt uns nicht nur vom Rest des Universums, sie verbindet uns auch mit dem Rest des Universums.

Vieles gelangt zu uns durch die Haut, ohne das wir nicht

existieren könnten. Alles, was uns im Universum bekannt ist, setzt sich im Grunde aus denselben Bestandteilen zusammen. Von der Unterschiedlichkeit in der molekularen Struktur abgesehen, sind wir aus demselben physikalischen Stoff zusammengesetzt wie ein Tisch oder ein Stuhl oder ein Pfirsich oder eine Krabbe. Unsere Haut unterscheidet sich nur in Graden und Dichte vom anscheinend leeren Raum, der sie umgibt.

Über die Haut, die in sich lebendig ist, empfangen wir Nährstoffe aus der Luft und Sonnenlicht, ohne die wir nicht überleben könnten. Wir essen Teile des Universums in Form von Fisch und Fleisch und Pflanzen und machen sie zum Bestandteil von uns selbst. Sie werden von unseren Körpern genutzt und dann der Erde zurückgegeben, um wieder genutzt zu werden. Physikalisch gesehen setzt sich also unser Selbst aus all diesen fremden, dem Selbst nicht zugehörigen Elementen zusammen. Mit anderen Worten, das physische Selbst ist nicht grundsätzlich durch die Haut begrenzt. Wir könnten genausogut sagen, das Selbst wird durch die Haut erweitert, hinaus in die Umwelt, um Nährstoffe an sich ziehen zu können.

Sie mögen nun darauf bestehen, daß das Selbst, Ihr Selbst, in psychischer Hinsicht begrenzt ist. Sie mögen darauf bestehen, daß das Selbst definitiv in irgendeiner Weise begrenzt ist, auch wenn Sie diese Begrenzungen nicht benennen können. Doch betrachten Sie Ihr Selbst. Es sind Ihre Ideen, Ihre Gedanken und Pläne und Gefühle. Gewiß. Doch diese existieren nicht in einer Art geistigen Vakuums. Sie werden geformt durch Ihr eigenes Erbe und Ihre Umwelt. Ihre Gedanken und Gefühle werden von Leuten modifiziert, mit denen Sie in Kontakt kommen. Umgekehrt modifizieren Sie die Gedanken und Gefühle von anderen.

Bequemlichkeitshalber handeln wir Menschen, als sei der physische Körper äußerlich durch die Haut begrenzt. Wir handeln, als sei unser »Selbst-Bewußtsein« im Kopf eingeschlossen, als sei der Schädel ein knöcherner Zaun, innerhalb dessen unsere Identität sicher verwahrt ist. Aber das ist nicht der Fall. Gewiß gibt es so etwas wie Identität, aber niemand hat bis jetzt so recht eindeutig definiert, was sie ist. Einige Hinweise auf die wahre Natur der Identität werden weiter hinten im Buch gegeben.

Wenn wir nun aber auch die Gedanken anderer auffangen und unsere Gedanken anderen übermitteln können, stellt sich die Frage, was mit unseren alten Ideen über die Begrenzungen des Selbst geschieht. Wir werden unsere Alltagsvorstellungen beträchtlich verändern müssen. Das psychische Selbst reicht sehr viel weiter, als wir uns vorgestellt haben.

Ich wiederhole: Es ist möglich, daß das Unbewußte, so wie wir es jetzt verstehen, nur einen Abglanz des Gesamtselbst darstellt. Jenseits dessen können wir unkartographierte, doch dem Selbst zugängliche Regionen erreichen, Regionen, deren inhärente Realität zu ignorieren wir bisher unser Bestes getan haben.

Das Ego ist nicht mit dieser inneren Realität befaßt. Es beschäftigt sich mit den alltäglichen praktischen Problemen und ist vergleichsweise starr. Auch wenn es sich permanent wandelt, hegt es eine Abneigung gegen Veränderung. Dies war für die frühe evolutionäre Entwicklung des Menschen notwendig. Wollte der Höhlenmensch überleben, mußte er seine ganze Aufmerksamkeit auf seine physische Umwelt richten. Ein Tagtraum, eine momentane Reise ins unbewußte Selbst konnte ihn das Leben kosten. Das Ego bildete sich aus und verhärtete sich mit seiner Nutzung zu einer harnischgleichen Muschelschale, die nun das Selbst zu begraben droht, zu dessen Schutz es einst entwickelt wurde.

Die Erfahrungen mit dem Ouija-Brett tragen dazu bei, die Umklammerung des Ego zu lockern und dem inneren Selbst Atemraum zu verschaffen. Wie ein aus dem Winterschlaf erwachendes Tier vermag so das innere Selbst allmählich aufzuwachen. Das persönliche Unbewußte ist der erste Bereich, dem einige Freiheit eingeräumt wird. Zum einen ist es der einzige Teil des inneren Selbst, mit dem wir normalerweise vertraut sind. Zum anderen schließt es sich, sozusagen auf unterer Ebene, ans Ego an. Im wörtlichen Sinne gibt es beim Selbst keine Richtungen wie ober- und unterhalb.

Ihre Erfahrung mit dem Ouija-Brett wird zur Entspannung des

persönlichen Unbewußten beitragen, und diese Entspannungsgewohnheiten werden wiederum in anderer Weise hilfreich sein. Intuitionen und Impulse, auf die Sie in der Vergangenheit nicht geachtet haben, werden sich bemerkbar machen. Sie werden ein Gefühl haben, als hätten Sie sich erweitert oder erneuert. Und das haben Sie auch. Nach und nach nehmen Sie Realitäten wahr, die Sie vordem nicht erkannt haben.

Sie werden entdecken, daß das Unbewußte nicht mit Ihren persönlichen begrabenen Erinnerungen ein Ende hat. Sie werden nicht irgendwo unten aufprallen, sich in einer Sackgasse finden, an endgültige Grenzen Ihres Selbst oder Ihres Gewahrseins stoßen. Es wird keinen Punkt geben, über den Sie nicht hinausgelangen können, wenn Sie das wollen. Sie werden nicht irgendwo ankommen und das Gefühl haben: »Hier ende ich. Jenseits dessen hört mein Selbst auf.«

Wie nach dem Glauben unserer Vorfahren der Himmel kein Dach hat, so gibt es auch hier keine Grenzen, kein oberes oder unteres Ende für die menschliche Persönlichkeit oder unser Gewahrungsvermögen. Unsere Raketen erforschen den äußeren Kosmos. Wir können auch in den inneren Kosmos reisen. Aber niemand kann dies für uns tun. Niemand kann das für Sie tun. Das Wagnis dieser Erkundung liegt immer bei uns *selbst*, aber es lohnt sich.

Sie werden vielleicht überrascht sein, wenn Sie zum erstenmal in den Bereich des persönlichen Unbewußten gelangen. Weder ist es ein Kerker für gefährliche Impulse, die unterdrückt werden müssen, noch ein Utopia natürlicher Tugend. Es ist ein Lagerhaus für alle Eindrücke und Fähigkeiten, die irgendwann vom Ego nicht akzeptiert wurden. Es ist die Schwelle zwischen dem sogenannten bewußten Selbst und jenen unermeßlich weiten Bereichen des Selbst, über die wir so wenig wissen.

Bei Ihren eigenen Erkundungen dieser inneren Realität werden Sie gesunden Menschenverstand, intellektuelle Aufrichtigkeit und Selbstdisziplin brauchen sowie die intuitiven Anteile Ihres Wesens. Sie werden alle Ihre Fähigkeiten brauchen, um Ihre Erfahrungen einschätzen zu können.

Zunächst werde ich die Entwicklung meiner eigenen Initiation in diese Realitäten erläutern und Ihnen ein paar Vorstellungen von den verschiedenen Erfahrungen vermitteln, die sich Ihnen als direktes Resultat Ihrer Ouija-Brett-Experimente eröffnen können. Setzen Sie Ihre Sitzungen mit dem Brett fort. Viele unserer späteren Experimente machen keinen Gebrauch von diesem Brett, aber Sie werden durch die in dieser Weise entwickelte Entspannungspraxis bereichert werden.

In meinem eigenen Fall führte das Brett zu dem, was ich »stimmhafte Kommunikation« nenne. Dies war völlig ungeplant und unerwartet. Ich hatte dieses Phänomen nicht einmal in meine ursprünglich vorgesehenen Experimente aufgenommen. Ich kann Ihnen nur vermitteln, wie Sie stimmhafte Kommunikation erkennen, wenn sie auftritt, wie Sie sie nutzen und wie Sie den Wert Ihrer Resultate überprüfen können.

Bei einigen von Ihnen kann sich als Resultat der Ouija-Brett-Experimente statt der stimmhaften Kommunikation eine Fertigkeit im automatischen Schreiben zeigen. Dieses Kapitel wird auch einige Anweisungen dazu enthalten, obgleich meine eigenen Fähigkeiten nicht in dieser Richtung zu liegen scheinen.

Einige von Ihnen werden, wenn sie mit dem Brett weiterhin arbeiten, vielleicht feststellen, daß Sie die Antworten auf Ihre Fragen vorausahnen. Das kann in irgendeiner Sitzung geschehen, der ersten oder zwanzigsten. Der Entwicklungsverlauf wird von Ihrer Persönlichkeit und Ihren Fähigkeiten bestimmt. Es kann auch nie geschehen. Wenn es eintritt, könnte es ein erstes Zeichen dafür sein, daß Sie in einem überaus lohnenswerten Bereich außersinnlicher Wahrnehmung begabt sind.

Ab unserer dritten Ouija-Brett-Sitzung begann ich Worte, Redewendungen, dann ganze Sätze vorauszuahnen. Ich wußte ganz oder teilweise, was das Brett auf Roberts Fragen antworten würde. Ich wartete etwas widerwillig, bis der Zeiger die Antworten buchstabiert hatte, traute aber auch meinen inneren Antworten nicht. Ich hatte damals den Verdacht, daß sich mein persönliches Unbewußtes auf Kosten meines Bewußtseins amüsierte.

Mit fortlaufenden Sitzungen wurde mir immer unbehaglicher zumute. Ich begann ganze Absätze aufzufangen, bevor der Zeiger auch nur einen Satz beendet hatte. Gleichzeitig ärgerte mich allmählich die langsame Prozedur. Robert mußte innehalten, die Fragen, die er stellen wollte, aufschreiben, seine Hände zusammen mit den meinen wieder auf den Zeiger legen bis die Antwort buchstabiert war, dann wieder unterbrechen, um die Antwort zu notieren. Dies nahm ziemlich viel Zeit in Anspruch.

Obgleich der Zeiger dieselbe Botschaft buchstabierte, die ich bereits empfangen hatte, mißtraute ich einerseits noch immer dieser inneren Botschaft, fühlte mich aber andererseits dazu gedrängt, sie laut auszusprechen. Ich hörte keine Stimme. Ganze Sätze kamen mir in den Kopf, anscheinend von nirgendwoher, aber die Worte waren nicht meine eigenen. Mein Widerstreben war offensichtlich. Schließlich fragte Robert: »Seth, warum macht Jane der Kontakt zu dir so zu schaffen? Ich muß dir sagen, sie ist gar nicht begeistert.«

Über das Brett antwortete Seth: »Weil sie meine Antworten empfängt, ehe sie buchstabiert sind. Das würde dich auch nervös machen.«

Bei einer anderen Gelegenheit bemerkte Seth: »Jane, du erweist deinem Unbewußten sehr viel Ehre. Erweise Ehre, wem Ehre gebührt.« Ich hatte das Gefühl, Seth bedeute mir, die Antworten laut auszusprechen. Doch bevor ich in unbekannte Tiefen sprang, klammerte ich mich lieber an das Ouija-Brett, einem widerstrebenden Schwimmer gleich, der sich am Beckenrand festhält.

Zum einen fürchtete ich zu versagen. Seth behandelte schon damals Themen, über die ich wenig weiß. Ich hatte Angst, mich zum Narren zu machen, mit einer gewichtigen Botschaft zu beginnen und dann stotternd und mich räuspernd abzubrechen. Oder angenommen, die Botschaften verliefen ins Nichts? Damals hatte ich nur Seths Wort, daß er nicht Teil meines persönlichen Unbewußten war. Ich fürchtete von psychischen Kräften, von denen ich wenig wußte, fortgetragen zu werden. Mein Ego und ich widerstanden beharrlich. Ich empfing weiterhin die inneren Botschaften, weigerte mich aber, auf das Ouija-Brett zu verzichten. Seth drängte mich auch nicht. So blieben die Dinge bis Sitzung 8. Fünf Sitzungen lang hatten wir also ein Patt.

Ein solcher Widerwille ist an sich ein Zeichen für ein gesundes Ego. Wir versuchten bei unseren Unternehmungen nicht, das Ego zu ignorieren, und empfehlen das auch niemandem. Wir üben es nur in größerer Flexibilität, damit es dem inneren Selbst mehr Freiheit gestattet. Das Ego ist ein wichtiger Teil unserer Persönlichkeit und notwendig für unsere Beziehung zur physischen Realität. Mit unseren Experimenten zeigen wir ihm, daß es nichts zu verlieren und viel zu gewinnen hat, wenn es uns diese Freiheit einräumt. Diese Erkenntnis wird in der Tat zu einer Erweiterung des Ego und des Selbst im allgemeinen führen.

Aus diesem Grund sollten alle Experimente in diesem Buch von einer gesunden, anderen Menschen und Beziehungen zugewandten Einstellung begleitet sein. Wenn Sie eine zurückgezogen lebende introvertierte Person sind, sollten Sie sich bemühen, sich über äußere Aktivitäten mit anderen Menschen in Verbindung zu setzen. Dies wird eine ausgeglichene Entfaltung Ihrer Fähigkeiten und eine allmähliche Annahme Ihres inneren Potentials auf seiten Ihres Bewußtseins sicherstellen. Das Ego wird bis zu einem gewissen Grad Ihre inneren Erkundungen übelnehmen. Versuchen Sie nicht, es durch Einschüchterung zur Unterordnung zu bringen. Das Ego muß sich selbst durch ein nach außen gerichtetes Verhalten üben. Lassen Sie nicht zu, daß es durch Ihr Interesse an ASW in seinen Bedürfnissen beschnitten wird. Wir streben nach einer ausgeglichenen Annahme der inneren Fähigkeiten von allen Teilen des Selbst.

Bei der achten Sitzung waren ich oder mein Ego offensichtlich davon überzeugt, daß eine größere Freiheit zugelassen werden kann. Inmitten der Sitzung schob ich plötzlich das Ouija-Brett beiseite, stand auf und fing zu diktieren an. Meine Stimme war zu diesem Zeitpunkt ganz normal, obwohl seither eindeutige Stimmveränderungen aufgetreten sind. Die Worte, die ich sprach, waren jedoch ganz entschieden nicht die meinen.

Von der neunten bis dreizehnten Sitzung benutzten wir das Brett, um die jeweils ersten Botschaften buchstabiert zu bekommen, die ich eine Weile lang nicht empfangen konnte. Das ermöglichte uns sogleich eine raschere Kommunikation, doch fühlte ich zu Beginn jeder Sitzung eine momentane Nervosität bei dem Gedanken ans »Loslassen«.

Wir erkannten fast sofort, daß ich mich während des Diktats in einem leichten Trancezustand befand. Die Übermittlungsmethode kann als automatisches Sprechen oder stimmhafte Kommunikation bezeichnet werden. Meine bewußten Gedanken wie auch mein Bewußtsein von meiner Umgebung ziehen sich zurück. Daran ist jedoch nichts Zwanghaftes. Es ist keine Invasion im Spiel.

Ab der vierzehnten Sitzung verzichteten wir ganz auf das Brett. Seths Vorschlag entsprechend hielten wir die Sitzungen zweimal die Woche an bestimmten vorgesehenen Abenden ab. Im ersten Jahr wanderte ich beim Diktieren ständig im Zimmer herum, die Augen weit offen, aber ohne mir meiner physischen Umgebung wirklich bewußt zu sein. Inzwischen sitze ich beim Sprechen, halte die Augen geschlossen und habe überhaupt kein reales Bewußtsein von meiner Umgebung. Robert schreibt mit der Hand jede Sitzung Wort für Wort mit und tippt dann die Aufzeichnungen ab. Unser Zimmer ist stets ganz normal beleuchtet. Jede halbe Stunde machen wir eine Erholungspause.

Ich bin ein einigermaßen intelligentes menschliches Wesen und eine gute Gesprächspartnerin, aber auch unter Aufbietung all meiner Phantasie könnte ich nicht bewußt stundenlang, ohne Unterbrechung oder Konfusion oder nach dem Faden suchen zu müssen über die Themen sprechen, die in den Seth-Sitzungen behandelt werden. Das Material entfaltet sich beständig. Eine Sitzung baut auf die andere auf. Seth bezieht sich zum Beispiel in unserer 150. Sitzung auf Punkte, die er in der zwölften Sitzung zur Sprache gebracht hatte und führt sie weiter aus. Zu verschiedenen Gelegenheiten sprach ich mit einer tiefen männlichen Stimme, die sich sehr von der meinen unterscheidet, und mit einem erstaunlichen Stimmvolumen. Bei vielen dieser Sitzungen waren Zeugen zugegen.

Neben allgemeinem Material gaben uns die Sitzungen wertvolle Informationen, die unser persönliches Leben betrafen sowie psychologische Einsichten, die im Alltagsleben von großem praktischen Nutzen waren.

Und doch hatte ich in der Vergangenheit keinen Grund anzunehmen, daß ich über Fähigkeiten dieser Art verfügte. Auch Sie könnten solche unentwickelten Anlagen haben. Es wäre auch möglich, daß Ihre Begabung in Richtung automatisches Schreiben geht statt der stimmhaften Kommunikation. Mit anderen Worten, Sie wären imstande, die Botschaften automatisch zu schreiben wie ich automatisch spreche. Dies hat den entschiedenen Vorteil, daß für Ihre Aufzeichnungen mehr oder weniger gesorgt ist. Robert braucht mehrere Stunden pro Woche, um das Seth-Material abzutippen.

Halten Sie deshalb bei Ihren Ouija-Sitzungen ein besonders großes Blatt Papier oder einen Block bereit und einen weichen schwarzen Stift. Sollten Sie die Brett-Botschaften vorherahnen, werden Sie das wissen. Es gibt nichts Insistierenderes als dieses innere Empfangen von Information. Ich hatte das Gefühl, ich müßte diese Worte sprechen. Sie haben vielleicht das Gefühl, Sie müßten diese Worte niederschreiben.

Sollte das der Fall sein, dann legen Sie das Papier auf das Brett, oder setzen Sie sich neben das Brett mit einem Notizblock auf dem Schoß oder auf einem Tisch. Nehmen Sie den Stift zur Hand, setzen Sie ihn oben auf der Seite an. Schreiben Sie Ihren Namen und warten Sie dann. Bald wird sich der Stift bewegen. Der Vorgang selbst wird durch unbewußte Muskelbewegungen bewirkt. Die Buchstaben sind möglicherweise ungelenk. Lassen Sie sich dadurch nicht irritieren. Auch hier kann wie beim Brett eine Kurzschrift verwendet werden, auf die wir später noch zurückkommen.

Während Ihre Hand schreibt, können Sie sehr wohl noch etwas anderes tun wie fernsehen oder mit Ihrem Partner sprechen. Achten Sie nicht weiter auf das Blatt Papier um festzustellen, was da geschrieben steht, denn das kann den Fortgang beeinträchtigen. Automatisches Schreiben ist kein so ungewöhnlicher Vorgang wie stimmhafte Kommunikation bzw. automatisches Sprechen, und es ist möglich, daß viele von Ihnen ohne große Schwierigkeiten automatisches Schreiben erlernen.

Sie können es natürlich auch ohne Ouija-Brett mit dem automatischen Schreiben versuchen. In diesem Fall suggerieren Sie sich innerlich, daß Ihr Unbewußtes sich Ihrer rechten Hand bedienen wird, um zu einem ihm erwünschten Thema zu schreiben. Sie verspüren vielleicht ein leichtes Kribbeln in den Fingern. Bleiben Sie entspannt. Lenken Sie Ihr Bewußtsein auf irgendeine andere Aktivität. Hören Sie zum Beispiel Musik. Zwei oder drei Sitzungen von jeweils zwanzig Minuten sollten ausreichen, Sie wissen zu lassen, ob Ihnen automatisches Schreiben leicht fällt oder nicht.

Nicht alle von Ihnen werden über Fähigkeiten in dieser speziellen Richtung verfügen. Einige von Ihnen nehmen sich vielleicht nicht die für die Entwicklung der inneren Flexibilität nötige Zeit. Andere werden überrascht sein, mit welcher relativen Leichtigkeit sich ihre Anlagen bemerkbar machen. Aber jede Person, die dieses Buch liest, wird mit vielen der hier aufgeführten Experimente Erfolg haben.

Eine große Zahl der Leser und Leserinnen wird durch das Ouija-Brett Botschaften empfangen. Wie können Sie deren Wert beurteilen? Wie können Sie unterscheiden, ob sie Ihrem persönlichen Unbewußten entspringen oder anderen Wahrnehmungsebenen, die Teil einer tieferen Realität sind?

Jedes Material, das durch das Brett, automatisches Schreiben oder automatisches Sprechen empfangen wird, sollte sorgfältig geprüft werden.

Etwas verallgemeinert gesagt: Wenn Ihre Botschaften von berühmten verstorbenen Persönlichkeiten stammen, können Sie sie als diesbezüglich wertlose Information betrachten. Aller Wahrscheinlichkeit nach handelt es sich um schöpferische Erfindungen Ihres persönlichen Unbewußten.

Wenn Ihr Material besagt, Sie seien in einer vergangenen Reinkarnation eine bekannte historische Persönlichkeit gewesen wie etwa George Washington oder Jeanne d'Arc, dann entspringt dies wahrscheinlich den Wünschen Ihres persönlichen Unbewußten. Das bedeutet nicht, daß Sie abbrechen oder die Botschaften als wertlos abtun sollten. Es kann sich um eine wunderbare Phantasie handeln, und Sie nutzen vielleicht zum erstenmal in Ihrem Erwachsenenleben Ihre Gabe der schöpferischen Phantasie. Solches Material kann Ihnen viel über Ihre eigene unbewußte Existenz erzählen. Es sollte als schöpferische Wahrheit betrachtet, aber nicht als faktische Wahrheit mißverstanden werden. Und sicherlich können Sie von Freunden und Verwandten nicht besondere Respektsbezeugungen erwarten, weil die Botschaften des Ouija-Bretts behaupten, Sie seien einst Mitglied irgendeiner Königsfamilie gewesen.

Diese Warnung mag weit hergeholt klingen, wenn Sie aber Ihrem Unbewußten nie Aufmerksamkeit geschenkt haben, wenn Sie nur mit Ihrem bewußten Selbst vertraut sind, dann kann Ihnen Ihre erste Erfahrung mit Ihrem inneren Selbst geradezu als magisch erscheinen. Einige Leute werden versucht sein, selbst die exotischsten Erzählungen aus dem Unbewußten als Tatsache zu nehmen, also werden Sie gut daran tun, Ihr Material sehr sorgfältig unter die Lupe zu nehmen. Mitteilungen aus dem persönlichen Unbewußten können außerordentlich nützlich sein. Dieser Bereich des Selbst, der ja unter anderem die inneren biologischen Funktionen regiert, verfügt über ein intimes Wissen hinsichtlich Ihres körperlichen Gesundheitszustands und auch über möglicherweise verborgene Kräfte und Kenntnisse. Doch dieses Buch befaßt sich in der Hauptsache mit noch tieferen Schichten des inneren Selbst.

Wenn Sie Ihr eigenes Material überprüfen, dann stellen Sie sich folgende Fragen und beantworten Sie sie ehrlich: Scheint das Material an sich unterdrückte Bedürfnisse zu befriedigen? Können Sie mit Hilfe des Materials persönlichen Vorurteilen freien Lauf lassen, die auszudrücken Sie ansonsten gehindert sind? Halten Sie sich aufgrund des gelieferten Materials für etwas Besseres? Ist das Material außerordentlich emotional, besonders in religiöser oder sexueller Hinsicht? Weist es irgendeine Spur von Haß auf?

Ist irgendeine dieser Fragen mit ja zu beantworten, dann entstammt das Material sehr wahrscheinlich Ihrem persönlichen Unbewußten. Weist es Voreingenommenheit auf, dann können Sie ziemlich sicher sein, daß es sich um Ihre Vorurteile unterhalb der Schwelle normaler Bewußtheit handelt. Ist das Material in irgendeiner Weise stark emotional gefärbt, dann kann es darauf verweisen, daß Sie Ihre Emotionen im Alltagsleben unterdrücken. Das Material kann Ihnen auf sehr nützliche Weise zeigen, wo Ihre Fähigkeiten und Beeinträchtigungen liegen. Ist das Material unterhaltsam, kreativ und phantasievoll, dann haben Sie vielleicht schöpferische Neigungen, von denen Sie in der Vergangenheit keinen Gebrauch gemacht haben. Solche Erkenntnisse über Sie selbst ermöglichen es Ihnen, Ihre Talente zu nutzen.

Weist das Material jedoch überlegene psychologische Einsichten auf, intellektuelle Fähigkeiten, die die Ihren übersteigen, klare Elemente von Hellsichtigkeit oder Telepathie oder anderen ASW-Phänomenen, dann prüfen Sie es unter allen Umständen mit besonderer Sorgfalt. Sie könnten über ein starkes sensitives Bewußtsein verfügen. Sie könnten möglicherweise zu Realitäten vordringen, über die wir relativ wenig wissen.

Über- oder unterschätzen Sie nicht Ihre Botschaften, ob Sie sie nun durch das Ouija-Brett, automatisches Schreiben oder automatisches Sprechen empfangen. Handelt es sich um wohlbegründetes Material, so wird sich das im Laufe der Zeit erweisen, durch seine Qualität und seinen Zuwachs.

Das Seth-Material ist von Robert und mir streng und objektiv geprüft worden, und es hat durch die genaue Untersuchung gewonnen, nicht verloren. Aus verschiedenen Gründen sind wir nun überzeugt, daß es nicht meinem Unbewußten entstammt, zumindest nicht nach herkömmlichem Verständnis des Wortes. Es entspringt nicht meinem persönlichen Unbewußten. Zum einen können wir keine Bedürfnisse entdecken, die in den Sitzungen, nicht aber in meinem Alltagsleben befriedigt werden. Zum andern möchte man meinen, daß selbst das Unbewußte es irgendwann satt hätte, zweimal die Woche zu speziellen Zeiten Sitzungen abzuhalten, Sitzungen, die zwei Stunden oder länger dauern. Das Unbewußte arbeitet gewöhnlich nicht in so wohlgeordneter, disziplinierter Manier, selbst wenn man ein gewisses Training berücksichtigt.

Die Erklärung des Seth-Materials aus dem Unbewußten wäre zudem überzeugender, hätten sich nicht in den Sitzungen bestimmte klare Leistungen und Phänomene gezeigt. Bei einigen Sitzungen traten telepathische und hellsichtige Phänomene auf. Ebenso Körperphänomene, die in einem späteren Kapitel besprochen werden.

Psychologen bezeichnen Persönlichkeiten wie Seth oft als Zweit- oder Spaltpersönlichkeit. Professionelle Medien nennen sie »Controls« oder Kontrollgeister. Die Bezeichnungen ändern nichts an der Natur solcher Persönlichkeiten und tragen auch nicht zu deren Verständnis bei. Seth sagt, daß er kein Control ist, so wie das Wort im allgemeinen gebraucht wird. Er besteht auch darauf, daß er keine Zweit- oder Spaltpersönlichkeit ist. Unsere Beziehung hat nichts mit Invasion zu tun. Ich fühle mich nicht von jemand anderem gesteuert oder beherrscht. Zu jeder Zeit ist meine Einwilligung erforderlich. Manchmal habe ich das Gefühl, als hätte sich mein Selbst irgendwie erweitert.

Ich bin davon überzeugt, daß sich eine Untersuchung und ein Vergleich solcher Manuskripte als von unschätzbarem Wert erweisen würde, nicht nur für Psychologen und Parapsychologen, sondern auch für die Allgemeinheit. Der Intellekt befaßt sich zwar mit Ideen, wir sind uns aber ganz und gar nicht sicher, daß diese auch dem Intellekt entspringen. Es ist durchaus möglich, daß Ideen Erscheinungen und Auswirkungen intuitiver Prozesse sind. Viele unserer nützlichen Erfindungen und Entwürfe kommen »aus heiterem Himmel« und wurden erst später praktisch umgesetzt und angewandt. Manuskripte dieser Art könnten Übereinstimmungen in wesentlichen Informationen aufweisen – Informationen, wie sie dem denkenden Gehirn unbekannt sind, dessen Funktion es ja ist, sich mit körperlich-materiellen Problemen auseinanderzusetzen.

Es ist richtig, daß solches Material Schichten des persönlichen Unbewußten durchläuft, auch wenn es ihm nicht entstammt, und somit persönliche Verzerrungen enthält. Es ist auch richtig, daß der Intellekt auf seine eigene Weise Fehler macht und darum nicht geringer geachtet wird. Wir halten es für selbstverständlich, daß der Verstand nicht immer Höchstleistungen vollbringt und berücksichtigen das automatisch. Dieselbe Haltung sollten wir auch in bezug auf die innere Intuition einnehmen.

Wenn Sie merken, daß Sie Ihre Ouija-Brett-Antworten vorausahnen, nehmen Sie sich Zeit. Lassen Sie das Brett beiseite, wenn Sie sich zuversichtlich und dazu bereit finden. Möglicherweise wechseln Sie eine Weile zwischen Brett und automatischem Schreiben oder automatischem Sprechen. Wie ich haben Sie vielleicht zunächst Schwierigkeiten, einfach »einzusteigen«. Benutzen Sie in diesem Fall das Brett, um die Sitzungen zu beginnen und schalten Sie dann um auf automatisches Schreiben oder automatisches Sprechen.

Machen Sie weiterhin sorgfältige Aufzeichnungen von allen Sitzungen. Es ist sehr viel besser, ein oder zwei regelmäßige Sitzungen in der Woche zu haben, als drei oder vier enthusiastische Sitzungen in einer Woche und keine in der nächsten. Sollten Sie zwischen Brett und automatischem Schreiben oder automatischem Sprechen abwechseln, dann versichern Sie sich, daß dies jeweils in Ihren Notizen festgehalten wird. Diesen sollten Sie klar entnehmen können, welches Material durch das Ouija-Brett empfangen wurde und welches nicht.

Entspannen Sie sich. Haben Sie Vertrauen in Ihre Fähigkeiten, ohne leichtgläubig zu sein. Seien Sie nicht entmutigt, wenn Sie widersprüchliches oder minderwertiges Material empfangen, sondern machen Sie weiter. Bewahren Sie das Material auf, messen Sie ihm aber nicht zuviel Wert bei und versuchen Sie es erneut.

Sollten Ihre Mitteilungen jedoch Anzeichen einer überragenden Qualität aufweisen, sehen Sie sie sich genau an. Werden Voraussagen gegeben, überprüfen Sie sie, wo immer möglich. Alle Voraussagen Seths erwiesen sich als gültig, aber wir hätten nie herausfinden können, ob sie richtig oder falsch waren, wenn wir sie nicht genau protokolliert und an späteren Ereignissen überprüft hätten.

Sollten Sie automatisch schreiben, dann seien Sie nicht überrascht, wenn die Schriftzüge nicht Ihrer normalen Schrift entsprechen, wenn die Worte auf eigenartige Weise auf dem Papier angeordnet sind. Der Text kann sogar rückwärts verlaufen oder von rechts nach links. Die Buchstaben können mißgestaltet sein. Man kann vom Unbewußten nicht erwarten, daß es sich in der gleichen Weise ausdrückt wie das Bewußtsein. Auch Material, das aus diesen tieferen Bereichen des Selbst, unterhalb des persönlichen Unbewußten kommt, muß diese persönliche Schicht durchdringen.

Wenn Sie feststellen, daß Sie automatisch sprechen, dann seien Sie nicht überrascht, falls Stimmveränderungen eintreten. Sollte sich eine solche Veränderung bemerkbar machen, klingt die Stimme nicht wie Ihre eigene, dann versichern Sie sich, daß sie in Ihren Aufzeichnungen klar beschrieben wird. Halten Sie auch fest, wie lange diese Veränderungen bemerkbar waren. Gelegentlich sprach ich mit einer lauten, tiefen, eher männlichen als weiblichen Stimme. Dies war zwar beim ersten Mal etwas erschreckend, verlieh aber der Seth-Persönlichkeit eine unverwechselbare Lebendigkeit. Meine eigenen Stimmbänder nahmen keinen Schaden.

Ich beende dieses Kapitel mit ein paar Auszügen aus Sitzung 12. Dies hier wurde durch automatisches Sprechen erhalten und ist ein Beispiel für das auf diese Weise empfangene frühe Material. Die Sitzung, eine ziemlich normale, was die Dauer anging, begann um 21.00 Uhr und endete um 23.15 Uhr.

Was die fünfte Dimension angeht, so habe ich gesagt, daß sie Raum ist. Zur Verständnishilfe werde ich versuchen müssen, das Bild einer Struktur aufzubauen, doch dann muß ich diese Struktur heraustrennen, da keine existiert. Stellt euch ein Netzwerk aus Drähten vor, ein Labyrinth untereinander verknüpfter Drähte ohne Ende, das, wenn ihr hindurchschaut, weder Anfang noch Ende zu haben scheint. Eure Erfahrungsebene könnte man vergleichen mit einem kleinen Ausschnitt davon, der von vier sehr dünnen Drähten eingefaßt ist, und meine Ebene wäre vergleichbar mit einem kleinen Ausschnitt benachbarter Drähte.

Aber nicht nur befinden wir uns auf verschiedenen Seiten derselben Drähte, wir sind gleichzeitig darüber oder darunter, je nach eurem Blickwinkel.

Wenn ihr euch nun die Drähte so angelegt vorstellt, daß sie Würfel bilden – das ist für dich, Joseph, der du Bilder so liebst –, dann würden die Würfel ineinander passen, ohne daß dabei die Bewohner des einen oder des anderen Würfels auch nur im geringsten gestört würden. Und diese Würfel sind selbst Würfel in wiederum anderen Würfeln – und dabei spreche ich nur von dem kleinen Raumausschnitt, den eure und meine Ebene einnimmt.

Stellt euch wiederum eure Ebene vor, eingefaßt in ihre feinen dünnen Drähte und meine Ebene auf der anderen Seite. Beide haben auch ein grenzenloses Zusammengehörigkeitsempfinden und unergründliche Tiefe, doch unter gewöhnlichen Umständen ist nur nach einer Seite hin die andere Ebene transparent. Ihr könnt nicht hindurchsehen, aber beide Ebenen durchdringen einander fortwährend. Ich hoffe, ihr seht, was ich gerade getan habe. Ich habe die Idee der Bewegung eingeführt, denn wahre Transparenz besteht nicht in der Fähigkeit, durch etwas hindurchzusehen, sondern sich durch etwas hindurchzubewegen. Das meine ich, wenn ich von der fünften Dimension spreche.

Nehmt jetzt die vorgestellte Konstruktion von Drähten und Würfeln weg. Die Dinge verhalten sich, als seien Würfel und Drähte vorhanden, doch sie sind nur notwendige Konstruktionen, sogar für jene auf meiner Ebene, um die Angelegenheit unseren Fähigkeiten begreiflich zu machen. Wir konstruieren Bilder im Einklang mit den Sinnen, die uns gerade jeweils zur Verfügung stehen. Wir konstruieren nur vorgestellte Linien, auf denen wir uns bewegen können.

So real sind die Wände eures Zimmers, daß ihr ohne sie im Winter frieren würdet, doch gibt es weder Zimmer noch Wände. In gleicher Weise sind die Drähte, die wir konstruierten, für uns real, obwohl es keine Drähte gibt. Alles ist eines, so wie ihr mit den augenscheinlichen Wänden eures Zimmers eins seid. Noch einmal zur Idee der Transparenz. Die Wände sind für mich wirklich transparent, obwohl ich, lieber Joseph und lieber Ruburt, nicht sicher bin, das demonstrieren zu wollen.

Nichtsdestoweniger sind für mich die Wände transparent. Und ebenso die Drähte, die wir konstruierten, um ein Prinzip der fünften Dimension zu erläutern. Aus praktischen Gründen verhalten wir uns so, als seien die Drähte wirklich vorhanden. Kommt, wenn ihr wollt, auf die

Vorstellung des Drähtelabyrinths zurück. Ich bitte euch, euch vorzustellen, daß sie alles, was ist, anfüllen mit eurer Ebene und meiner Ebene wie zwei kleine Vogelnester im Netzwerk eines gigantischen Baumes ... Zu einem späteren Zeitpunkt werde ich diese Diskussion vertiefen.

Stellt euch weiter vor, daß diese Drähte auch beweglich sind, ständig vibrieren insofern, als sie nicht nur den Stoff des Universums tragen, sondern auch Projektionen dieses Stoffes sind, und ihr werdet verstehen, wie schwierig eine Erklärung ist. Und ich kann euch auch nicht vorwerfen, daß ihr langsam müde werdet; erst bat ich euch, euch diese seltsame Struktur vorzustellen, und bestand dann darauf, daß ihr sie auseinanderreißt, denn sie kann genausowenig gesehen oder berührt werden wie das Summen von Millionen unsichtbarer Bienen.

KAPITEL III

Eine Do-It-Yourself-Séance

Als ich mit diesem Buch begann, wollte ich herausfinden, welche Chancen ein interessierter Anfänger hat, seine medialen Fähigkeiten zu gebrauchen. Ich war davon überzeugt, daß diese Kräfte in jedem Individuum latent vorhanden und natürliche Eigenschaften sind, die zur menschlichen Rasse gehören. Ich war nie bei einer Séance gewesen. Auch Robert nicht. Die Bücher, die wir zum Thema ASW lasen, brachten uns zum Schluß, daß wenigstens einige Séancen als legitime Demonstrationen bestimmter Aspekte der außersinnlichen Wahrnehmung gelten konnten. Andere Séancen, über die wir lasen, schienen sich auf nichts weiter als Schwindel und überreizte Phantasie zu gründen.

Wir beschlossen, es mit einer eigenen Séance zu versuchen. Es ergab sich, daß unser erster Versuch einer Do-it-yourself-Séance spontan erfolgte, und ich werde hier darüber berichten und ein Experiment vorschlagen, das Sie ausprobieren können. Später traten auch bei Seth-Sitzungen eindeutige Phänomene physischer Natur auf, aber sie werden erst in den nachfolgenden Kapiteln dieses Buches behandelt.

Am Abend jener speziellen Séance, unserer ersten, hatten wir einen Freund, William Cameron Macdonnel, zu Besuch. Er hatte die Niederschriften unserer ersten Seth-Sitzungen gelesen. Zu diesem Zeitpunkt waren nur zehn Sitzungen abgehalten worden. Wir drei beschlossen, es an diesem Abend mit einer Séance zu versuchen.

Es war eine Woche nach den Weihnachtsfeiertagen. Ich hatte noch immer Weihnachtskerzen an den Fenstern stehen. Es waren elektrische Kerzen mit roten Lämpchen. Wir schalteten sie ein und machten alle anderen Lichter im Wohnzimmer aus. Von draußen schien das Licht einer Straßenlaterne direkt in die angrenzende Küche, deshalb ließen wir in beiden Räumen die Jalousien herunter. Wir setzten uns um einen kleinen Tisch, der etwa doppelt so groß wie ein normaler Schreibmaschinentisch war, und hielten uns bei den Händen.

Im Zimmer war es noch hell genug, um deutlich sehen zu können. Da wir uns nicht ganz schlüssig waren, wie wir anfangen sollten, bat Robert Seth, uns irgendein Zeichen zu geben. Auf Roberts Anweisung zog ich meinen Ehering vom Finger und legte ihn in die Mitte des Tisches. Wir faßten uns wieder bei den Händen und hielten sie weit weg vom Ring. Wir konnten alle jederzeit unsere Hände sehen.

Vor Beginn hatten wir auch die grünen Vorhänge zugezogen, um einen Widerschein der Kerzen auf den weißen Jalousien zu vermeiden. Dann konzentrierten wir uns auf den Ring. Nach kurzer Zeit begann er aufzufunkeln und -zuscheinen. Wir beugten uns vor. Der Effekt war eindeutig und ebenso seine Ursache. Robert fand heraus, daß er mit einer Armbewegung das Funkeln zum Erscheinen und Verschwinden bringen konnte. Es handelte sich um einen Lichtreflex trotz unserer Bemühungen, solche Effekte auszuschließen. Wir unterbrachen und stellten die elektrischen Kerzen hinter die Vorhänge, die nur ein diffuses Licht durchließen. Dann kehrten wir an den Tisch zurück.

Diesmal schlug Robert vor, daß ich meine Hand in die Tischmitte legen sollte, die Handfläche nach oben. Das tat ich. Und Robert bat erneut um eine Art Zeichen. Meine Hand hob sich deutlich sichtbar von der dunklen Tischdecke ab. Meine andere Hand war fest von Roberts Hand umschlossen und die Hände lagen auf dem Tisch. Plötzlich sprach ich die Worte: »Beobachtet die Hand.« Ein Teil von mir fragte sich, warum ich gesprochen hatte, aber ein anderer Teil war sich seiner sicher. Ich wiederholte die Worte, ich sprach für Seth.

Während wir alle warteten, fühlte ich meine linke Hand kalt

werden. Vor unseren Augen veränderte sie ihre Gestalt. Sie nahm eindeutig die Form einer Pranke an, wurde unterhalb des Daumens bis zum Handgelenk sehr viel dicker und schien an Größe zuzunehmen. Seth fragte durch mich, ob wir die Verwandlung deutlich sahen. Sie war für uns alle drei offensichtlich.

Die Handfläche war nach oben gerichtet. Aber plötzlich hatte die Hand Fingernägel auf der Innenseite der Fingerkuppen und die Finger schienen zunächst in einer Weise zurückgebogen, in der sie sich unmöglich biegen lassen. Doch empfand meine Hand keine Zerrung oder Verdehnung. Wir beugten uns tiefer, um besser zu sehen und entdeckten, daß in der Tat ein Satz Zweitfinger die meinen überlagerten. Die restliche Hand behielt ihre merkwürdige feiste Form bei, schien sich auszudehnen oder aufzublähen und die Fingerspitzen glühten, so daß wir das Geschehen deutlich beobachten konnten.

Dann verschwanden die Zweitfinger. Einen Moment lang waren sie deutlich sichtbar, wir alle sahen sie genau. Dann waren sie verschwunden. Nunmehr nahm die ganze Hand eine dicke und feiste Form an. Ich bin von kleiner Statur mit entsprechend proportionierten Händen, und meine Finger sind eher lang und schmal. Jetzt waren sie kurz und stummelig. Durch mich sagte Seth: »Dies ist nun Frank Withers Hand. Frank Withers hatte feiste Hände... er war ein Fettwanst.« Der Humor in Seths Stimme (oder meiner) war unverkennbar. Schon bei anderen früheren Sitzungen hatte Seth eine amüsierte Toleranz gezeigt, wenn er von Frank Withers sprach, obwohl dieser doch seiner Aussage nach ein Teil seiner Persönlichkeit war.

Bei der Séance sprach ich mehr oder weniger mit meiner normalen Stimme, nur die Worte waren nicht die meinen. Während meine Hand sich weiterhin verwandelte, kommentierte Seth das Phänomen und erwähnte, daß er für einen ersten Versuch die Sache sehr viel besser mache, als er erwartet hätte. Die Hand behielt weiter ihre feiste Form mit den kurzen Fingern bei. Seth schlug vor, daß ich meine rechte Hand zum Vergleich daneben legen sollte. Es schien ihm wichtig, daß wir die Sache genau untersuchten und uns des Phänomens versicherten. Ich legte beide Hände nebeneinander. Der Unterschied war keine Illusion.

Dann legte ich meine rechte Hand wieder in Roberts Hand und ließ die linke an ihrem Platz. Seth schlug vor, daß Robert nun diese merkwürdige feiste Hand berühren solle, was Robert etwas zaghaft tat. Die Hand fühlte sich feucht an und schien von anderer Beschaffenheit. Und obwohl Robert die Finger befühlte und wußte, daß sie da waren, nahm die Hand erneut und deutlich sichtbar eine Prankenform an mit Stummeln statt schlanken Fingern. Was uns jedoch wirklich beeindruckte, war ein kleines Detail. Vorher erschien die Hand nur fett. Nun nahm sie an Umfang zu, auch vertikal.

Aber Seth war noch nicht fertig. Als wir mit Ausnahme meiner verwandelten Linken alle Hände wieder ineinander gelegt hatten, hob sich die Hand vom Tisch, obwohl mein Arm und Handgelenk blieben, wo sie waren. Bill Macdonnel bewegte schnell seine Hand zwischen Tischoberfläche und meiner sich hebenden Hand hindurch, um sicherzugehen, daß es sich nicht um eine Art Illusion handelte. Die ganze Zeit über hielt ich mein Handgelenk fest auf den Tisch gedrückt. Wir überprüften das auch. Während sich die Hand hob, glühte sie leicht auf, damit wir sie besser sehen konnten. Dann sank sie auf den Tisch zurück. Seth unterbrach die Verbindung, und wir machten eine Pause.

Wir waren alle müde, aber fasziniert. Wir hatten um sieben Uhr abends begonnen, jetzt war es kurz nach acht. Wir beschlossen, an den Tisch zurückzukehren. Robert bat Seth wieder um ein Zeichen. Ich legte meine linke Hand in die Tischmitte und die rechte in Roberts Hand. Diesmal wurde fast augenblicklich mein linker Daumen weiß, nicht einfach weißer als meine restliche Hand, sondern weißer als kreideweiß und er glühte. Wir beobachteten, wie sich das Weiß den Daumen entlang über die Daumenwurzel und das Handgelenk ausbreitete und den Arm hinaufkroch bis zum hochgeschobenen Ärmelrand meines Pullovers. Der Handteller wurde wieder dick, schien aus der Hand selbst emporzuwachsen wie eine Art Auswuchs. Dies war der überraschendste Effekt, vor allem da eine Minute zuvor meine Handfläche ganz im Schatten gelegen hatte. Nun verschwand der Schatten völlig und die Handfläche wurde weiß und leuchtete. Nirgends gab es einen Widerschein, der das hätte bewirken können. Das leuchtende Weiß war so intensiv, daß wir keine Zweifel hegen konnten.

Bill Macdonnel hatte mehrere Erscheinungen in seinem Leben gesehen. Er hatte uns vorher gebeten, Seth nach einer großen umhüllten Gestalt zu fragen, die eines Nachts an seinem Bett erschienen war. Ohne daß wir Seth die Frage gestellt hätten, sagte er nun durch mich aus, daß Bill Teil einer Wesenheit namens Mark sei und zweimal ein Mann und einmal eine Frau gewesen sei. Die Erscheinung sei eine vergangene Fragmentpersönlichkeit gewesen, die sich materialisiert hatte, um ihn vor Höhen zu warnen. Seth zufolge war Bill einst in einem früheren Leben vor Nachteinbruch auf einen Baum gestiegen, um wilden Tieren zu entgehen. Er war auf der Jagd gewesen.

Hier hielt Seth inne und fing an zu lachen. »Er entkam den Tieren, aber schlief auf dem Baum ein, fiel herunter, landete auf dem Kopf und kam so zu Tode. Er sollte hohe Orte meiden. Er starb mit sechsundvierzig.« Seth sagte weiterhin, daß Bill Probleme mit dem Gleichgewicht habe. Sein etwas makaberer Humor gleich im Anschluß an die kalkweißen Veränderungen der Hand war überraschend. Bill hatte übrigens zum Zeitpunkt der Erscheinung Häuser gestrichen und auf Leitern gestanden. Er ist Kunstlehrer von Beruf.

Seth brach den Kontakt wieder ab. Wir waren erschöpft, beschlossen aber herauszufinden, ob Seth irgendeine Gestalt in voller Länge in der Türöffnung zum Bad materialisieren konnte. Wir schoben den Tisch so, daß wir auf die Türöffnung sehen konnten und ließen uns nieder. Ich spürte Seth sofort. Er war ärgerlich. »Das ist keine Lunch-Sitzung«, sagte er durch mich. (Robert verzehrte gerade den Rest einer Süßigkeit, die er sich während der kurzen Pause genommen hatte.) »Und es ist auch keine Zirkusveranstaltung.« Er fügte hinzu, daß durch das Badezimmerfenster zuviel Licht hereinkäme und schlug vor, die Badezimmertür zu schließen.

Diese Tür ist auf der Wohnzimmerseite mit einem Spiegel

ausgekleidet. Seth sagte durch mich, wir sollten Tisch und Stühle so anordnen, daß wir alle unsere Spiegelbilder deutlich sehen konnten. Das taten wir. Ich saß zwischen Robert und Bill.

Ich trug den ganzen Abend über einen schwarzen Pullover und mein Haar ist dunkel und kurz geschnitten. Das schwarze Haar und der schwarze Pullover umrahmten also Gesicht und Hals. Als wir in den Spiegel blickten, war mein Bild zunächst genauso deutlich wie das von Robert oder Bill, nicht mehr und nicht weniger. Die elektrischen Kerzen waren noch immer angeschaltet. Wir saßen im Halbdunkel, aber wie gesagt, es war hell genug, um Gegenstände erkennen zu können. Unsere Spiegelbilder sahen ganz gewöhnlich aus. Unsere Hände lagen deutlich sichtbar auf dem Tisch.

Alles, was im Spiegel zu sehen war, blieb sich gleich, nur mein Bild nicht. Es veränderte sich nicht auf einen Schlag, sondern allmählich. Mein Kopf wurde schmaler. Der Hals wurde gedrungen und sogar die Frisur änderte sich, das Haar lag wesentlich enger an und gab dem Schädel eine andere Kontur. Der Kopf sah nun mehr wie der eines Mannes als der einer Frau aus. Die Schultern verformten sich, traten schärfer hervor und waren gebeugter. Die Gesichtskonturen wurden weiterhin länger. Der Kopf im Spiegel neigte sich und sah nach unten. Das war für mich sehr erschreckend, denn ich saß mit aufgerichtetem Kopf und sah geradeaus in den Spiegel.

Vor dem Spiegelbild erschien ein Gesicht, schien sich vom Spiegel zu lösen und hing im Raum. Es glühte zweimal auf und verschwand dann. Gleichzeitig sah Robert eine Aura um den Kopf des Spiegelbildes. Seth erläuterte, daß die Aura Teil des Astralkörpers und das Bild selbst Teil einer anderen Wesenheit war. Ich war sehr müde. Die ganze Sache schien meine Energien auszulaugen. Mein Kopf sank auf den Tisch. Unser erster Versuch mit einer Séance war zuende.

Unsere Reaktionen auf den Abend waren gemischt. Vor dem Experiment waren wir eher befangen und verlegen gewesen. Dann waren wir voll bei der Sache, wenn auch auf der Hut. Als es vorbei war, hatten wir den Verdacht, daß bei dem Spiegelbild Suggestion im Spiel gewesen war, konnten jedoch nicht sicher sein. Die Episode mit der Hand war faszinierend, und wir waren überzeugt, daß sie kaum mit Suggestion zu tun hatte. Die Sache war zu eindeutig gewesen, und wir hatten sie auf verschiedene Weise überprüft. Die Hand hatte zweifellos Gestalt, Umfang und Farbe gewechselt. Weitere Finger waren erschienen, deren Nägel sich auf der gegenüberliegenden Seite von meinen Fingernägeln befanden. Die Hand hatte sich vom Tisch gehoben, obgleich mein Handgelenk fest auf der Tischoberfläche lag. Bill hatte das überprüft. Der weiße Schein, der sich von meiner Hand bis in den Arm hinauf ausgebreitet hatte, war auch nicht zu bezweifeln.

Die große Sorgfalt, mit der wir die verschiedenen Hand-Materialisationen überprüften, schließt die Annahme aus, daß wir alle drei lediglich suggestiven Einflüssen unterlagen. Wir waren hellwach, neugierig. Wir akzeptierten nicht alles, was wir sahen. Das erste Funkeln des Rings zum Beispiel waren Lichtreflexe, wie wir sehr schnell feststellten. Und obwohl ich für Seth sprach, waren meine Augen weit offen.

Physische Erscheinungen, deren Realität wir uns noch weitaus sicherer sind, traten, wenn auch nicht oft, bei Seth-Sitzungen auf. Wir sind von ihnen noch überzeugter, weil sie im hell erleuchteten Zimmer stattfanden, und wir keinen Versuch machten, sie herbeizuführen. Aber wir haben keinen Zweifel, daß eindeutige Erscheinungen bei dieser ersten Séance auftraten.

Wenn Sie aufgeschlossen sind, über eine gesunde intellektuelle Neugier verfügen und nicht sonderlich abergläubisch sind, dann werden Sie eine eigene experimentelle Séance sehr interessant finden. Sollten eindeutige physisch-materielle Erscheinungen auftreten, dann werden Sie selbst entdecken, daß an Séancen mehr dran sein kann als Betrug und Leichtgläubigkeit. Bleiben Sie objektiv. Überprüfen Sie alles, was Sie sehen. Andererseits müssen Sie Ihrem intuitiven Selbst einige Freiheit einräumen, sonst wird es nichts zu überprüfen geben. Wenn Sie absolut davon überzeugt sind, daß nichts geschehen wird, dann wird auch sehr wahrscheinlich nichts geschehen. Wenn Sie neugierig und aufgeschlossen sind, dann werden Sie nicht an vorgefaßte Meinungen über das, was möglich ist und was nicht, gebunden sein. Sie werden aber objektiv genug sein, um irgendwelche Materialisationen nüchtern und kritisch zu untersuchen.

Dies waren die Resultate unseres ersten Versuchs. Davor wußten wir nicht mehr über Séancen als Sie, die Sie dieses Buch lesen. Es gibt keinen Grund, sich vor »Geistern« oder »Gespenstern« zu fürchten und diese Art von Séance als etwas Unnatürliches anzusehen. Wir bemühen uns, auf logischer Basis viele Dinge zu untersuchen, die seit langem im Bereich des Aberglaubens verborgen waren. Wenn eine Materialisation stattfindet, dann verweist das nur darauf, daß wir nur unvollständig verstehen, was Natur ist. Wir verstehen nicht das Potential der menschlichen Persönlichkeit.

Seit Jahrhunderten wissen wir, daß Geist die Materie beeinflußt, aber wir wußten nicht wie. Am Ende dieses Kapitels finden Sie einige Auszüge aus dem Seth-Material, die sich mit solchen Fragen zu befassen beginnen. Der in dem Material entwickelten Theorie zufolge gestaltet jedes Individuum Materie auf unbewußter Basis, unser persönliches körperliches Erscheinungsbild eingeschlossen. So wie wir uns unserer Verdauungsprozesse nicht bewußt sind, nehmen wir auch nicht bewußt die Art und Weise wahr, in der wir ständig Energie in Materie verwandeln. Wenn dem so ist, dann ist die menschliche Persönlichkeit auch nicht physikalischen Gesetzen unterworfen, wie wir sie kennen. Es wäre demnach nichts Unnatürliches am Überleben einer Persönlichkeit nach dem Tod und nichts Unnatürliches, wenn eine solche Persönlichkeit erneut eine Körpergestalt formt und uns in der Form einer »Erscheinung« sichtbar wird.

Später werden wir diese Dinge ausführlicher besprechen, denn Ihre Experimente mit Träumen und Telepathie werden Ihnen zeigen, daß die Persönlichkeit – Ihre Persönlichkeit – weitaus unabhängiger von Raum und Zeit ist, als Sie annehmen. Hier aber sind nun ein paar Vorschläge für eine Do-it-yourself-Séance. Unsere eigene spätere Erfahrung lehrt, daß Dunkelheit oder schummriges Licht nicht nötig sind. Vielleicht ziehen Sie für Ihren ersten Versuch eine matte Beleuchtung vor. Für den Anfang könnte das Halbdunkel eine größere innere Freiheit gestatten. Sie sind vielleicht verlegen oder kommen sich töricht vor, wenn alle Lichter an sind. Später sollten Sie jedoch normale Beleuchtung verwenden. Sie werden sich Ihrer Resultate sicherer sein.

Wenn Ihr Zimmer beim ersten Versuch nur schwach beleuchtet ist, experimentieren Sie mit verschiedenen Anordnungen, um sicherzugehen, daß alle Quellen für Lichtreflexe ausgeschaltet sind. Nehmen Sie sich Zeit zur Anordnung von Tisch und Stühlen. Sie sollten so stehen, daß Sie deutlich sehen können. Bedecken Sie den Tisch mit einem dunklen Stoff, der kein Licht reflektiert. Versichern Sie sich, daß die Hände aller anwesenden Personen zu jeder Zeit sichtbar bleiben. Es ist ein guter Gedanke, sich an den Händen zu halten. Sie werden Ihren Resultaten nicht trauen, wenn die Hand irgendeiner Person den Blicken entzogen war. Die Zahl der Teilnehmer spielt keine Rolle. Es sollten jedoch Leute sein, deren Integrität außer Frage steht. Überprüfen Sie alles, was sich ergibt.

Wenn Sie wollen, sitzen Sie einfach ruhig da, ohne zu sprechen. Oder Sie können fragen: »Ist jemand da?« Sie können jemand anderen beauftragen, die Fragen zu stellen, wenn Sie das nicht gerne selbst tun wollen. Günstiger ist es, wenn eine am Tisch sitzende, aber unbeteiligte Person Aufzeichnungen macht. Sollte innerhalb von einer halben Stunde nichts geschehen, beenden Sie das Experiment und versuchen Sie es ein andermal. Vor allem am Anfang brauchen Sie vielleicht mehrere Versuche, bis Sie entspannt genug sind, um zu Resultaten zu kommen.

Sollte irgend jemand in der Gruppe automatisch sprechen, beziehungsweise Worte sprechen, die nicht die eigenen zu sein scheinen, dann befragen Sie diese Person sachte. Erschrecken Sie sie nicht. Sollte irgendeine der teilnehmenden Personen zu stark beeinflußbar sein und beunruhigt erscheinen, beenden Sie das Experiment. An sich sind diese Experimente völlig ungefährlich. Werden sie mit gesundem Menschenverstand und Wißbegierde ausgeführt, können sie sehr lehrreich sein. Manche Menschen reagieren in fast jeder Situation überenthusiastisch, und diese sollten nicht zur Teilnahme an unserem Experiment eingeladen werden. Sie sind zu erregbar, um irgendwelche eventuellen Resultate objektiv wiederzugeben, und ihre starke Beeinflußbarkeit könnte in Ihnen Zweifel über an sich überzeugende Erscheinungen wecken.

Sollte automatisches Sprechen auftreten, stellen Sie Fragen wie im letzten Kapitel vorgeschlagen, und überprüfen Sie die Resultate nach den angegebenen Regeln. Ich empfehle, daß Sie eine automatisch sprechende Person nicht berühren, da sie sich in einem leichten Trancezustand befinden könnte. Das ist zwar ein sehr natürlicher psychischer Zustand, aber eine Berührung kann zu einer Desorientierung führen. Die betreffende Person könnte sich erschrecken oder beunruhigen, und der Kontakt kann verloren gehen.

Die folgenden Auszüge aus dem Seth-Material sind außerordentlich interessant. Meines Wissens ist dies eine neuartige Erklärung über die Interaktionsweise von Geist und Materie. Seth selbst scheint an der Produktion von Materialisationen nicht interessiert zu sein. Ihm scheint vor allem daran zu liegen, ASW-Phänomene im allgemeinen zu erklären – was sie sind, wie sie funktionieren, welche Laborexperimente ihre Gültigkeit beweisen. Die folgenden Auszüge stammen aus einer Sitzung, die für das Verständnis dieser im Seth-Material diskutierten Thematik grundlegend war.

Aus dem Seth-Material

Schöpfung findet ständig statt und nicht immer nach alten Mustern. Auf eurer Ebene existiert ein unbewußter Wissensspeicher. Durch ihn wissen alle Moleküle und Atome genau, welche Evolutionsversuche mit welchen Resultaten unternommen worden sind, immer auf Umstände achtend, die für vormals mißlungene Versuche tauglicher sein könnten.

Alle Atome und Moleküle haben ein verdichtetes Bewußtsein; das gilt auch für kleinere Partikel. Die Atome und Moleküle, aus denen sich alle Körpermaterie und Zellen zusammensetzen, sind im wesentlichen nicht an eure Zeit gebunden. Sie agieren in eurem Zeitgefüge, aber das in ihnen enthaltene verdichtete Wissen trägt in sich sein eigenes besonderes und einzigartiges Bewußtsein, das nicht an physikalische Gesetze gefesselt ist.

Mit Chemikalien selbst sind weder Bewußtsein noch Leben zu erzeugen. Eure Wissenschaftler werden sich mit der Tatsache auseinandersetzen müssen, daß das Ursprüngliche immer Bewußtsein ist und seine eigene Form hervorbringt. Die Vorstellung, der physische Körper verfüge über eine Art gesondertes Bewußtsein, das ein System völlig unbewußter Teile steuere, ist ziemlich weit hergeholt.

Alle Zellen eures Körpers besitzen Individualität und haben ein gesondertes Bewußtsein. Es gibt hier eine Abstufung, aber jede Zelle ist eine bewußte Zelle. Zwischen den Zellen aller Organe (des Körpers) und zwischen den Organen untereinander findet bewußte Zusammenarbeit statt.

Hier haben wir ein typisches Beispiel. Alle Moleküle und Atome und kleinere Partikel bergen in sich ein gesondertes Bewußtsein. Sie bilden Zellen. Und obgleich die Zellen Individualität bewahren und nichts von ihren Fähigkeiten verlieren, findet eine Vereinigung des jeweils individuellen Bewußtseins der Atome und Moleküle statt, um ein individuelles zellulares Bewußtsein zu bilden... Schließlich kommen Organe zustande, die aus buchstäblich ungezählten individuellen Zellen bestehen. Dies geht ad infinitum so weiter, und auch die geringsten Partikel bewahren ihre Individualität. Die kooperative Natur des physischen Körpers könnte nicht allein aus euren Chemikalien und chemikalischen Reaktionen entstehen.

So gestaltet Bewußtsein seine eigene Materialisation. Der physische Körper ist ein erstaunlicheres Phänomen als ihr annehmt, denn diese Kombinierung von Bewußtsein geht weiter, und ihre Resultate sind am menschlichen Gehirn zu sehen.

Wenn der physikalische Ursprung eures Universums schließlich entdeckt werden wird, werden eure Wissenschaftler nicht besser dran sein als heute. Sie werden sich mit dem Problem konfrontiert sehen, dem sie so lange ausgewichen sind, nämlich dem Ursprung hinter dem Ursprung. Das physische Universum und alles, was in ihm ist, ist eine Auswirkung von Bewußtsein. Es hat nicht das Bewußtsein hervorgebracht. Im Gegenteil, Bewußtsein schuf nicht nur das physische Universum, es erschafft es weiterhin.

Die ständige Schöpfung des physischen Universums wird auf unbewußter Ebene von jedem Individuum durch die Anwendung von Mechanismen fortgeführt, die ich wenigstens zum Teil erklärt habe. Diese ständige Schöpfung des Stofflichen wird nicht aufrechterhalten durch ein lokalisierbares Unbewußtes, das irgendwo zwischen zwei Ohren hinter der Stirn existiert. Das individuelle Unbewußte ist die Folge einer psychischen Vereinigung von Kräften und Fähigkeiten. Es ist eine »Gestalt«, die vom zusammenwirkenden, induzierenden Bewußtsein aller Atome und Moleküle, aus denen sich der physische Körper zusammensetzt, gebildet und aufrechterhalten wird.

Jedes einzelne Atom hat bis zu einem gewissen Grad die Fähigkeit, seine Energie anteilig zu stofflichem Aufbau zu strukturieren. Die gesamte stoffliche Struktur des Körpers ist die Folge dieser Zusammenarbeit der Zellen (die alle ihr individuelles Bewußtsein bewahren). Der Körperplan ermöglicht es allen Zellen, Atomen und Molekülen, sich zum Ausdruck zu bringen. Sie teilen gemeinsam die durch die Fähigkeiten einer physisch großen Körperstruktur gewonnenen Perspektiven, wie es ihnen auf andere Weise nicht möglich wäre.

Wie die verschiedenen Zellen ihre Identität aufrechterhalten, so bewahren die verschiedenen Persönlichkeiten ihre Individualität und Einzigartigkeit, während sie nach wie vor zusammenarbeiten, um die psychische Struktur der Wesenheit zu bilden, die in gewisser Hinsicht auch sie bildet. Und mit diesem kleinen Problem lasse ich euch jetzt eure Ruhepause einlegen. Man muß ein Ei nicht zerbrechen, um herauszufinden, was sich in seinem Innern befindet. Es gibt andere Methoden, wie ihr entdecken werdet...

Auch erhält der Mensch nicht allein das physische Universum aufrecht und gibt ihm Kontinuität, indem er seine eigene Körpergestalt projiziert und aufbaut. Wie diese Körpergestalt das direkte Resultat seiner inneren Atmosphäre ist und getreulich seine eigenen Freuden und Leiden widerspiegelt, so konstruiert alles Lebende seine eigene Gestalt und hilft die physischen Eigenschaften eures Universums bewahren.

KAPITEL IV

Präkognitive Träume

Haben Sie Träume, die die Zukunft vorhersagen? Ihre erste Antwort ist möglicherweise ein überraschtes »Nein, natürlich nicht.« Und vielleicht fügen Sie hinzu: »Oder wenn ich solche Träume haben sollte, dann kann ich mich nie an sie erinnern.« Ich bin jedoch davon überzeugt, daß wir alle Träume haben, in denen wir künftige Ereignisse vorhersehen, doch werden diese Träume in der Regel vergessen.

Dadurch ist uns wertvolles Wissen verwehrt. Es ist durchaus möglich, daß Sie in Ihren Träumen einen Blick auf die Zukunft werfen, deren sich Ihr Selbst im Wachzustand nicht bewußt ist. Diese Kenntnis ist uns aber nicht für ewig unzugänglich. Es gibt Methoden, sie ins Bewußtsein zu bringen, und die in diesem Kapitel aufgeführten Experimente werden Ihnen beachtliche Ergebnisse ermöglichen.

In einem präkognitiven Traum erhalten Sie wertvolle Informationen, die die Zukunft betreffen. Ein präkognitiver Traum kann hellseherisch sein, so wenn Sie ein künftiges Ereignis vorhersehen. Ein Traum kann auch hellseherisch, aber nicht präkognitiv sein, so wenn Sie ein von Ihnen räumlich entferntes Ereignis sehen, das zur gleichen Zeit geschieht.

In der Regel sind drei Faktoren nötig, bevor ein präkognitiver Traum nach wissenschaftlichen Maßstäben als solcher anerkannt werden kann. Der Traum muß sobald als möglich einer anderen Person oder mehreren anderen Personen erzählt werden. Es müssen verläßliche Beweise existieren, daß das, was der Träumer oder die Träumerin im Traum sahen, auf der Ebene der materiellen Welt eintrat. Es muß erwiesen sein, daß die Information nicht durch die übliche Sinneswahrnehmung erhalten werden konnte.

Sollten all diese Bedingungen entmutigend klingen, dann lassen Sie mich Ihnen versichern, daß trotzdem Tausende von präkognitiven Träumen von anerkannten parapsychologischen Gesellschaften dokumentiert und gesammelt worden sind. Aber Berichte aus erster Hand von Ihren eigenen Freunden und Verwandten, denen Sie vertrauen, werden Sie wahrscheinlich stärker von der Gültigkeit solcher Träume überzeugen.

Ich schlage vor, daß Sie anfangen, Ihre eigenen Bekannten, Freunde und Familienmitglieder zu befragen. Sie werden entdekken, daß viele Leute sehr bereitwillig über präkognitive Träume sprechen, und diese private Untersuchung Ihnen die Augen für die Tatsache öffnet, daß diese Träume nicht so ungewöhnlich sind, wie Sie vielleicht zunächst angenommen haben.

Mein Mann und ich freuen uns, Mr. Ernfred Anderson zu unseren Freunden zu zählen, einen international bekannten Bildhauer. Mr. Anderson erzählte mir folgenden Traum: In einer Samstagnacht im Jahre 1918 träumte er, daß er seine junge Schwester tot in einem Sarg liegen sah. Seine Schwester lebte in Schweden, und Mr. Anderson lebte in New York. Soweit er wußte, war seine Schwester bei guter Gesundheit. Sie war zweiundzwanzig und hatte ein Baby. Am nächsten Abend, Sonntag, erzählte er seinen Traum zehn oder zwölf Leuten, die bei einer Party in seinem Haus anwesend waren. Am Montag erhielt er ein Telegramm mit der Nachricht, daß seine Schwester Samstag nacht gestorben war, die Nacht, in der er den Traum gehabt hatte.

Jahre später traf Mr. Anderson die Tochter seiner verstorbenen Schwester. Nun schon eine junge Frau berichtete sie ihm, die Familie spräche oft davon, daß sich die Worte ihrer sterbenden Mutter an den fernen Bruder in New York, Ernfred Anderson, gerichtet hatten. In diesem Fall hatte Mr. Anderson eine Information empfangen und er hatte dies den Leuten auf der Party erzählt, bevor er das Telegramm mit der Nachricht von ihrem Tod erhielt.

Ein Traum dieser Art wird fast immer erinnert. Der emotionale Gehalt ist so intensiv und beunruhigend, daß ein starker Eindruck entsteht und auch das Bewußtsein die erhaltenen Angaben wahrnimmt. Aber was ist mit belangloseren Alltagsereignissen? Gewähren Träume einen Einblick in gewöhnlichere Aspekte der Realität? Meine eigene Erfahrung läßt mich die Frage mit ja beantworten. Oft werden diese Träume jedoch nicht vom Bewußtsein bewahrt, da die vorhergesehenen Ereignisse so langweilig sind wie die Ereignisse selbst. Doch wie kann jeglicher wahrer Einblick in die Zukunft für langweilig gehalten werden?

Solche Träume treten wahrscheinlich häufiger auf als ihre alarmierendere Variante. Doch fügen sie sich wohl so glatt in unsere gewohnten Handlungsmuster, daß wir ihnen keine Aufmerksamkeit schenken, es sei denn, das im Traum vorhergesehene Geschehen ereignet sich sehr bald darauf. Zum Beispiel träumte eine andere Freundin, Dorothea Piry Masters, den genauen Betrag eines Bonus, den ihr Mann erwartete. Die Summe war so hoch und ungewöhnlich, daß sie den Traum ihrem Mann erzählte. Zwei Wochen später traf der Bonus ein und belief sich genau auf die im Traum vorhergesehene Geldsumme.

Eine Nachbarin von uns träumte, daß sie und ihr Mann sich ein Haus in der Westmount Avenue in Elmira ansahen. Das Paar war auf Wohnungssuche, so maß sie dem Traum keine weitere Bedeutung bei, erwähnte ihn aber gegenüber ihrem Mann. Sie vergaß den Traum, bis sie am Wochenende von einem Häusermakler angerufen wurde, der sie bat, sich ein Haus in der Westmount Avenue anzusehen.

Der Mann dieser Nachbarin erzählte mir dann von einem immer wieder auftretenden Traum, der mir in seiner Art völlig unvertraut war. Er träumt von Sitzanordnungen, die sich dann bis ins Detail genau erfüllen. Zum Beispiel träumte er, daß gewisse Freunde zu Besuch kamen und ganz bestimmte Plätze auf der Couch und den Stühlen einnahmen. Die Freunde kamen zu Besuch und nahmen, wie er ziemlich verblüfft beobachtete, genau die Plätze ein, wie sie es in seinem Traum getan hatten. Er hat solche Träume auch anläßlich von Festtagen. Wenn Freunde und Verwandte sich dann zum Essen niederlassen, setzen sie sich genauso, wie er es vorhergesehen hat. Er erzählte mir ziemlich verlegen von diesen Träumen. Unglücklicherweise hatte er seiner Frau nichts von diesen Erfahrungen erzählt und auch keine Aufzeichnungen gemacht.

Eines Nachts hatte Robert folgenden Traum. Er sah sich in seinem Auto drei Gäste einen verschneiten Hügel hinunterfahren. Es stürmte stark, und die Straßenverhältnisse waren sehr schlecht. Im Traum sprach er zu den anderen Mitfahrern über die gefährliche Situation. Ein Wagen vor ihm kriegte die Kurve nicht und landete im Straßengraben.

Robert schrieb seinen Traum auf und erzählte mir davon. Wir lachten und meinten, daß der Traum wohl kaum hellseherisch sein konnte, denn es war April und das Wetter wunderschön. Vier Tage später, an Ostern, waren Roberts Eltern da, die wir zum Essen eingeladen hatten. Am Nachmittag kam plötzlich ein Schneesturm auf. Innerhalb weniger Stunden war alles dick verschneit. Wir beschlossen, die Eltern nach Hause in einen entfernteren Ort zu fahren. Danach mußten wir wieder die Rückfahrt antreten. Die Straßenverhältnisse waren genauso wie die im Traum. Als wir um eine Kurve bogen, sahen wir einen Wagen, der von der Straße abgekommen war. Robert hatte eine Bemerkung darüber gemacht, wie unratsam es sei, bei einem solchen Sturm mit dem Auto unterwegs zu sein.

Dorothea Piry Masters erzählte mir einen weiteren Traum. Sie sah sich selbst ein Stück Papier lesen, eine Benachrichtigung von der Bank, der zufolge sie ihr Konto um 3,61 Dollar überzogen hatte. Am Morgen entsann sie sich ihre Traumes und überprüfte ihr Scheckheft. Danach hatte sie noch 44 Dollar auf dem Konto. Da sie an diesem Tag ohnehin etwas auf der Bank zu erledigen hatte, bat sie eine Angestellte, ihr Konto zu überprüfen. Diese übergab ihr einen Kontoauszug, dem zu entnehmen war, daß ihr Konto um 3,61 Dollar überzogen war. Sehr wahrscheinlich entsprang dieser Traum dem persönlichen Unbewußten, aber unabhängig von seiner Quelle enthielt er ziemlich praktische Angaben.

Auch mein folgender eigener Traum ist interessant. Er betraf eine ältere Nachbarin. Sie stand in einem schwarzen Anzug auf der Treppe in der Eingangshalle eines Krankenhauses. Links war die Treppe, rechts befand sich ein teilweise von einer Mauer umschlossener Laden, wo man Geschenke für die Patienten kaufen konnte. Meine Nachbarin weinte. Ihre Augen waren stark gerötet und entzündet. Sie sagte mir nur, daß sie wegging und nicht weggehen wollte. Am Morgen erzählte ich den Traum meinem Mann und schrieb ihn auf. Später am Tag begegnete ich meiner Nachbarin. Mit Tränen in den Augen erzählte sie mir, sie habe gerade erfahren, daß sie ins Krankenhaus zu einer Augenoperation müsse.

Robert und ich waren gerade von einem Urlaub in Maine zurückgekehrt. Wir hatten mit unserer Nachbarin nicht korrespondiert und sie nach unserer Rückkehr erst am Tag vor dem Traum wiedergesehen. Als sie später schwerkrank in der Klinik lag, besuchte ich sie. Ich war nie in diesem Krankenhaus gewesen, aber rechts befand sich der Laden, den ich im Traum gesehen hatte.

Wie gesagt, dieser Traum machte wegen seines emotionalen Gehalts einen starken Eindruck auf mich, doch weniger emotional beeindruckende Träume werden oft vergessen. Als mir Mr. Anderson zum Beispiel seinen Traum über seine verstorbene Schwester erzählte, erwähnte er noch beiläufig einen Traum, den er gerade nachts zuvor gehabt hatte, und in dem er mit einem Freund über Picasso diskutierte. Ich arbeitete damals in einer Kunstgalerie, und Mr. Anderson war eigentlich in mein Büro gekommen, um über einen Druck von Goya zu sprechen, den ihm sein Freund an diesem Morgen gegeben hatte. Ich unterbrach Mr. Anderson und fragte ihn, ob der Druck demselben Mann gehört hatte, von dem er geträumt hatte.

Verwirrt sagte er ja. Er hatte sich diese Verbindung gar nicht klargemacht. Der Druck war ihm am Morgen gegeben worden, nachdem er in der Nacht von seinem Freund in Zusammenhang mit Picasso geträumt hatte. Auch wenn man in Betracht zieht, daß in einer Art Verdrehung die Namen der Künstler Goya und Picasso durcheinandergebracht waren, bleibt der Traum doch interessant.

Oft bleibt nur ein Funke eines solchen Traumes im Moment des Erwachens zurück, und dann erlischt er schnell. Wenn die vorhergesehenen Ereignisse innerhalb weniger Tage eintreten, erinnern Sie sich vielleicht an den Traum. Ansonsten bleibt er vergessen. In den meisten Fällen werden Sie wohl ohnehin fast alle Ihre Träume vergessen. Mein erstes Experiment für Sie soll Ihnen helfen, sich an Ihre Träume zu erinnern und zu erkennen, was sie an Information enthalten. Dieses Experiment wurde 1927 von J. W. Dunne und später von verschiedenen anderen Forschern angewandt.

Ein Bekannter von mir war überzeugt, daß er überhaupt nie träume. Er konnte sich nicht daran erinnern, je einen Traum gehabt zu haben. Hier haben wir ein extremes Beispiel für die Kräfte, mit denen das Bewußtsein unbewußtes Informationsmaterial zurückhalten kann. Mein Bekannter versprach, sich an das Experiment zu halten, das ich Ihnen erläutern werde. Innerhalb von drei Wochen entledigte er sich einer falschen Vorstellung von sich selbst, die er jahrelang mit sich herumgeschleppt hatte. Er ist jetzt imstande, sich an seine Träume zu erinnern. Die Erfahrung war lohnend und vorteilhaft für ihn. Bevor ich mit diesem Experiment begann, entsann ich mich nur sehr weniger Träume. Im nächsten Kapitel werden wir sehen, wie wir uns dazu erziehen können, diese Schlafaktivitäten sogar noch in stärkerem Maß im Gedächtnis zu behalten.

Nun zum Experiment selbst. Legen Sie jede Nacht vor dem Zubettgehen ein Notizbuch und einen Stift entweder unter Ihr Kissen oder auf einen Nachttisch. Bevor Sie einschlafen, sagen Sie sich mit Entschiedenheit, daß Sie sich beim Aufwachen Ihrer Träume erinnern und sie sofort aufschreiben werden. Diese Anweisungen sollten Sie sich mehrmals geben, wenn sie entspannt und am Eindösen sind. Binnen einer Woche werden Sie feststellen, daß Sie sich an große Teile Ihrer Träume erinnern können. Und Sie werden sich immer umfassender an Ihre Träume erinnern, wenn Sie mit dieser Praxis fortfahren.

Beim Aufschreiben der Träume werden Sie vielleicht feststellen, daß Ihnen dabei mehr Einzelheiten einfallen als Sie zunächst beim

Aufwachen erbringen, dann seien Sie nicht entmutigt. Hier geht es um die Einführung einer neuen Gewohnheit. Das erfordert Zeit und Mühe, aber die Ergebnisse wiegen das bei weitem auf. Wenn nötig, stellen Sie den Wecker fünf Minuten früher ein, damit Sie genügend Zeit haben, die Träume aufzuschreiben.

Dies erfordert mehr Selbstdisziplin als es vielleicht zunächst den Anschein hat. Die Anweisungen müssen genau befolgt werden. Liegen Sie am Morgen einige Minuten still mit geschlossenen Augen. Die Träume sind noch in Ihrem Gedächtnis. Schreiben Sie sie sofort auf. Stehen Sie nicht auf. Trinken Sie nicht erstmal eine Tasse Kaffee. Während Sie den ersten erinnerten Traum aufschreiben, fallen Ihnen vielleicht andere ein. Datieren Sie Ihre Träume. Das ist äußerst wichtig. Schreiben Sie die Einzelheiten auf, die Ihnen im Gedächtnis sind, aber versichern Sie sich, daß Sie nicht Ihren Träumen bewußt etwas hinzufügen.

Gehen Sie Ihr Traum-Notizbuch regelmäßig durch. Vergleichen Sie die Aktivitäten des Tages mit den Träumen der letzten Tage oder vorangegangenen Woche. Auch wenn Sie sie aufgeschrieben haben, werden Sie Ihre Träume vergessen, wenn Sie sie nicht durchlesen und Ihr Gedächtnis auffrischen. Wenn ich zum Beispiel mein Notizbuch durchlese, bin ich erstaunt, wie viele Träume mir fast unbekannt vorkommen. Bewußt habe ich sie vergessen, obwohl ich sie notiert habe.

Prüfen Sie Ihr Notizbuch sorgfältig. Wenn Sie von einem Ereignis träumen, in das Freunde oder Verwandte verwickelt sind, schreiben Sie sofort oder machen Sie irgendeinen Versuch zur Überprüfung. Sie brauchen den Traum nicht zu erwähnen, wenn Sie nicht wollen. Dieses ständige Überprüfen ist notwendig, und Sie können nur den vollen Nutzen daraus ziehen, wenn Sie in dieser Weise vorgehen. Hier ein eigener Fall, bei dem eine solche Überprüfung wichtig war, obwohl ich versucht war, die Sache auf sich beruhen zu lassen.

Ich träumte, daß ich mit der Schwägerin meines Schwagers eine Straße entlangging. Sie hatte gerade ein Baby verloren und das Krankenhaus erst vor einigen Momenten verlassen. Ich fragte sie, was sich ihr Mann dabei dachte, sie in einer solchen Situation allein zu lassen. Das war das Ende des Traumes.

Die junge Frau aus dem Traum lebte außerhalb der Stadt. Ich hatte sie nur zwei- oder dreimal getroffen, vor vielen Jahren. Ich kannte sie nicht gut genug, um ihr zu schreiben und sie zu fragen, ob sie kürzlich ein Kind verloren hatte. Ich schrieb den Traum trotzdem auf und datierte ihn. Ein paar Monate später besuchte uns mein Schwager. Seine Frau ist die Schwester der jungen Frau. Beiläufig fragte ich ihn, wie es seiner Schwägerin ginge. Er sagte, es ginge ihr gut, obwohl sie vor nicht langer Zeit eine Fehlgeburt erlitten habe. Ich murmelte bedauernde Worte und meinte, daß die Situation auch für ihren Mann schwierig gewesen sein müsse. Da sagte mir mein Schwager, daß der Mann der Frau nicht ins Krankenhaus mitgekommen sei.

Wenn ich diesen Traum nicht aufgeschrieben, datiert und mir die Mühe gemacht hätte, die Traumereignisse an den tatsächlichen Ereignissen zu überprüfen, hätte ich nicht erfahren, daß er eine gültige Information enthielt. Im übrigen hatte ich niemals zuvor und habe auch seither nicht von dieser Frau geträumt. Der Zeitpunkt der Fehlgeburt stimmt ungefähr mit dem meines Traumes überein. Mein Schwager war sich über das genaue Datum der Fehlgeburt nicht sicher, aber der Monat stimmte.

Wie gesagt, es ist notwendig, jeden Traum zu datieren. Wenn ein Traumereignis tatsächlich in der Alltagswelt eintrifft, dann versichern Sie sich, daß Sie diese Tatsache an einem dafür vorgesehenen freien Platz unter der Traumeintragung festhalten. Tragen Sie auch hier das Datum und andere diesbezügliche Informationen ein. Das Datieren ist so wichtig, da Sie sicher sein müssen, daß das Ereignis nach und nicht vor Ihrem Traum stattfand.

Wie können wir die Tatsache akzeptieren, daß einige Träume präkognitiv sind? Das Material in meinem eigenen Notizbuch ist mein Beweis. Das Material Ihrer eigenen Aufzeichnungen wird Ihr Beweis sein. Parapsychologen wissen, daß präkognitive Träume eine Tatsache sind. Dies wird jedoch in anderen wissenschaftlichen Kreisen nicht allgemein anerkannt. Viele Wissenschaftler könnten durch eine sorgfältige Untersuchung ihrer eigenen Träume und ein Programm, mit dem sie Traumereignisse mit tatsächlichen Geschehnissen auf der stofflichen Ebene systematisch vergleichen, selbst den Beweis finden. Sie werden ihn jedoch nicht in ihren Laboren entdecken. Es gibt nur ein Labor, in dem Träume untersucht und beurteilt werden können, und das ist das unermeßlich komplexe Labor der individuellen menschlichen Persönlichkeit.

Die Existenz präkognitiver Träume unterstützt die Vorstellung, daß die Persönlichkeit nicht so eng an Raum, Zeit oder Materie gebunden ist, wie allgemein angenommen wird. Ihre eigenen Traumaufzeichnungen werden Sie mehr als alles andere davon überzeugen. Dies stellt unsere Konzeption von Zeit ernsthaft in Frage. Existierte die Zukunft gesondert, nach und getrennt von der Vergangenheit, dann wäre es unmöglich, künftige Ereignisse in Träumen oder im Wachzustand wahrzunehmen.

Wenn Zeit tatsächlich in dieser Weise existierte, dann könnte keine emotionale Bewegungsenergie die Barriere zwischen Zukunft und Vergangenheit durchbrechen. Meine eigenen Erfahrungen überzeugen mich davon, daß Ausschnitte der Zukunft wahrgenommen werden können, und daß die gängige Konzeption von Zeit inadäquat und irreführend ist.

Möglicherweise kann das Ego Zeit nur als eine Abfolge von Momenten wahrnehmen, aber ein Teil der menschlichen Persönlichkeit vermag Ereignisse aus einer anderen Perspektive wahrzunehmen und tut es auch. Nicht die Zeit verursacht die Schwierigkeit, sondern unsere begrenzte Fähigkeit, Zeit zu begreifen. Sie werden vielleicht mit Interesse lesen, was das Seth-Material zu diesem Thema sagt. Das folgende ist ein Auszug, in dem Seth zum erstenmal erwähnt, was er das »Raum-Jetzt« nennt. Wenn sich Zeit so verhält, wie Seth aussagt, dann ist an Hellsehen nichts Übernatürliches.

Gewiß kann Hellsehen im Rahmen der gegenwärtig verfügbaren Theorien nicht hinreichend erklärt werden. Aber es ist durchaus möglich, daß unsere gesamte Vorstellung von der Realität erweitert werden muß.

In Wirklichkeit gibt es nur das Raum-Jetzt, so umfassend, daß es in euren Begriffen nicht auf einmal erforscht werden kann. Von daher eure willkürliche Unterteilung in weite Räume der Vergangenheit, Gegenwart und Zukunft. Ihr seid jetzt im Raum-Jetzt. Ihr wart in eurem Gestern im Raum-Jetzt, und ihr werdet es auch in eurem Morgen oder in Äonen des Morgen nicht durchreist haben.

In euren Begriffen wird die (relative) Geschwindigkeit, mit der ihr die Aspekte und Realitäten des Raum-Jetzt entdeckt, zu eurer physischen Zeit oder »Verschleierungs-Zeit«. Auf eurer Ebene braucht ihr ein physisches Verfahren. Dies bewirkt auch die Illusion von Vergangenheit und Zukunft, und euch erscheint die Gegenwart als flüchtige, fast zu Staub gewordene Illusion an sich, jenseits von aller wahrhaften Erinnerung und irgend etwas außer nostalgischer Rückschau. Dies wird auch von eurem physischen Verschleierungssystem bewirkt, in dem Materialisierungen erscheinen, wachsen, reifen und verschwinden.

Im Raum-Jetzt, wie es tatsächlich ist, existieren alle Dinge weiter, die existiert haben, und alle Dinge, die in eurem Morgen existieren werden, sind bereits. Ihr könnt auf eurer Ebene nur auf sehr begrenzte Weise eine solche Realität erfahren, und ihr könnt eine solche Realität nicht spontan erfahren. Doch Spontaneität ist das Wesen des Raum-Jetzt.

So wie die Wände eures Hauses nicht als solche existieren, wie ich sagte, so existieren auch nicht die Unterteilungen, die ihr im Raum-Jetzt eingesetzt habt. Doch wie die Wände eures Hauses von euren äußeren Sinnen erfahren werden und dazu dienen, euch gegen andere Verschleierungs-Materialisierungen wie Wind, Regen und Kälte zu schützen, so schützen euch die Wände der Vergangenheit, Gegenwart und Zukunft, die ihr als Verschleierungsmuster von anderer Art errichtet habt, vor inneren Kräften und Realitäten, mit denen umzugehen ihr nicht ausgerüstet seid.

In der Regel waren wir, wenn wir von Verschleierung im allgemeinen sprachen, mit physischen Verschleierungsstrukturen (physischen Objekten) befaßt. Es gibt jedoch andere Verschleierungsmuster, die nicht als feststoffliche Strukturen, sondern als Vorstellungen existieren.

Die Vorstellung von Vergangenheit, Gegenwart und Zukunft ist auf eurer Ebene notwendig, was aber nicht bedeutet, daß Zeit in der von euch angenommenen Weise existiert. Ihr seid besessen von der Theorie eines Anfangs und eines Endes, weil Verschleierungskonstruktionen in eurer Situation einen Anfang und ein Ende zu haben scheinen.

Aus demselben Grund seid ihr von der Vorstellung von Ursache und Wirkung besessen. Aus eurer Illusion von einer aufeinanderfolgenden Zeit leitet sich die Theorie von Ursache und Wirkung ab. Die eine Idee bringt die andere hervor. Hier haben wir zwei eurer wesentlichsten ideellen Verschleierungsstrukturen: eure Konzeption von Zeit als Abfolge von Momenten, die einer auf den andern folgen. Und ohne diese Reihe von aufeinanderfolgenden Momenten wird die Vorstellung von Ursache und Wirkung sinnlos, wie ihr erkennen werdet. In einer Grundrealität, in der weder Vergangenheit noch Zukunft existieren, kann ein Vorgang in der Gegenwart nicht durch einen Vorgang in der Vergangenheit verursacht werden, und keiner dieser Vorgänge kann die Ursache eines künftigen Vorgangs sein.

Die verzerrende Illusion von aufeinanderfolgenden Momenten und die daraus resultierende Idee von Ursache und Wirkung entstehen beide aus der Wahrnehmung eurer äußeren physischen Sinne und sind auf eurer Ebene praktisch und nützlich. Sie haben deshalb eine gewisse Gültigkeit, wenn auch nur für euch.

Sie stehen für eine mehr oder weniger getreue Darstellung der Natur eures physischen Verschleierungsuniversums. Aber wenn verstanden würde, daß diese nur auf eure Umwelt Bezug haben, dann würden eure Wissenschaftler nicht versuchen, sie als Maßstab für andere Realitäten zu setzen.

Es kann Ordnung ohne eine Abfolge von Momenten geben. Glaubt es oder glaubt es nicht, es kann Ordnung geben ohne eure Ursache und Wirkung. Es kann eine Ordnung geben, und es gibt Ordnung in der Spontaneität und der simultanen Existenz des Raum-Jetzt.

Ihr begreift natürlich, daß die Theorie von aufeinanderfolgenden Momenten auf eurer Ebene funktioniert oder bislang funktioniert hat. Aber die Menschheit strebt nach neuen Erkenntnissen, und somit wird diese Vorstellung aufhören zu funktionieren. Sie wird als Theorie aufgegeben werden, während sie auf praktischer Ebene in ihrer begrenzten Weise noch angewandt werden wird. Ihr werdet zum Beispiel noch Uhren verwenden, lange nachdem eure Wissenschaftler entdeckt haben, daß die Theorie von der Abfolge von Momenten passé und veraltet ist.

KAPITEL V

Hellsichtige Träume verschiedener Art

Meine eigenen Traumaufzeichnungen überzeugten mich davon, daß wir in Träumen Informationen hinsichtlich künftiger Ereignisse erhalten – Informationen, die wir auf andere Weise nicht hätten erlangen können. Diese Informationen mögen aus dem persönlichen Unbewußten und sie mögen aus tieferen Bereichen der menschlichen Persönlichkeit kommen. Unabhängig von ihrer Quelle können sie nützlich sein und zuweilen ganz praktisch angewandt werden. Ihre eigenen Traumaufzeichnungen sollten Sie erkennen lassen, auf welche Weise Sie persönlich künftige Ereignisse voraussehen. Sehr wahrscheinlich hatten Sie auch schon immer hellsichtige Träume, obwohl Sie sich ihrer nicht bewußt waren. Sie waren es nicht gewohnt, sich Ihrer Träume zu entsinnen, es sei denn, sie waren äußerst ungewöhnlich. So ist es keineswegs merkwürdig, daß Sie die vorhergesehenen Ereignisse, wenn sie auf der physischen Ebene eintrafen, nicht erkannten.

Es stellen sich hier jedoch viele Fragen. Sind alle Träume bis zu einem gewissen Grad hellseherisch? Nehmen wir die Zukunft zu verschiedenen Zeiten deutlicher wahr? Gibt es zum Beispiel jahreszeitlich bedingte Unterschiede? Verzerrt unser Unbewußtes eine an sich gültige hellseherische Information?

Sie werden viele dieser Fragen für sich selbst beantworten können. Ich kann versuchen, einige von ihnen im allgemeinen zu beantworten. Aber die einzigartige Natur der menschlichen Persönlichkeit beinhaltet, daß Ihre eigenen Träume einen für Sie charakteristischen Aufbau besitzen. Sie können viel über diese Ihre

Traumstruktur erfahren, wenn Sie Ihr Traum-Notizbuch sorgfältig studieren.

Wenn Sie also Ihre Aufzeichnungen machen, dann vergleichen Sie ständig Ihre Träume mit der Realität. Mit zunehmender Menge an Aufzeichnungen werden für Sie Muster erkennbar werden. Dadurch können Sie den für Sie charakteristischen Umgang mit Symbolen in Ihren Träumen entdecken. Sie finden zum Beispiel heraus, daß Sie in einem Monat dreißig Träume aufzeichneten, von denen drei präkognitiv zu sein schienen, während Sie im nächsten Monat nur zehn Träume notierten, von denen keiner präkognitiv erschien. Oder Sie entdecken, daß das Gegenteil zutrifft. Sie finden vielleicht heraus, daß die Anzahl Ihrer hellseherischen Träume im Herbst sehr viel höher ist als zu anderen Jahreszeiten, oder Sie erkennen keinerlei jahreszeitlich bedingte Unterschiede.

Sie werden jedoch vermutlich feststellen, daß sich Ihre Fähigkeit, sich Ihrer Träume zu erinnern, ständig gesteigert hat, seit Sie mit Ihrem Training angefangen haben. Je mehr Träume Sie erinnern, desto mehr Information haben Sie, um damit zu arbeiten. Wenn Sie in einer Nacht einen Traum haben, der präkognitiv zu sein scheint, sind dann wohl einige andere Träume dieser Nacht ebenfalls hellseherisch? Sind Sie empfänglicher für präkognitive Information, wenn es um Ihre Familie und Freunde geht? Oder sehen Sie Ereignisse, an denen Sie nicht persönlich beteiligt sind? Niemand kann diese Fragen für Sie beantworten, aber es ist wichtig, daß Sie die Antworten entdecken. Nur eine sorgfältige Einschätzung Ihrer Traumaufzeichnungen kann Ihnen dabei weiterhelfen.

Die Resultate meiner eigenen Auswertungen können Ihnen als roter Faden dienen. Ich begann mit meinen Aufzeichnungen im November 1963. 1964 hatte ich insgesamt 104 Träume erinnert und notiert. Dreizehn oder ungefähr zehn Prozent davon enthielten präkognitive Elemente. Die in den Träumen gesehenen Vorfälle trafen später ganz oder teilweise ein. Dreizehn – wiederum ungefähr zehn Prozent – von diesen 104 Träumen hatten mediale Instruktionen der einen oder anderen Art zum Inhalt. Fünf weitere Träume befaßten sich mit medialem Heilen. Diese mögen ganz einfach durch meine bewußte Beschäftigung mit dem ASW-Bereich im allgemeinen bewirkt worden sein oder aber der eindeutigen Kommunikation zugeschrieben werden, die zwischen mir und anderen in Zeiten stattfand, da das Ego keinen wirksamen Einwand erheben konnte.

Beachten Sie, daß im gesamten Jahr 1964 nur 104 Träume aufgezeichnet wurden. Zu jener Zeit war ich erfreut, so viele erinnert zu haben. Wie die meisten von Ihnen hatte ich mich zuvor nur gelegentlicher spektakulärer Träume entsonnen. Doch in den nächsten fünf Monaten, von Januar 1965 bis Mai 1965, wurden insgesamt 174 Träume aufgezeichnet, ein Beweis, daß Übung und Praxis wichtig sind. 1964 notierte ich durchschnittlich einen Traum pro Nacht. Vier Träume in einer Nacht waren die Höchstzahl. Offensichtlich erinnerte ich mich in vielen Nächten an keinen Traum. In der Zeit von Januar bis Mai 1965 hingegen belief sich der Durchschnitt in den Nächten, in denen ich Träume erinnerte, auf drei. In einigen Fällen wurden acht Träume und in einem Fall dreizehn Träume einer Nacht aufgezeichnet.

Von diesen 174 Träumen schienen dreißig gültige hellseherische Information zu enthalten. Wie gesagt, wenn ich einen Traum als präkognitiv oder hellseherisch bezeichne, dann meine ich Träume mit Ereignissen, die später ganz oder teilweise eintraten: Träume, die mir Informationen gaben, die ich auf keine andere Weise hätte erhalten können. Oft hatte ich das Gefühl, daß ein Traum präkognitiv ist, konnte aber nicht erfolgreich überprüfen, ob das Traumereignis tatsächlich in der physischen Realität eintrat. In diesem Fall habe ich den Traum natürlich nicht den präkognitiven zugerechnet.

Meine Aufzeichnungen machen deutlich, daß Träume dieser Art nicht unbedingt außergewöhnlich oder beunruhigend sind. Viele sind ziemlich gewöhnlich und werden vielleicht aus diesem Grund ganz und gar vergessen. Hier folgen ein paar Beispiele aus meinem Notizbuch. Sie werden Ihnen eine Vorstellung geben, wie Sie Ihre eigenen Träume einstufen können.

Hier ein Beispiel für einen meiner Ansicht nach guten hellseherischen Traum. Am 27. Oktober 1964 träumte ich, daß die alte Waschmaschine im Keller unseres Apartmenthauses eine undichte Stelle bekam. Der Traum war so unbedeutend, daß ich ihn fast nicht berücksichtigt hätte. Doch ich erzählte ihn Robert beim Frühstück und notierte ihn auf einem Blatt Papier, das ich in mein Notizbuch einlegte. Ich vergaß bis zum nächsten Tag, ihn in das Buch selbst einzutragen. Dazu ist zu sagen, daß seit mindestens zwei Jahren niemand mehr die alte Waschmaschine benutzt hatte, da sie nicht besonders gut funktionierte.

Am 28. Oktober, dem Morgen nach dem Traum brach das Wasserzuleitungsrohr für die Waschmaschine. Das Wasser strömte durch die Maschine, füllte die nebenstehenden Wannen und ergoß sich auf den Boden. Der Keller stand zwölf Zentimeter hoch unter Wasser. Ich selbst entdeckte die Überflutung. Ich fand heraus, daß eine Bewohnerin beschlossen hatte, die Waschmaschine zu benutzen. Als sie wegging, war alles in Ordnung gewesen. Ich hatte die Maschine schon seit mehreren Jahren nicht benutzt und keinen Grund zur Annahme, daß jemand anders sie benutzen würde.

Hier ist ein anderes Beispiel für einen guten hellseherischen Traum: Am 29. Januar erinnerte ich drei Träume. Einer davon, zu kompliziert, um ihn hier auszuführen, schien ebenfalls präkognitiv zu sein. Der zweite Traum war nicht hellseherisch. Dies hier ist der dritte. In meinem Notizbuch steht: »Ich säubere Ausgußbecken und kümmere mich um einen Patienten. Eine Art Krankenhaus-Traum.«

Zwei Nächte nach dem Traum bekam ein Gast in unserer Wohnung plötzlich heftiges Nasenbluten. Er blutete über eine halbe Stunde sehr stark. Bei einer anderen Gelegenheit hatte er eine Bluttransfusion gebraucht, wie er uns mitteilte. Wir riefen die Notaufnahme des hiesigen Krankenhauses an, um uns Anweisungen geben zu lassen. Aufgrund seines Zustands luden wir unseren Gast ein, bei uns zu übernachten. Erst als ich die Ausgußbecken mehrmals gesäubert hatte, erinnerte ich mich an den Traum, obwohl ich ihn in meinem Buch aufgeschrieben hatte. Wir wuschen blutige Tücher und kümmerten uns um den Patienten.

Der nächste Traum beeindruckte mich stark, doch aus verschiedenen Gründen stufe ich ihn etwas unter den gerade berichteten Träumen ein. An einem Samstagmorgen wachte ich auf, als Robert aus dem Bett stieg. Dann schlief ich noch einmal ein und hatte folgenden Traum. Ich zitiere wieder aus meinen Aufzeichnungen: »Ich träumte, daß Bill Macdonnel vorbeischaute und uns früh am Morgen, noch vor dem Frühstück besuchte. Er hatte etwas in der Nachbarschaft zu erledigen. Irgendwie hatte es mit Geld zu tun. Sieben Cents? Ich bin nicht sicher. Ich denke, Bill schuldet das Geld J. F.«

Als ich aufwachte, schrieb ich den Traum auf und erzählte ihn Robert. Da klopfte es auch schon an der Tür. Herein kam Bill Macdonnel. Er hatte etwas in der Nachbarschaft zu erledigen gehabt – ein Termin bei einem Arzt, von dem wir nichts gewußt hatten. Wir hatten noch nicht gefrühstückt. Geld hatte mit dem Termin zu tun, wenn auch nicht mit sieben Cents wie im Traum. Während wir uns unterhielten, erwähnte Bill J. F.

Da Bill ein häufiger Gast bei uns ist, stufte ich den Traum etwas geringer als die anderen erwähnten Träume ein. Auch ist der erwähnte J. F. ein gemeinsamer Bekannter. Die Tatsache, daß Bill ihn bei unserer Unterhaltung erwähnte, ist nicht außergewöhnlich. Bill sagte, der Gedanke, uns zu besuchen, sei ihm beim Arzt gekommen, bei dem er in etwa zur Zeit meines Traumes gewesen war. Es kann sich also in diesem Fall um Telepathie handeln.

Die präkognitiven Elemente sind in den hier berichteten Träumen ziemlich leicht zu erkennen. Sie erscheinen in mehr oder weniger reiner Form, unverzerrt. Aber wie steht es mit der Möglichkeit, daß in anderen Träumen stichhaltige hellsichtige Informationen mit Elementen aus dem persönlichen Unbewußten vermischt sind? Meine Aufzeichnungen scheinen zu zeigen, daß dies oft der Fall ist. Eine genaue Erforschung Ihres Notizbuches könnte das ebenfalls ans Licht bringen.

Nur eine systematische Erforschung der Natur der Träume wird uns zur Entdeckung ihrer Hauptbestandteile und -merkmale führen. Meine bisherige Arbeit bringt mich zu der Annahme, daß wir in

Träumen nicht nur Einzelheiten über künftige Ereignisse erfahren, sondern hier auch wahrscheinliche Lösungen für diese Ereignisse ausarbeiten, uns mit ihnen im Traumzustand auseinandersetzen, bevor wir uns mit ihnen in der physischen Realität befassen.

Mit anderen Worten, es wäre möglich, daß uns Träume dieser Art vorab auf Ereignisse vorbereiten, die später eintreten werden. Da die Traummaterialien derart ineinander verwoben sind, ist es in vielen Fällen ohne sorgfältige Aufzeichnungen fast unmöglich, stichhaltige hellseherische Information von der gesamten Traumhandlung zu trennen. Es gibt jedoch genügend Ähnlichkeitsmerkmale, die bei einer genauen Untersuchung solche hellseherischen Informationen kenntlich machen können. Ich spreche hier nicht von Träumen, in denen diese Ereignisse mit Traumlösungen vermischt sind. Wir arbeiten also möglicherweise in den Träumen selbst die Lösungen für künftige Ereignisse aus und wählen in der Traumsituation die bestmögliche Lösung.

Einige Merkmale hellseherischer Träume scheinen sich erst nach einer genauen Untersuchung zu offenbaren. Meine eigene Erfahrung führt mich zur Annahme, daß hellseherische Träume gern gehäuft auftreten. Wenn ein Traum in einer bestimmten Nacht präkognitive Elemente enthält, dann haben auch die anderen Träume dieser Nacht eine präkognitive Tendenz. Einige Beispiele aus meinen Aufzeichnungen können dies verdeutlichen und Ihnen dazu eine Vorstellung vermitteln, wonach Sie bei der Beurteilung Ihrer Traumaufzeichnungen suchen müssen.

Sehen Sie sich die folgenden Träume an, die alle innerhalb von vier Nächten auftraten.

Traum A 15. 2. 65

Ich sehe Robert auf den Boden fallen, er hat einen Anfall irgendeiner Art; er fällt vor der Küchenspüle nieder.

Traum B 15. 2. 65

Ich träume, die Wohnung ist voll mit Besuch. Eine alte Freundin, S. C. befindet sich unter den Gästen.

Traum C 15. 2. 65

Ein Tisch in einem Restaurant verwandelt sich in ein Bett. Eine Gruppe älterer Leute sieht zu, während Robert und ich das Bett machen, die Bettdecke glatt ziehen.

Traum D 16. 2. 65

Ich träume, daß Robert und ich nach einer Wohnung suchen.

Traum E 17. 2. 65

Ich träume von unserem Wohnungsbesitzer und dem Restaurant, das er besitzt, im Zusammenhang mit Integration.

Traum F 17. 2. 65

Ich träume, Robert und ich müssen aus unserer Wohnung ausziehen.

Traum G 19. 2. 65

Ich träume, eine Lektorin kommt, um das Seth-Material zu diskutieren.

Betrachten Sie nun die Träume C, D, E, F im Licht der Ereignisse, die unmittelbar nach dieser Traumsequenz geschahen. Meinem Wohnungsbesitzer gehört auch ein Restaurant. Am 18. Februar suchte er uns auf, um mir mitzuteilen, daß er den Verkauf des Apartmenthauses und vielleicht auch des Restaurants erwog. Er hatte eine Verabredung mit interessierten Käufern, um ihnen das Haus zu zeigen. Er bat mich, sie durch unsere Wohnung zu führen. Ich stimmte zu, und während er ging, um sie zu treffen, räumte ich den großen Tisch auf, an dem ich schreibe, machte das Bett und brachte unsere Zimmer einigermaßen in Ordnung. Er kam mit einer Gruppe älterer Leute zurück, die dann unsere Wohnung inspizierten.

Alle Träume C, D, E, F enhielten Elemente, die sich später in einer tatsächlichen Situation zeigten. Sie hatten mit meinem Wohnungsbesitzer zu tun, mit der Möglichkeit eines Umzugs, mit älteren Menschen, mit Betten machen und dem Aufräumen von Tischen. Es ist mir klar, daß die Ereignisse nicht genau dieselben sind. Die Träume setzten mich jedoch davon in Kenntnis, daß sich unsere Lebensumstände ändern könnten. Ich war bewußt in Sorge, daß sich im Falle eines Verkaufs des Apartmenthauses unsere Miete so erhöhen würde, daß sie unsere Mittel überstieg. In einem Traum sah ich Robert und mich nach einer neuen Wohnung suchen. Wir taten es nicht, und der Verkauf kam auch nicht zustande, aber ich bin davon überzeugt, daß ich in diesem Traum mögliche Lösungen für das vorhergesehene Problem ausarbeitete.

Betrachten Sie nun die Träume A und B, beide in der gleichen Nacht. In einem sehe ich Robert in irgendeiner Art von Anfall zu Boden fallen. Im andern ist die Wohnung voller Gäste, darunter S. C. Ich hatte diese Träume am 15. Februar. Am 24. März, über einen Monat später, wachte Robert auf, ging ins Badezimmer und fiel in einem plötzlichen Ohnmachtsanfall vor der Dusche zu Boden. An diesem Tag hatten wir mehr Besucher als wir normalerweise in ganzen zwei Wochen haben. Während ich mich um Robert zu kümmern versuchte, der einen besonders üblen Virus hatte, trafen weitere Besucher ein. Unter ihnen war S. C. Wir hatten sie nur zweimal in acht Jahren gesehen. Hätte sich der Traum nicht in meinen Aufzeichnungen befunden, und wäre die Ähnlichkeit zwischen den Traumereignissen und tatsächlichen Geschehnissen nicht dadurch unterstrichen worden, daß sie alle am selben Tag geschahen (so wie sich die Träume in einer Nacht ereigneten) – wäre ich mir dieser Verbindung nie bewußt geworden.

Hier möchte ich eine Bemerkung über das Abwehren von beunruhigenden Träumen hinzufügen. Der Traum über Roberts Krankheit ängstigte mich so sehr, daß ich dachte: »An diesen werde ich mich nicht erinnern. Ich mag seine Botschaft nicht.« Als ich mich bei diesem Gedanken ertappte, zwang ich mich, ihn sofort aufzuschreiben. Andernfalls wäre er vergessen worden – mit Absicht.

Doch dieser Traum, wie auch der Umzugs-Traum halfen mir, mich auf Ereignisse vorzubereiten, die später auf der physischen Ebene eintraten. Der Umzugs-Traum vermittelte eine allgemeine Information über die Möglichkeit einer Veränderung unserer Lebensumstände. Die Mitteilung über die Pläne unseres Hausbesitzers hätten mich sehr viel nervöser gemacht, wenn mich nicht schon ein Traum vorab benachrichtigt und ich mich nicht bereits mit der Möglichkeit eines Umzugs auseinandergesetzt hätte, indem ich träumte, wir suchten nach einer Wohnung. Die Tatsache, daß ich von Roberts Anfall schon vorher wußte, bereitete mich ebenfalls psychisch auf seine Krankheit vor.

Bleibt ein weiterer Traum vom 20. Februar, in dem eine Lektorin kam, um das Seth-Material zu diskutieren. Zum Zeitpunkt des Traumes hatte ich nichts mit einer Lektorin zu tun. Das Seth-Material lag seit über fünf Monaten beim Frederick Fell Verlag. Robert schrieb und bat um die Rückgabe des Manuskripts. Am 7. März erhielten wir einen Brief von einer Lektorin, die inzwischen in dem Verlag eine Stellung angenommen hatte. Sie hatte mir eine Karte geschrieben, die ich nie erhalten habe. In diesem Brief befaßte sie sich mit dem Seth-Material wie auch mit diesem Manuskript. Sie besuchte mich allerdings nicht persönlich.

Während der ganzen Zeit, in der Aufzeichnungen gemacht wurden, kamen keine anderen Träume über Lektorinnen, S. C., Umzug oder Krankheit vor. Sie sind hier in das Buch aufgenommen, weil sie erkennbare Elemente von später eintretenden Ereignissen enthalten, doch es fehlt ihnen die klare Präzision der vorher erwähnten Träume. Gleichzeitig scheinen sie aber darauf zu verweisen, daß wir in Träumen nicht nur einige künftige Ereignisse vorhersehen, sondern in der Traumsituation künftige Probleme zu lösen versuchen.

Die Ähnlichkeiten zwischen den Traumereignissen und den Geschehnissen auf physischer Ebene könnten leicht dem Zufall zugeschrieben werden. Dies sind jedoch nicht die einzigen Beispiele für solche gebündelten Träume. Mein Notizbuch bietet viele andere, die alle verschiedene Aspekte einer tatsächlichen später eintretenden Situation aufzuzeigen scheinen. Das vorhergesehene Ereignis kann mit anderen Träumen vermischt sein, in denen wir Lösungen ausarbeiten. Aus diesem Grund erscheinen viele hellseherische Träume zunächst nicht als solche, wohingegen wir durch eine Untersuchung und Überprüfung die verschiedenen Traumelemente von einander trennen und die Verbindungen klar machen können.

Es gibt keine sicherere Methode, Natur und Eigentümlichkeit von Träumen zu entdecken, als den Traumstoff selbst zu untersuchen. Eine Erforschung Ihrer eigenen Traumaufzeichnungen wird Ihnen zeigen, auf welche persönliche Weise Sie verschiedene Traumelemente verbinden und vermischen. Erfahrung wird Ihnen dann ermöglichen, das hellseherische Material auszusondern, sofern es nicht kristallklar ist. Auf Biegen und Brechen alle Träume als präkognitiv zu betrachten, bringt nur Verwirrung in das Thema. Integrität und gesunder Menschenverstand sind für Ihre Einschätzung notwendig.

Eine genaue Untersuchung von vermischten Träumen könnte unserem Wissen über die menschliche Persönlichkeit und ihrem Potential mehr hinzufügen als eine Untersuchung der eindeutigeren hellsichtigen Träume, da eine solche Erforschung tief in das Wirken des inneren Selbst vordringen würde, nicht nur in Hinblick auf die Wahrnehmung von präkognitivem Material, sondern auch in seiner praktischen Anwendung. Wenn wir in Träumen Ereignisse vorhersehen – sie zudem interpretieren und verschiedene Lösungen dafür auszuarbeiten versuchen – dann ist der Traumzustand von sehr viel praktischerer Bedeutung, als wir je angenommen haben.

Wie steht es nun mit der vorsätzlichen Verzerrung einer stichhaltigen präkognitiven Information in Träumen? Wäre es möglich, daß wir oft Kenntnis von künftigen Ereignissen erhalten und sie dann in Träumen verzerren? Ich halte das für durchaus möglich, und wenn dies eintritt, dann macht es eine genaue Bestimmung, wieviel Informationsmaterial wir erhalten, umso schwieriger. In diesen Fällen könnte die präkognitive Information vom persönlichen Unbewußten für eine andere Art des Traumdramas völlig aufgebraucht werden oder in dieses übersetzt werden. Es gibt viele Gründe für das Unbewußte, solches Material zu verzerren.

Das Ereignis kann unangenehmer Natur sein. In diesem Falle könnte die Information klar durchkommen, einfach deshalb weil es von unserer Seite eine künftige eindeutige Handlung erfordert, der nicht ausgewichen werden kann. Aber vielleicht verlangt ein vorhergesehenes unangenehmes Ereignis von uns gar kein Handeln, und wir haben von daher das Gefühl, es gefahrlos verzerren zu können. Das Ereignis mag zu langfristige Probleme mit sich bringen, oder die Information dringt einfach nicht stark genug durch, um eine Kenntnisnahme zu erzwingen.

Hier sind einige Beispiele, die Ihnen zeigen, was ich meine. Auch hier haben wir eine gebündelte Sequenz; alle drei Träume ereigneten sich in einer Nacht, am 18. Februar 1964.

Traum A

Ich betrete das Büro von zwei Zeitschriftenverlegern. Ich fühle mich unsicher, während ich die Tür öffne. Ich habe das eindeutige Gefühl, daß ich nichts verkauft habe. Draußen (engl. *outside*) auf dem Treppenabsatz gibt es irgendein Problem.

Traum B

Ich bekomme einen Telefonanruf von einer fremden Frau, oder ich rufe sie an. Sie möchte nicht behelligt werden. Überrascht sage ich, daß mir meine Mutter ihre Nummer gegeben und mich gebeten habe, anzurufen.

Traum C

Ein Traum über eine alte Freundin, Mrs. G.

Am Tag nach diesen Träumen lehnte eine Zeitschrift eine Geschichte von mir ab, »The Outsider«. Erinnern Sie sich, daß in meiner Traumaufzeichnung das Wort »outside« vorkam. Der Traum ließ mich also wissen, daß die Geschichte abgelehnt worden war, zumindest hätte ich ihn so entschlüsseln können.

Am selben Tag erhielt ich einen Brief von meiner Mutter, in dem sie sich vorwiegend mit einer mir unbekannten Frau befaßte, einer Fremden. Sie entschuldigte sich, daß sie so viel über diese Frau schrieb. Und sie teilte mir ein paar Neuigkeiten über die alte Freundin, Mrs. G. mit.

Wie gesagt, solche Ähnlichkeiten können leicht als Zufall abgetan werden, vor allem da präkognitive Elemente nicht ganz klar gegeben sind. Mein Notizbuch weist jedoch so viele Fälle dieser Art auf, daß wir wohl die Möglichkeit in Betracht ziehen müssen, daß viele Träume, auch wenn sie nicht präkognitiv sind, gültige hellsichtige Informationen enthalten, die von der Persönlichkeit aus ihr eigenen Gründen verzerrt werden.

Ich hatte meine alte Freundin Mrs. G. viele Jahre nicht gesehen, und die Umstände unserer Trennung waren nicht gerade erfreulich gewesen. Natürlich ist die Ablehnung einer Geschichte nie eine beglückende Nachricht. Und vielleicht war ich unbewußt eifersüchtig, daß meine Mutter in ihrem Brief einer mir unbekannten Frau so viel Platz einräumte. Doch alles in allem war, was das tatsächliche Geschehen anging, von meiner Seite kein sofortiges Handeln nötig. Es ist möglich, daß ich das Material einfach verzerrte. Und trotzdem war ich nicht überrascht, den Brief meiner Mutter mit einer Erwähnung von Mrs. G. zu erhalten und den Ablehnungsbescheid in meiner Post zu finden.

Präkognitive Elemente können sich demnach in drei Arten von Träumen finden: jenen, in denen die hellseherische Information klar, präzise und unmißverständlich ist; jene, in denen sie sich mit Traumdramen mischt, in denen Lösungen für die damit verbundenen Probleme ausgearbeitet werden; und jene, in denen die Information vom Unbewußten in beträchtlichem Maß verzerrt wird.

Eine Untersuchung Ihrer eigenen Traumaufzeichnungen wird Sie diese Tendenzen erkennen lassen. Offensichtlich ist es auch notwendig, die täglichen Ereignisse im Auge zu behalten und sie mit den Traumereignissen zu vergleichen. Es wird nicht helfen, sich auf jede winzige Koinzidenz zu stürzen und sie als präkognitiv abzustempeln. Andererseits ist es auch nicht dienlich, jene Möglichkeiten zu ignorieren, die die beiden letzten Traumarten zu bieten scheinen.

Sind also alle Träume hellseherisch? Wird, wenn Sie von einem Todesfall in der Familie träumen, der Tod wirklich und unweigerlich eintreten? Es scheint klar, daß nicht alle Träume hellseherisch sind. Ein Traum, in dem der Tod vorkommt, kann zum Beispiel der Ausdruck einer unbewußten Auseinandersetzung mit der Unausweichlichkeit des Todes sein. Er könnte auch für einen unterdrückten Wunsch stehen, die betreffende Person möge auf der Stelle tot umfallen – ein Wunsch, der dann auf ziemlich harmlose Weise vom schlafenden Selbst freigesetzt wird. Erschrecken Sie nicht, wenn Sie solche Träume haben. Sie könnten auch nur ein vorübergehendes Absinken Ihrer Lebensgeister widerspiegeln.

Bevor wir das Thema Träume verlassen, möchte ich kurz auf die Möglichkeit eingehen, daß einige telepathische Mitteilungen enthalten. Meine eigenen Aufzeichnungen deuten nur wenig auf diese Verbindung von Traum und Telepathie. Doch ein Vorfall im besonderen erregte mein Interesse. In einem Traum las ich einen kritischen Artikel über das Seth-Material. Genau in diesem Moment weckte mich Robert. Er sagte ärgerlich: »Hast du diesen Artikel über das Seth-Material gelesen?«

»Welchen Artikel?« fragte ich, sofort interessiert. Aber er hatte entweder im Schlaf gesprochen oder war nur für einen Moment erwacht. Der Vorfall beweist natürlich gar nichts. Seither habe ich aber von anderen ähnlichen Erfahrungen gehört, und ich finde die ganze Sache faszinierend. Es ist leicht möglich, daß Robert im Schlaf sprach, einen Artikel erwähnte, von dem er träumte und mich zur selben Art von Traum veranlaßte.

Es besteht auch die Möglichkeit, daß wir im Traum Anregungen empfangen, auf die wir dann im Wachzustand reagieren. Diese Erfahrung halten wir dann für einen Fall von Hellsehen, obwohl er es nicht ist. Nur sorgfältige Untersuchungen solchen Traummaterials können uns Antworten auf alle hier gestellten Fragen geben.

Was nun Ihre eigenen Experimente angeht, so führen Sie Ihr Traum-Notizbuch fort und versichern Sie sich, daß Sie alle Träume und Ereignisse datieren. Vergleichen Sie ständig die täglichen Ereignisse mit Ihren Träumen. Nehmen Sie jeden Monat eine Einschätzung des Inhalts Ihres Traum-Notizbuches vor. Dabei achten Sie auf folgendes:

A. Zahl der erinnerten Träume. Dadurch können Sie Ihre Fortschritte verfolgen.
B. Zahl der Träume, die präkognitiv zu sein scheinen. Dies sollte

Träume einschließen, die wohl eindeutig hellseherischer Natur sind; Träume, in denen hellseherische Elemente vermischt sind mit Lösungsversuchen für Probleme, die mit vorausgesehenen Ereignissen zusammenhängen; und Träume, die vom Unbewußten verzerrte, hellseherische Elemente enthalten.

C. Die allgemeine Art des präkognitiven Materials, das sie gewöhnlich erhalten. Ist es zum Beispiel eher persönlicher Natur? Oder sehen Sie Ereignisse voraus, an denen Sie nicht beteiligt sind – politische Ereignisse, Schlagzeilen, usw.

D. Gebündelt auftretende präkognitive Träume. Achten Sie auch auf jahreszeitlich bedingte Unterschiede.

E. Irgendwelche übergreifende und zusammenfassende Traumsymbole, die auf verschiedene Weise in Ihren Träumen oder in einer bestimmten Traumserie erscheinen können. Diese werden kurz in den folgenden Auszügen des Seth-Materials erklärt. Die Auszüge befassen sich mit Träumen und Hellsehen und sind unter verschiedenen Gesichtspunkten interessant.

Auszüge aus Sitzung 45

Wären Ursache und Wirkung ein absolutes Gesetz, dann müßte auch Kontinuität ein absolutes Gesetz sein, und alle oder irgendwelche Beweise von Hellsehen wären absolut unmöglich. Hellsehen ist in eurem Universum nur möglich, weil es im Grunde Ursache und Wirkung nicht gibt, nur eine anscheinende Ursache und Wirkung, und keine Vergangenheit, Gegenwart und Zukunft.

Obgleich das Gewahrsein von Hellsehen ziemlich selten ist, existiert es; und obgleich es in den meisten Fällen verwässert wird, ist es eine natürliche Methode, ‹Individuen vor Geschehnissen zu warnen, mit denen die physischen Sinne nicht vertraut wären. Es ist eine natürliche Methode, das Individuum durch ein inneres Wissen um Ereignisse zu schützen. Ohne ständiges Hellsehen jeden Mannes und jeder Frau würde die Existenz auf eurer Ebene eine so starke psychische Verunsicherung im Innern nach sich ziehen, daß sie nicht zu ertragen wäre.

Individuen werden immer vor Katastrophen gewarnt, damit sich der

Organismus vorab darauf vorbereiten kann. Der Zeitpunkt des Todes ist bekannt. Aus offensichtlichen Gründen wird diese Kenntnis dem Ego nicht bewußt gemacht, aber jeder Organismus ist durch seine inneren Sinne mit der unbewußten Kenntnis von persönlichen Katastrophen, von Tod und so weiter ausgerüstet. Die Persönlichkeit entschied selbst vorab, was sie für sich als Katastrophe betrachtet. Die Angehörigen der Spezies wissen im voraus von ihren Kriegen. Wie Telepathie ständig auf unbewußter Ebene als eine Grundlage aller Sprache und Kommunikation am Wirken ist, so auch die Hellsichtigkeit, damit sich der physische Organismus auf seine Herausforderungen vorbereiten kann.

Dies ist genug für eine Sitzung, meine Tauben...

Auszüge aus Sitzung 93

Beträchtliche Verwirrung kann entstehen, wenn ein Traum aus einer Ebene des Unbewußten im Lichte von Prämissen interpretiert wird, die zu einer ganz anderen Ebene gehören. Viele Individuen fühlen sich mit bestimmten unbewußten Aspekten wohler, was zur Folge hat, daß sie sich jener Träume bewußter sind, die gewissen unbewußten Bereichen entstammen.

Wir finden in vielen, ja den meisten Fällen Träume, die in der Schicht des persönlichen Unbewußten ihren Ursprung haben, und die einfachsten sind jene, die sich unmittelbar auf das bewußte Alltagsleben beziehen. Wenn ein solcher Traum auch weniger komplex ist als andere, so ist er doch eine erstaunliche Konstruktion... Es mag den Anschein haben, daß alle Träume ein beliebiges Konglomerat von bezugslosen Symbolen und Ereignissen sind. Doch wir werden sehen, daß gerade das Unterscheidungsvermögen eines der wichtigsten Wesensmerkmale eines jeglichen Traumes ist.

Denn unser einzelner Träumer sichtet eine anscheinend unendliche Zahl von Möglichkeiten und wählt mit großer Sorgfalt nur jene Traumgegenstände aus, die seinen Absichten am dienlichsten sind. Selbst ein einfacher Traum, der sich mit belanglosen alltäglichen Ereignissen befaßt, ist in Wirklichkeit sehr viel mehr.

Die Traumgegenstände werden in der Tat mit so präzisem Unterscheidungsvermögen ausgewählt, daß sie, wie eine tiefgehende Untersuchung erkennen läßt, nicht nur eine Verkörperung von Gegebenheiten hinsichtlich des bewußten Alltagslebens darstellen, sondern sich zugleich im einzelnen und gesamt auf viele Ebenen des Unbewußten beziehen lassen.

Diese Traumgegenstände sind so geschickt, fast durchtrieben ausgewählt, daß sich auch der einfachste auf Vorfälle in dieser Existenz beziehen kann; auf persönlich (unbewußt) gefürchtete Dinge oder Vorfälle; auf ersehnte oder gefürchtete Dinge oder Vorfälle aus vergangenen Leben. Solche Traumgegenstände können auch eine Methode sein, mit der das innere Selbst die Persönlichkeit vor möglichen künftigen Katastrophen oder Enttäuschungen warnt.

Ein Traumgegenstand kann also je nach Sachlage zugleich einen einfachen oder vertrauten Bestandteil des Alltagslebens repräsentieren, einen stark gefürchteten oder ersehnten Bestandteil aus der unmittelbar unbewußten Schicht, ein Ereignis oder eine Sache aus einem vergangenen Leben, oder ein gefürchtetes oder ersehntes künftiges Ereignis.

Es gibt hier eine Gleichung. Ein Traumgegenstand hat in vier oder fünf verschiedenen Realitätsebenen zugleich Realität: Der Gegenstand ist mehr als er selbst und entspricht Realitäten, die existiert haben oder existieren werden; Vergangenheit und Zukunft sind somit gleichzeitig im Traumgegenstand enthalten kraft einer sehr realen psychischen Kontraktion und Expansion.

Die Expansion ist der Traum. Die Kontraktion ist die Rückkehr der Traumelemente in den einzelnen Gegenstand, das heißt, in den Traumgegenstand, von dem die Gleichung ursprünglich ausging. So wie zum Beispiel alle Zahlen der Zahl eins entspringen.

Zunächst einmal beginnt jeder Traum mit psychischer Energie, die der Träumer nicht in physische Materie umwandelt, sondern in eine Realität, die in allem genauso funktional und wirklich ist. Er gestaltet die Idee zu einem Traumgegenstand oder Ereignis mit erstaunlichem Unterscheidungsvermögen, so daß der Gegenstand oder das Ereignis zur Existenz gelangen und in verschiedenen Dimensionen existieren.

Es ist nicht so, daß sie in verschiedenen Dimensionen zu existieren »scheinen«. Sie existieren tatsächlich. Wenn ein Traumgegenstand oder Ereignis dem ausweicht, was ihr nicht nur Zeit sondern auch Raum nennt und wenn, wie ich sage, Traumgegenstände und -schöpfungen eine gewisse Unabhängigkeit gegenüber dem Traum bewahren, dann könnt ihr erkennen, daß der Träumer, obwohl er seine Träume für seine Zwecke erschafft, sie trotzdem in einer psychischen Expansion nach außen projiziert.

Die Expansion geschieht, während das Traumdrama ausagiert wird. Für den Träumer tritt eine Kontraktion ein, wenn er die Ereignisse oder das Drama für seine eigenen Zwecke beendet hat, aber keine Energie kann zurückgenommen werden.

Energie, die in irgendeine Art von Konstruktion projiziert wird, kann nicht zurückgerufen werden, sondern muß den Gesetzen jener besonderen Form folgen, zu der sie in diesem Moment gestaltet wurde. Wenn also ein Träumer seine multirealen Gegenstände zurückzieht, den Traum, den er aufbaute, für sich endet, beendet er ihn nur für sich selbst. Die Realität des Traumes setzt sich fort. Es kümmert mich nicht, ob diese Vorstellung unmöglich erscheint, dir oder Ruburt oder anderen. Die Tatsache bleibt bestehen, daß es so ist.

Es bleibt auch die Tatsache bestehen, daß auf anderen als den bewußten Ebenen ihr wie jedes Individuum wißt, daß die Traumwelt vom inneren Selbst mit äußerster Sorgfalt aufgebaut wird, mit einer Präzision, wie sie nur von Intuitionen bekannt ist. Und jedes Individuum weiß, daß eine solche wunderbare Schöpfung wie diese dann jenseits des Selbst existiert, dem sie entsprang.

KAPITEL VI

Gedankenübertragung und Telepathie

Eine entfernt lebende Verwandte oder einen Freund kontaktieren, ohne einen Brief zu schreiben oder zu telefonieren? Dies mag sich unwahrscheinlich anhören, und doch ist es durchaus möglich, daß wir alle dies auf unbewußter Ebene sehr häufig tun. Diese *telepathischen* Botschaften können in der Tat so leicht und mühelos empfangen werden, da wir automatisch auf sie reagieren, ohne ihnen bewußt Aufmerksamkeit zu schenken.

Die Russen haben mit Telepathie als Kommunikationsmöglichkeit zwischen Erde und Raumfähren experimentiert. Die US-Regierung experimentiert mit der telepathischen Übermittlung von Befehlen an Freiwillige, die sich an Bord von Polaris-Unterseebooten aufhalten.

Wie steht es nun mit Telepathie (Gedankenübertragung) im gewöhnlichen Alltagsleben? Hier sind einige Erfahrungen, die mir ein Nachbar erzählte, ein Lehrer in den Dreißigern. Zufall ist eine mögliche Erklärung für jeden einzelnen Vorfall, doch wenn wir uns Gruppierungen solcher Vorkommnisse ansehen, dann zeigen sich gewisse Muster, die den Zufall zu einer immer weniger wahrscheinlichen Erklärung machen.

Am Morgen eines Wochenendes verspürte dieser Nachbar plötzlich den starken Impuls, seine Schwester zu besuchen. Er fühlte sich gedrängt, noch an diesem Abend zum Abendessen zu ihr zu fahren, obwohl sie vierzig Meilen von ihm entfernt wohnte, und er gewöhnlich eine solche Fahrt nicht unternahm, wenn er nicht länger zu bleiben gedachte.

Am Nachmittag entschied er sich endgültig für die Fahrt. Als er seine Wohnung verließ, klingelte das Telefon, und er kam zurück und hob den Hörer ab. Seine Schwester war am Apparat. Sie bat ihn, zum Abendessen zu kommen und sagte, sie hätte schon den ganzen Morgen daran gedacht, ihn anzurufen. Sie hätte aber gezögert, da sie annahm, er wolle nicht eine so lange Fahrt für einen so kurzen Besuch unternehmen. Schließlich hätte sie sich aber entschlossen, ihn anzurufen. Offensichtlich war in diesem Fall der Anruf unnötig. Mein Nachbar hatte bereits die Botschaft erhalten und handelte danach.

Bei einer anderen Gelegenheit beschloß er, seinen Bruder zu besuchen, der ebenfalls in einem etwa vierzig Meilen entfernten Ort lebte. Und obwohl er sich schon auf die Fahrt gefreut hatte, fühlte er plötzlich den Drang, sie noch eine Weile aufzuschieben und statt dessen kurz in die Stadt zu fahren. Als er zurückkam, klingelte das Telefon. Der Anruf kam von seinem Bruder, der am örtlichen Flughafen eingetroffen war. Er war nach Elmira geflogen, um meinen Nachbarn zu besuchen. Die beiden sehen einander nicht häufig. Wäre mein Nachbar zu der Fahrt aufgebrochen, hätte er seinen Bruder verpaßt. Nur sein unlogischer Drang, die Fahrt noch eine Weile zu verschieben, machte das Treffen möglich.

Die gerade erwähnten Vorfälle sind relativ unbedeutend. Wir tun sie oft als Zufälle ab, ohne weiter an sie zu denken. Später werden wir uns in diesem Kapitel mit einigen Erfahrungen befassen, die nicht so leicht zu vergessen sind.

Am letzten Silvesterabend trafen Robert und ich bei einer Party ein junges Ehepaar, nennen wir sie die Xs. Am nächsten Nachmittag saß ich im Wohnzimmer, als jemand an die Tür klopfte. Sofort wußte ich, daß Mr. X an der Tür und seine Frau nicht dabei war. Und so verhielt es sich auch.

An einem Nachmittag etwas später im Jahr kam Robert nicht rechtzeitig zum Essen nach Hause. Plötzlich hatte ich das Gefühl, daß er seinen Job gekündigt habe, obwohl er keinen besonderen Grund dafür und auch nicht davon gesprochen hatte. Ich war beunruhigt und dachte, wenn er seinen Job als gewerblicher

Künstler aufgegeben hat, müssen wir vielleicht aus der Stadt wegziehen, da er nur auf Teilzeitbasis arbeitet und in einer kleinen Stadt solche Möglichkeiten selten zu finden sind. Doch dieses bestimmte Gefühl war sehr stark: Er hatte seinen Job aufgegeben, und wir würden aus der Stadt wegziehen.

Gleich darauf kehrte Robert zurück. Unser Freund, Mr. X war mit ihm gekommen. Dieser hatte uns besuchen und uns mitteilen wollen, daß er vor einigen Augenblicken seinen Job gekündigt habe. Er und seine Frau zogen aus der Stadt weg. Er hatte Robert auf dem Weg zu uns vor unserem Apartmenthaus getroffen. Hier hatte ich offensichtlich Mr. Xs Gedanken aufgefangen, die Botschaft aber Robert zugeschrieben, da ich wegen seiner Verspätung besorgt war.

Ein anderer Vorfall: Eine Freundin gab mir einen Mantel, den sie nicht mehr tragen wollte. Diese Freundin zog dann weg. Ein Jahr verging. Ich hatte den Mantel nie getragen. Eines Tages im letzten Winter wollte ich in die Stadt und beschloß, ihn anzuziehen. Während ich in den Mantel schlüpfte, dachte ich: »Wenn ich ihn trage, treffe ich wahrscheinlich A. R., der sich an den Mantel erinnern wird und weiß, daß es ein abgelegter ist. (A. R. war dabei, als mir der Mantel gegeben wurde!). Ich war versucht, ihn wieder auszuziehen, da ich aber A. R. noch nie bei einem meiner Stadtgänge begegnet war, hielt ich die Annahme für idiotisch, daß ich ihn diesmal treffen würde. Also trug ich den Mantel. Als ich meine Besorgungen erledigt hatte, wollte ich noch eine Freundin besuchen, die in einem Laden arbeitete. Kaum hatte ich meine Hand an die gläserne Eingangstür gelegt, da sah ich drinnen A. R. mit meiner Freundin sprechen. Ich habe diese Freundin oft in dem Laden besucht, und A. R. war nie anwesend gewesen.

Auch der folgende ist ein ganz gewöhnlicher Vorfall. Und auch hier könnte es sich um schlichten Zufall handeln. Eines Morgens spülte ich um 7.45 Uhr das Geschirr und beschloß plötzlich, einem Nachbarn einen Teller zurückzubringen, den ich mir ausgeliehen hatte. Der Gedanke war sehr eindringlich. Ich nahm den Teller und ging zur Tür. Dann entsann ich mich, daß es noch sehr früh war und stellte den Teller wieder hin. Da klopfte es. Der besagte Nachbar schaute herein und wollte sich etwas von mir ausleihen. Wir waren seit fünf Jahren Nachbarn, und in der ganzen Zeit hatte er nie so früh morgens an die Tür geklopft. Ich gab ihm den Teller zurück.

Eines Abends wollte ich noch zu einem nahen Gemüseladen gehen und sagte Robert, ich würde sofort zurückkommen. Auf dem Rückweg erinnerte ich mich, daß sich ein Freund von mir ein Buch ausgeliehen und noch nicht zurückgebracht hatte. Ich beschloß, bei ihm vorbeizuschauen und festzustellen, ob er es schon zuende gelesen hatte. Sein Büro befindet sich in seiner Wohnung, und das Buch lag in seinem Büro. Da er noch beschäftigt war, trank ich mit seiner Frau Kaffee. Wir unterhielten uns eine Stunde lang. Es war Winter und eine dunkle Nacht. Nervös dachte ich, daß sich Robert inzwischen Sorgen machen würde, und sah auf die Uhr. Es war 19.00 Uhr. Schließlich entschied ich, nicht länger zu warten. Als ich nach Hause kam, reichte mir Robert wortlos ein Stück Papier. Darauf stand: »19.00 Uhr. Starkes Gefühl, daß Jane bei Dr. X. ist.«

Robert wußte zwar, daß der Mann ein Buch von mir hatte, aber ich war in der Vergangenheit oft an seinem Haus vorbeigekommen, ohne es mir je holen zu wollen. Auf dem Weg zwischen unserer Wohnung und dem Laden wohnen noch andere Freunde. Ich hätte bei irgendeinem von ihnen vorbeischauen können.

Die meisten Leser und Leserinnen können sich an viele eigene Erfahrungen dieser Art entsinnen. Diese Vorfälle beeindrucken uns bis zu einem gewissen Grad, doch wir haben das Gefühl, mit solchen Berichten nichts beweisen zu können. Sie könnten auch auf andere Weise eine angemessene Erklärung finden. Telepathie ist jedoch eine mögliche Erklärung und sollte nicht nur deshalb ausgeschlossen werden, weil sie nicht die einzige ist.

Der folgende Vorfall hingegen läßt sich weniger leicht einem bloßen Zufall oder einer Koinzidenz zuschreiben. Eines Nachts lag ich im Bett, halb schlafend und halb wachend, da hörte ich folgende Worte in mir: »Tja, aber es ist verdammt teuer. Wer zum Teufel bezahlt das? Gibt es keine Stiftungen oder so, die für sowas aufkommen?« Ich erkannte die Stimme sofort als die eines Freundes, der sich zu diesem Zeitpunkt nicht in der Stadt aufhielt. Er klang wütend und geschockt. Ich erzählte Robert, was ich gehört hatte, schrieb die Worte sofort auf und notierte Zeit und Tag. Es war kurz nach 1 Uhr morgens.

Am nächsten Tag überlegte ich mir, was da passiert sein konnte. Der Vater des Mannes, dessen Stimme ich gehört zu haben glaubte, war krank. Vielleicht sorgte er sich wegen einer Operation, der sich sein Vater möglicherweise unterziehen mußte. Drei Tage später kehrte dieser Freund zurück. Als Robert und ich ihn besuchten, fragte ich nach seinem Vater und erhielt die Antwort, daß sein Zustand unverändert sei. »Er muß nicht operiert werden oder so etwas?« fragte ich. Verwirrt verneinte Mr. M die Frage. Ich wollte die ganze Sache schon vergessen. Doch glücklicherweise erzählte ich Mr. und Mrs. M, was ich gehört hatte.

Nun war es an mir, überrascht zu sein. In der Nacht dieses Vorfalls hatten sich die Ms in einem Erholungsgebiet aufgehalten. Zusammen mit dem Motelmanager verließen sie um 1 Uhr nachts zur Sperrstunde eine Cocktailbar und gingen zu Fuß die kurze Strecke zu ihrem Motel. Draußen war alles mit Trümmern und Abfall übersät. Vandalen hatten das teure Gartenmobiliar und Abfall in den Swimmingpool geworfen. Es sah aus wie ein Schlachtfeld. Als sich der Manager über den Schaden ausließ, sagte Mr. M: »Tja, aber es ist verdammt teuer (der Schaden). Wer zum Teufel bezahlt das? Gibt es keine Stiftungen oder so, die für sowas aufkommen?« Mit Stiftungen meinte er Versicherungen.

Zufall scheint für diesen Vorfall eine ziemlich schwache Erklärung. Auf irgendeine Weise klinkte ich mich offensichtlich in ein Gespräch ein, das viele Meilen entfernt stattfand, und fing Mr. Ms ärgerliche Kommentare auf. Hätte ich diese Information in einem Traum empfangen, dann hätte ich sie möglicherweise in meine eigene Krankenhaus-Erklärung eingebettet und bis zur Unkenntlichkeit verzerrt. Wenn Sie solche Erfahrungen aufschreiben, versichern Sie sich aus diesem Grund, daß Sie ganz genau nur die gehörten Worte festhalten.

Das folgende Beispiel kann ebenfalls kaum nur dem Zufall

zugeschrieben werden. Es geschah unter den gleichen Umständen wie der Fall von Mr. M und ereignete sich spätnachts. Wieder war ich im Halbschlaf. Plötzlich wurde mir bewußt, daß ich mit dem Bild eines Zeitungsartikels befaßt war. Ich hatte ihn gelesen und verglich seine Information mit einem anderen Papier. Der Artikel besagte, daß einem Freund, Mr. X, eine Beförderung angeboten worden war oder daß er sie erhalten hatte, daß eine Reorganisation bevorstand, und daß auch ein anderer Freund, Mr. K, der ebenfalls dort arbeitete, betroffen war.

Am folgenden Tag stattete uns Mrs. X einen Besuch ab. Ich vermittelte ihr so gut als möglich meine Erfahrung und zeigte ihr meine Aufzeichnungen. Überrascht erzählte sie mir, daß ihr Mann für eine Beförderung vorgeschlagen war, daß die ganze Angelegenheit jedoch äußerst geheim gehalten wurde. Nur die direkt Betroffenen wußten davon. Selbst dem größten Teil der Bürobelegschaft waren die Vorgänge nicht bekannt, aber eine Reorganisation war tatsächlich geplant. Sie wußte nichts davon, daß auch Mr. K von den Veränderungen betroffen war.

Zweieinhalb Wochen später wurde Mr. K sehr plötzlich an einen anderen Ort versetzt, weil ein anderer Mann die Stellung gekündigt hatte. Ein Zeitungsartikel erschien allerdings nicht. Mr. X nahm die angebotene Beförderung nicht an. Beide Männer arbeiteten in einer Zeitungsredaktion. Dies erklärt wohl, warum ich einen Zeitungsartikel sah. Dieses Bild verdeutlichte mir den Ort des Geschehens.

Beim zuletzt genannten Beispiel sah ich die Information mehr als daß ich sie hörte. Bei den folgenden Erfahrungen kam etwas ins Spiel, womit viele von Ihnen sicherlich vertraut sind: eine Stimme. Wie viele Male glaubten Sie schon eine Stimme Ihren Namen rufen gehört zu haben, als Sie allein waren? In den meisten Fällen denken wir, wir hätten etwas gehört, schütteln den Kopf und vergessen den Vorfall. Ich arbeitete übrigens gerade an diesem Kapitel, als ich plötzlich ganz sicher war, eine Frau meinen Namen rufen zu hören. Die Stimme schien aus meinem Innern zu kommen und nicht aus meiner physischen Umgebung. Ich sah jedoch aus dem Fenster, um festzustellen, ob jemand im Hof war. Er war leer. Ich war allein in der Wohnung, die meisten anderen Mieter waren bei der Arbeit. Unser Apartmenthaus ist alt, solide gebaut und nicht hellhörig.

Da ich mir angewöhnt habe, solche Vorfälle, gleich wie unbedeutend sie erscheinen, zu notieren, schrieb ich ihn auf und hielt den Zeitpunkt fest, 9 Uhr 15. Dann vergaß ich ihn und wandte mich wieder meinem Schreiben zu. Ungefähr zwanzig Minuten später spürte ich plötzlich den Impuls, eine Freundin, Mrs. S anzurufen. Selbstverständlich hielt ich das für meinen eigenen Gedanken, obwohl er sozusagen aus dem Blauen kam. Wir haben kein Telephon, und ich benutzte daher das Telephon einer Nachbarin. Mrs. S war am Apparat und sagte, sie und ihr Mann hätten gerade über mich gesprochen. Sie hätte ein paar Neuigkeiten, die sie mir mitteilen wollte und wünschte, ich hätte ein Telephon, damit sie mich erreichen könnte.

Erst als ich wieder an der Schreibmaschine saß, erinnerte ich mich an die Frauenstimme, die ich gehört hatte. Mrs. S hatte mir gesagt, daß die Unterhaltung mit ihrem Mann begonnen hatte, als er zu einer Tasse Kaffee herunterkam, kurz nach 9 Uhr.

Bei einer anderen Gelegenheit saß ich am Schreibtisch, als ich mich plötzlich gedrängt fühlte, Peggy Gallagher, eine andere Freundin, in ihrer Zeitungsredaktion anzurufen oder sie dort aufzusuchen. Ich verlasse selten das Haus, wenn ich mich einmal zum Arbeiten niedergelassen habe. Doch der Drang, Peggy aufzusuchen, war sehr stark. Ich sah auf die Uhr, es war 9 Uhr 30. Da ich um 8 Uhr zu arbeiten begonnen hatte, beschloß ich, um 10 Uhr zu ihr zu gehen. Als sie mich sah, erzählte sie mir, daß sie sich seit 9 Uhr 30 auf mich konzentriert habe. Wir hatten gemeinsam etwas zu erledigen, und sie wollte mich unbedingt erreichen. Da ich kein Telephon habe, und sie wußte, daß ich an diesem Buch arbeitete, entschloß sie sich, es mit Telepathie zu versuchen. Auch hier hatte ich angenommen, daß es mein Gedanke war, sie aufzusuchen.

Vorfälle, bei denen sicher Telepathie im Spiel war, ereigneten sich bei den Seth-Sitzungen. Eines Abends zum Beispiel beantwortete Seth die Fragen eines anwesenden Mannes, noch bevor sie gestellt wurden. Wir hatten am Abend zuvor unsere reguläre Sitzung versäumt. Mr. Y, der zu jener Zeit nur ein Bekannter war, kam vorbei. Als wir dasaßen und uns mit unserem Gast unterhielten, spürte ich, daß Seth die versäumte Sitzung nachholen wollte.

Bis zu diesem Zeitpunkt waren nie Zeugen anwesend gewesen. Ich fragte mich nervös, was wohl geschehen würde. Die Sitzung begann, Gast hin oder her. Wir hatten ein paar Minuten Vorwarnung und erklärten unserem Gast kurz, was es mit diesen Sitzungen auf sich hatte. Robert gab ihm Papier und einen Stift, damit er Fragen, die ihm in den Kopf kamen, aufschreiben konnte. Dazu kam er nicht. Seth beantwortete alle seine Fragen, so wie sie unserem Gast einfielen. Dieser war nicht darauf vorbereitet worden, daß Seth dies tun würde oder könnte. Auch uns selbst war der Gedanke nie gekommen. Damals waren diese Sitzungen noch ziemlich neu für uns.

Unser Gast war fasziniert. Er kam zu einer späteren Sitzung wieder und befragte Seth über Probleme in seinem Berufsleben. Seth antwortete in seiner üblichen lebendigen Art. Gegen Ende seines Monologs erwähnte er, daß Mr. Y über Fähigkeiten im elektronischen Bereich verfüge, die er nicht einsetze, und schlug vor, er solle ein Amateurfunker werden. Als die Sitzung vorüber war, erzählte uns Mr. Y, daß sich im Hobbyraum seines Hauses elektronische Ausrüstung der verschiedensten Art befände. Er hätte oft daran gedacht, ein Amateurfunker zu werden, hätte aber die Kosten gescheut. Mr. Y wohnte in einer weit entfernten Stadt, in der wir nie gewesen waren. Wir kannten also sein Haus nicht. Weder hatte er uns gegenüber je sein Interesse an Elektronik erwähnt, noch wirkte er wie ein Mann mit solchen Neigungen.

Mit dem Begriff »Telepathie« wird meist das bezeichnet, was man »Gedankenübertragung« nennt, eine Übermittlung ohne die üblichen Methoden. Der Begriff Hellsehen wird im allgemeinen für eine außersinnliche Wahrnehmung von künftigen Ereignissen gebraucht. Aber meiner Erfahrung nach sind die beiden so eng miteinander verbunden, daß die Unterscheidung zwischen beiden oft schwierig ist. Auch tun die beiden Begriffe an sich nichts zur Sache. Sie dienen nur einer künstlichen Unterscheidung innerhalb einer ASW-Funktion. Da aber die beiden Bezeichnungen im allgemeinen Gebrauch sind, verwenden wir sie hier.

Es gibt bestimmte Merkmale, die sowohl in Fällen von Hellsehen wie auch Telepathie aufzutreten scheinen. Lassen Sie uns einige davon betrachten, bevor wir zu den Experimenten kommen, die Sie selbst unternehmen können. Außersinnliche Wahrnehmungen scheinen allgemein dann aufzutreten, wenn das Bewußtsein abgelenkt ist. Bewußte Konzentration behindert solche Phänomene eher. Die Telepathie hat wohl in vielen Fällen eine emotionale Grundlage. Wir fangen anscheinend die Gedanken jener auf, denen wir seelisch nahestehen. Wahrscheinlich können wir uns nicht willentlich zur Übermittlung oder zum Empfang von telepathischen Mitteilungen zwingen. Wir können jedoch darin einwilligen, wie ich glaube.

Es ist wichtig, daß Sie sich mit jenen geistigen Fähigkeiten vertraut machen, durch die eine solche Kommunikation zustandekommt. Dazu ein einfaches Experiment. Sitzen oder liegen Sie jeden Tag zehn Minuten lang still da. Hören Sie Ihren bewußten Gedanken zu. Greifen Sie nicht ein und fällen Sie kein Urteil. Hören Sie nur objektiv zu. Dies ist Ihr Bewußtseinsstrom, der Fluß der Gedanken, der ihren Geist fast ständig durchströmt. Manchmal sind wir uns ihrer bewußt, doch meist nur dann, wenn wir still sind.

Wenn Sie diesen Bewußtseinsstrom wahrzunehmen gelernt haben, ignorieren Sie ihn. Sie werden dann dahinter zusammenhanglose Gedanken und Bilder entdecken. Ohne große Schwierigkeiten werden Sie feststellen, daß Sie der Bewußtseinsstrom nicht länger betrifft. Sie werden gewahren, was darunter liegt. Möglicherweise hören Sie Worte, die bedeutungslos scheinen. Sie sehen vielleicht Bilder aufscheinen und dann wieder verschwinden.

Stellen Sie sich vor, Ihr Geist sei ein Ozean. Langsam reisen Sie in einer Taucherausrüstung in seine Tiefe. Erst durchqueren Sie den Bewußtseinsstrom, der direkt unter der Oberfläche dahinfließt. Dann erreichen Sie die nächste Schicht, in der Gedanken und Bilder weniger vertraut sind, exotischen Fischen gleich, die rasch vorbeiziehen. Versuchen Sie nicht, diese Worte oder Bilder festzuhalten, sonst entgleiten Sie Ihnen. Beobachten Sie einfach nur.

Sie werden all Ihre Wahrnehmungsfähigkeiten brauchen. Sie hören vielleicht Stimmen. Sie können für einen Moment deutlich vernehmbar und dann wieder unverständlich sein. Bemühen Sie sich nicht angestrengt, etwas zu sehen oder zu hören. Beobachten Sie ganz ruhig und hören Sie zu.

Wenn Sie mit diesen Erfahrungen vertraut geworden sind, dann werden Sie an die neuen Bedingungen gewöhnt sein. Sie werden vielleicht entdecken, daß gewisse Bilder länger bleiben als andere. Sie sehen sie deutlicher. Was vorher als Wortsalat auftauchte, könnte nun klar vernehmlich werden. Wie bei den Worten meines Freundes könnten sie sich auf zeitlich gegenwärtige aber räumlich meilenweit entfernte Situationen beziehen. Sie können mit der Zukunft oder Vergangenheit zu tun haben. Wenn Sie nicht hören und beobachten, werden Sie es nie erfahren.

Einige Bilder werden ganz einfach bedeutungslos sein. Manchmal werden Sie gar nichts sehen oder hören. Einige Bilder haben vielleicht mit Menschen zu tun, die Ihnen unbekannt sind. Sie könnten ein Produkt der Phantasie sein oder eine tatsächliche Wahrnehmung von realen Menschen, was Sie aber kaum überprüfen können. Wenn Sie Stimmen hören, die Sie erkennen oder Worte, die einen Sinn ergeben, schreiben Sie es auf. Wenn Sie Bilder von Bekannten oder Freunden sehen, beschreiben Sie, was Sie gesehen haben. Versuchen Sie später, die betreffenden Personen zur Bedeutung Ihrer Erfahrung zu befragen.

Oft konnte ich nicht wissen, ob ich eine stichhaltige Information erhalten hatte, bis ich das mit der betreffenden Person überprüft hatte. Sie können nicht selbstverständlich annehmen, daß die Bilder und Worte in dieser Hinsicht Gültigkeit besitzen, solange sich dies nicht in der einen oder anderen Weise verifizieren läßt. Das Experiment wird Sie in denselben Schwebezustand zwischen Wachen und Schlafen versetzen, wie Sie ihn nachts im Bett erfahren. Dies ist der Zustand, in dem telepathische Übermittlungen am häufigsten empfangen werden, wie es auch bei mir einige Male der Fall war.

Natürlich sind nicht alle Worte und Bilder telepathischer Natur. Einige sind vielleicht einfach Erfindungen des Unbewußten; das spontane Spiel geistiger und seelischer Kräfte. Mit zunehmender Übung werden Sie zweifellos zwischen den verschiedenen Quellen Ihrer Wahrnehmungen besser unterscheiden können. Meine eigene Erfahrung versetzt mich in die Lage, bis zu einem gewissen Grad zwischen bedeutsamen und bedeutungslosen Bildern zu unterscheiden. Objektive und systematische Überprüfung solcher Informationen bleibt der einzige Weg, ihre Gültigkeit und ihren Wert festzustellen.

Ihre unmittelbare Intuition in bezug auf eine bestimmte Erfahrung könnte im übrigen verläßlicher sein als eine intellektuelle Beurteilung. Verschiedene Male ließ ich Worte, die mir in diesem Schwebezustand in den Kopf kamen, unberücksichtigt, da sie mir bedeutungslos schienen. Wenn spätere Ereignisse ihnen doch Gültigkeit verliehen, war ich unsicher, weil ich sie nicht aufgeschrieben hatte. Andere Male war ich mir gewiß, daß dieselbe Art von Information stichhaltig war, als ich sie aber mit den betreffenden Personen überprüfte, war sie es nicht.

Unsere nächsten Experimente erfordern ein weiteres Notizbuch. Dieses sollte für Sie bald ebenso faszinierend und wichtig werden, wie Ihr Traumbuch. Wie ich entdecken Sie möglicherweise sogar, daß Ähnlichkeiten zwischen den Träumen und den von Ihnen darin aufgezeichneten Vorfällen bestehen.

Weiter oben sprachen wir über die anscheinend unbedeutenden Vorfälle, die uns wegen ihrer Ähnlichkeit mit Gedanken, die wir unmittelbar davor hatten, verblüffen. Fast jedermann kennt solche Fälle aus dem eigenen Leben. Wie oft dachten Sie gerade an einen bestimmten Freund oder eine Freundin, der oder die Sie dann in diesem Moment oder gleich darauf anrief? Wie oft dachten Sie, jemand rufe Ihren Namen, obwohl Sie allein waren und niemand in der Nähe, der Sie hätte rufen können?

Schreiben Sie von jetzt an alle diese Vorfälle auf. Datieren Sie jede

Eintragung. Notieren Sie auch starke Eingebungen, Ahnungen oder Gedanken, die Ihnen in den Sinn kommen und keinen Bezug zu der Aktivität haben, mit der Sie gerade befaßt sind. Überprüfen Sie ständig, ob es irgendeine Beziehung zwischen Ihren Ahnungen und den täglichen Ereignissen gibt. Wenn Sie jemanden Ihren Namen rufen hören, notieren Sie das und achten Sie sorgfältig auf die Ereignisse dieses Tages; jemand möchte Sie vielleicht erreichen. Sie erhalten möglicherweise einen Brief oder einen Telephonanruf, der den Ruf erklärt.

Wenn das Telephon klingelt und Sie wissen, wer am Apparat ist, bevor Sie den Hörer aufnehmen, notieren Sie es. Schreiben Sie den Namen der betreffenden Person auf und das Datum. Wie oft in der Woche geschieht so etwas? Wissen Sie bei bestimmten Personen stets im voraus, daß sie am Telephon sind? Oder stellen Sie jetzt, da Sie solche Vorfälle aufschreiben, fest, daß Ihre Vorahnungen nur halb so oft richtig sind wie Sie dachten? Diese Frage können Sie für sich selbst beantworten.

Gibt es eine Korrelation zwischen Ihren präkognitiven Träumen und telepathischen Eingebungen? Treten beide zu gewissen Zeiten häufiger auf? Behalten Sie diese Fragen im Kopf. Vergleichen Sie beide Notizbücher miteinander. Antworten auf diese Fragen können uns viel über die Natur der menschlichen Persönlichkeit und von Geist und Seele sagen.

Der Beweis für eine jeweils authentische telepathische Kommunikation ist schwierig zu erbringen, und jeder Vorfall muß gesondert untersucht werden. Aber wenn sich signifikante Erfahrungen dieser Art in Ihrem Notizbuch häufen, wenn sie getreulich und aufrichtig vermerkt und sorgfältig überprüft werden, dann kann die Materialmenge an sich darauf verweisen, daß es sich um Telepathie und nicht um Zufälligkeiten handelt.

Viele meiner hellseherischen Träume werden durch telepathische Eingebungen ergänzt. Oft wird die im Traum erhaltene Information bestärkt durch Worte, die ich in meinem Innern höre. Es scheint keinen Unterschied zu machen, ob der Traum oder die telepathische Eingebung zuerst erfolgt. Wenn beides eintritt und beides sich auf dasselbe Ereignis auf physischer Ebene bezieht, dann bestärkt das für mich die Gültigkeit von Traum und telepathischer Kommunikation.

Auch Sie werden vermutlich diese Verbindung zwischen einigen Ihrer präkognitiven Träumen und Worten oder Gedanken, die Ihnen kommen, während Sie mit etwas anderem beschäftigt sind, erfahren. Aber diese Übereinstimmungen können Sie nur entdekken, wenn Sie sorgfältig Ihre Aufzeichnungen machen. Gerade weil ASW gerne spontan auftritt, müssen wir die Ereignisse so diszipliniert protokollieren. Später wird noch mehr über die wechselseitige Bekräftigung zwischen den verschiedenen außersinnlichen Wahrnehmungen gesagt werden.

Unser nächstes Experiment befaßt sich mit dem Gebrauch der herkömmlichen von Rhine entwickelten ASW-Karten oder PSI-Karten, um außersinnliche Wahrnehmung zu testen. Sie können Ihre eigenen Karten herstellen oder sich ein entsprechendes Set kaufen.*

Das Päckchen besteht aus 25 Karten mit jeweils fünf Symbolen: Stern, Wellen, Kreuz oder Plus-Zeichen, Kreis und Quadrat. Dazu sollten Sie einen kleinen Schirm aus einem festen Karton oder anderem geeigneten Material herstellen, der die Person, die den Test unternimmt (Agent) von der Person, mit der der Test unternommen wird (Versuchsperson) abschirmt. Der Agent mischt die Karten, hebt sie nacheinander ab, sieht sie an und protokolliert die Reihenfolge. Die Versuchsperson notiert ihrerseits die Reihenfolge, so wie sie sie errät. Alle Treffer werden in den Versuchsprotokollen vermerkt.

Die Zufallserwartung bei einem Test beträgt fünf Treffer. Das heißt, legt man nur den Zufall zugrunde, würde die Versuchsperson bei 25 Karten fünf richtig erraten. Alles, was darüber liegt, könnte als über den Zufall hinausgehend betrachtet werden. Jedoch sind wenigstens zehn Versuchsreihen nötig, besser sind noch sehr viele mehr. Sie könnten zum Beispiel bei den ersten drei Versuchsreihen

* In der BRD nur über den esoterischen Fachhandel erhältlich.

eine hohe Trefferquote erzielen und in den nächsten sieben Versuchsreihen unter der Zufallserwartung liegen, was Ihre durchschnittliche Trefferquote beträchtlich reduzieren würde.

Ich schlage vor, daß Sie diese Kartentests häufig unternehmen. Notieren Sie in Ihren Aufzeichnungen die Stimmung, in der Sie bei den jeweiligen Tests waren, die Tageszeit und sogar das Wetter. Wir wissen nicht, wie ASW funktioniert und welche Bedingungen sie beeinflussen. Ihre eigenen Resultate können Ihnen viele dieser Fragen beantworten. Erzielen Sie bessere Trefferquoten, wenn Sie gut gelaunt sind? Wenn Sie schlecht gelaunt sind? Scheint das Wetter einen Einfluß auf Ihre Trefferquoten zu haben? Wenn die Wissenschaft die für außersinnliche Wahrnehmungen günstigsten Bedingungen eingehend untersuchen würde, könnten entsprechend optimale Experimente entwickelt werden für den Versuch, der ASW eine Art voraussagbare Basis zu schaffen.

Unternehmen Sie diese Kartenexperimente mit Verwandten und Freunden. Protokollieren Sie alle Treffer. Machen Sie nicht so viele Tests auf einmal, daß Sie ermüden. Folgen Sie immer den Anweisungen. Wenn Sie zum Beispiel signifikante Trefferquoten ohne die Abschirmung vom Agenten erzielen, sollten sie nicht anerkannt werden, da den Versuchsanordnungen nicht korrekt entsprochen wurde.

Bei unseren eigenen Kartenexperimenten erzielte ich einmal bei einem hellseherischen Test die gute Trefferquote von 67. Bei diesem Experiment versucht die Versuchsperson die Reihenfolge der Karten zu erraten, während das Päckchen, die Rückseite nach oben, vor ihr auf dem Tisch liegt. Die Karten werden nicht berührt. Die Zufallserwartung lag hier bei 50 Treffern. Die Treffer bei anderen Versuchsreihen reduzierten jedoch meine durchschnittliche Trefferquote beträchtlich. Robert erzielte einmal 12 Treffer bei 25 Karten. Wir haben den Karten im Rahmen unserer Forschungen keinen speziellen Stellenwert eingeräumt.

Einige erzielen im Bereich der ASW-Forschung exzellente Resultate mit den Karten, andere nicht. Wichtig ist, daß Sie mit Spaß bei der Sache sind und nicht durch ewige Wiederholung gelangweilt werden. Außersinnliche Wahrnehmungen sind spontaner Natur, oft treten sie ein, wenn wir sie am wenigsten erwarten. Beurteilen Sie die Resultate der hier angeführten Experimente mit einer wissenschaftlichen Einstellung. Vorher aber müssen Sie sich die innere Freiheit einräumen, die Bedingung dafür ist, daß Sie außersinnliche Wahrnehmungen »auffangen«.

Es gibt zahlreiche Experimente, die Sie selbst einführen können. Sie können zum Beispiel eine Person in einem anderen Zimmer einen einfachen Gegenstand oder ein Symbol zeichnen lassen, während Sie in ihrem Zimmer versuchen, denselben Gegenstand zu zeichnen.

Und denken Sie an Ihr Notizbuch. Berufen Sie sich nicht gleich auf den Zufall als einzig mögliche Erklärung für all das, was Sie nicht verstehen. Notieren Sie solche Vorfälle. Kreuzen sich zum Beispiel oft Ihre Briefe mit anderen Briefen? Wenn Sie einem Freund am Mittwoch schreiben, erhalten Sie dann häufig einen Brief von ihm am Donnerstag, den er schrieb, noch bevor er den Ihren erhalten hatte?

Versuchen Sie, mit einem fernen Freund oder Verwandten Kontakt aufzunehmen, ohne das Telephon oder andere übliche Kommunikationsmethoden zu benutzen. Wenn Sie diesen Experimenten folgen, wenn Sie sich Zeit und Mühe nehmen, Ihr inneres Selbst zu erforschen, dann werden Sie möglicherweise zu einer solchen telepathischen Kommunikation fähig sein.

Hier folgen einige Auszüge aus dem Seth-Material, in dem Seth über Telepathie im allgemeinen spricht und über die Art und Weise, in der Gedanken vom Sender (A) an den Empfänger (B) übermittelt werden.

Auszüge aus Sitzung 136

Ich sagte, daß es keine Duplikate gibt. Doch ihr mögt fragen, sind nicht einige Gedanken Duplikate? Die Unterschiede mögen in der Tat äußerst gering sein, doch sind sie immer vorhanden. Ein von A bewußt oder unbewußt übertragener Gedanke ist nicht genau derselbe Gedanke, wenn er den Empfänger B erreicht.

Der ursprüngliche Gedanke As wird noch immer von A bewahrt, doch ein anscheinend identischer Gedanke erreicht B. A hat nichts verloren. Das heißt, indem A den Gedanken zu senden versucht, den Gedanken zu duplizieren versucht, bewahrt er ihn dennoch. Was also wird dem Empfänger B übermittelt? Dies ist von einer gewissen Bedeutung, da es die bei telepathischer Kommunikation häufig auftretenden Differenzen erklärt.

Gleich ob A, der Sender, sein augenscheinliches Duplikat wissentlich übermittelt oder nicht, im Moment seiner Übertragung erzeugt er ein Muster elektromagnetischer Impulse, das den ursprünglichen Gedanken duplizieren soll. Doch soweit ich weiß, ist in keiner wie auch immer gearteten Realität eine solche identische Duplizierung möglich.

Eine Nebenbemerkung: Eineiige Zwillinge sind beispielsweise nie wirklich identisch.

Sobald der Versuch zur Duplizierung des Gedankens gemacht wird, bewirkt der Versuch an sich einen Druck und Zug; der Impuls verändert sich minimal oder auch in stärkerem Grad. Damit will ich sagen, daß jeder Versuch zur Duplizierung die Impulse zur Umformierung des Musters zwingt. Wenn B den Gedanken empfängt, handelt es sich schon um einen neuen Gedanken, der dem Originalgedanken stark ähnelt. Aber es ist nicht der Originalgedanke.

Primäridentitäten können nicht dupliziert werden. Der Anschein einer exakten Duplikation beruht immer auf unzureichender Kenntnis. In einigen Fällen mögen zwei Gedanken identisch erscheinen, aber ob nun eine Untersuchung es erweisen kann oder nicht, eine solche Duplizierung ist unmöglich. Wenn B nun einen übermittelten Gedanken empfängt, kann er eventuell auf den Teil des Gedankens, der dem Original ähnelt, reagieren und ihn interpretieren.

Er kann aber auch auf den Teil des Gedankens reagieren und ihn interpretieren, der dem Original nicht ähnelt. Er kann auf die Ähnlichkeit oder aber die Differenz reagieren und sie interpretieren. Seine Reaktionen hängen von verschiedenen Umständen ab, einschließlich der Intensität der elektromagnetischen Impulse, aus denen sich der Gedanke zusammensetzt, und seiner eigenen Fähigkeit, auf bestimmte Intensitätsgrade zu reagieren.

Aus verschiedenen Gründen, die ich bereits erklärt habe, erzeugt jedes Individuum einen bestimmten Frequenzbereich um sich herum, mit dem es umgehen kann. Daher fühlt sich ein Individuum im Umgang mit jeweils bestimmten Frequenzen vertrauter. Der ursprüngliche Gedanke wird als Muster für das Erschaffen einer neuen elektromagnetischen Realität benutzt, die dann auf einen bestimmten Empfänger gerichtet werden kann oder auch nicht. Ganz offensichtlich wird hier der Versuch zur Duplizierung gemacht: Gäbe es diesen Versuch nicht, bestünde kaum Ähnlichkeit zwischen zwei verschiedenen Wesenheiten.

Wie nun der Gedanke in seinem Wesen von B empfangen wird, das wird von vielen Faktoren bestimmt. Wir werden nur einige davon in Betracht ziehen. Dazu zählt die ursprüngliche Intensität des Gedankens, über die A verfügt; As Fähigkeit, den Gedanken so umfassend als möglich zu duplizieren; die relative Stabilität der elektromagnetischen Gedankeneinheit, wie sie von A gebildet wird; die Vertrautheit oder Unvertrautheit mit dem Frequenzbereich, aus dem sich der an den gewünschten Empfänger gerichtete Gedanke zusammensetzt.

Der Empfänger versteht und interpretiert ganz allgemein innerhalb des Intensitätsbereichs, mit dem er selbst umzugehen gewohnt ist. Einiges oder ein Teil des übermittelten Gedankens kann in seinen Bereich fallen, anderes vielleicht nicht. Er kann Teile des Gedankens auffangen, die dem Ursprungsgedanken ähneln, was dann eine Art wissenschaftlichen Nachweis möglich macht. Es kann aber auch geschehen, daß das, was unähnlich ist, in seinen speziellen, gewohnten Bereich fällt, in welchem Fall ein Nachweis unzulänglich sein wird.

Nun habe ich euch gesagt, daß auch Emotionen eine elektromagnetische Realität besitzen. Gedanken, die innerhalb des Schwingungsbereichs der Emotion gebildet und gesendet werden, kommen aufgrund der besonderen Natur der emotionalen elektromagnetischen Impulse oft an. Sie haben eine besonders starke elektromagnetische Masse. Aus Gründen, auf die ich jetzt nicht eingehen will, fallen sie gewöhnlich in starke Intensitätsbereiche. Gedanken, die mit einem starken emotionalen Impetus gebildet werden, bergen in sich eine stärkere Intensität, neigen mehr zur Duplizierung und werden gemeinhin mit einigem Erfolg interpretiert.

Auch haben alle Individuen mit Emotionen, da sie innerhalb elektromagnetischer Intensitätsbereiche existieren, Bekanntschaft gemacht und sind gewohnt, auf sie zu reagieren. Der ganze Vorgang läuft blitzschnell ab. Doch wird der Gedanke, der nunmehr eine Annäherung an den Ursprungsgedanken darstellt und in der Tat eine eigene Identität besitzt, noch einmal vom Empfänger verändert. Er interpretiert nicht den Gedanken selbst. Er interpretiert seine Bedeutung und bildet eine neue Gedankenidentität.

In unserer letzten Sitzung habe ich euch folgendes gesagt. Handlung, die Handlung der Übermittlung an sich verändert die Natur und die elektromagnetische Realität des Gedankens.

Um es zu wiederholen: Unser angenommener Sender A übermittelt nicht einen gegebenen Gedanken. Er sendet nicht einmal ein genaues Duplikat. Und der Empfänger empfängt den Gedanken nicht in seinem Ausgangszustand. Der Originalgedanke wird von A bewahrt. A bildet seinen Möglichkeiten entsprechend einen möglichst identischen Gedanken. Diesen übermittelt er B. Aber B kann den Gedanken nicht in dieser seiner gegenwärtigen Form empfangen, da auch die Handlung des Empfangens den Gedanken verändert. Er bildet einen möglichst identischen Gedanken, und interpretiert ihn.

Handlung kann nie gesondert gesehen werden von dem, auf was scheinbar eingewirkt wird, denn Handlung wird Teil der Struktur. Handlung beginnt im Innern und ist ein Resultat der inneren Vitalität, die zur Natur aller Realitäten gehört. Handlung ist kein einzelnes Ding. Handlung ist keine Identität an sich. Handlung ist eine Dimension der Existenz.

KAPITEL VII

Die leichte Trance

Anliegen des Bewußtseins ist es, uns durch das Alltagsleben zu bringen. Notwendigerweise befaßt es sich mit Zeit und Raum. Doch viele uns tief berührende Erfahrungen nehmen keinen Raum ein und scheinen unabhängig von Zeit, so wie wir sie kennen, zu existieren. Eine tief empfundene seelische Erfahrung zum Beispiel nimmt keinen Raum ein und projiziert sich in der Zeit. Und doch ist eine solche Erfahrung zuweilen intensiver als andere Realitäten, die wir sehen und berühren können.

Unser Bewußtsein ist gewöhnlich nach einer Richtung hin konzentriert. Im allgemeinen blicken wir weg von unserem inneren Selbst und hinaus auf unsere äußere Umgebung. Und meist ist dies eine effektive Vorgehensweise: Wir müssen uns auf die physische Welt beziehen, da wir in einem physischen Universum leben. Doch wir lernen, daß das physische Universum ganz anders ist als sich seine Erscheinung unseren Sinnen darstellt. Entsinnen Sie sich unseres Tisches, der nicht der feste Gegenstand ist, der er zu sein scheint. Wir nehmen ihn als einen festen Gegenstand wahr, was aber nichts an der grundlegenden Natur der Atome und Moleküle, aus denen er sich zusammensetzt, ändert.

Eine Idee zum Beispiel ist genauso real und praktisch wie ein Tisch, aber ihre Dimensionen unterscheiden sich von denen eines stofflichen Gegenstands. Wir sprechen davon, daß eine Idee Tiefe und Gewicht hat, meinen aber nicht dasselbe, wie wenn wir sagen, daß ein Fluß Tiefe oder ein Apfel Gewicht hat. Ideen sind auch weitgehend unabhängig von Zeit. Und ganz sicher sind sie unabhängig von Raum. Geist und Seele können mit Ideen sehr gut umgehen, doch unsere Sinne können sie nicht wahrnehmen. Und obwohl wir Ideen nicht riechen, schmecken oder berühren können, wissen wir, daß sie existieren und Gültigkeit besitzen. Ohne sie gäbe es keine Fortschritte im physischen Bereich, da zuerst die entsprechenden Vorstellungen vorhanden sein müssen.

Ideen entspringen dem inneren Selbst, dem Teil des Selbst, den wir so oft ignorieren. Weil wir unsere Energien auf physische Gegenstände und ihre Handhabung konzentrieren, vergessen wir oft das innere Selbst. Dieses Kapitel enthält Experimente, durch die Sie den Brennpunkt Ihres Gewahrseins von der äußeren auf die innere Realität verlagern können, denn wie Ideen und andere nichtstoffliche Phänomene scheinen auch außersinnliche Wahrnehmungen unabhängig von Zeit und Raum zu operieren.

Wenn uns unsere Sinne die physische Realität wahrnehmen lassen, zwingen sie uns oft zu einer stark verzerrten Wahrnehmung. So wie zweidimensionale Wesen sich einer dreidimensionalen Welt nicht bewußt wären und deren Gegebenheiten nur über eine gewaltige Verzerrung interpretieren könnten, sind wir uns der Realität weitgehend unbewußt, wie sie unverzerrt von unserer Sinneswahrnehmung existiert.

Möglicherweise werden wir mit physikalischen Instrumenten das physische Universum nie ganz verstehen können, da auch die Meßinstrumente von den besagten Verzerrungen betroffen sind. Wir brauchen ein anderes Bezugssystem, einen Punkt etwas außerhalb unseres eigenen physischen Systems. Ein solcher Punkt scheint das innere Selbst zu sein, der Teil des Selbst, der auf dieselbe Weise existiert wie eine Idee – innerhalb aber weitgehend unabhängig von physischer Materie.

Laut Aussage des Seth-Materials wird die physische Realität als Materialisierung oder Konstruktion mentaler Tätigkeit gesehen. Wenn dem so ist, dann sollte uns eine systematische Erforschung der Natur des inneren Selbst und der inneren Fähigkeiten die Realität in ihrer mehr oder weniger reinen Form erkennen lassen – von den physischen Sinnen unverzerrt.

Sollte sich das alles weit hergeholt anhören, dann bedenken Sie folgendes: Trotz all unserer Kenntnisse weiß der Mensch noch immer nicht, was Geist und Seele* sind. Das physische Gehirn kann mit Hilfe von Instrumenten untersucht werden. Es kann physisch stimuliert werden. Es ist Teil des materiellen Universums. Einige Wissenschaftler meinen, es gäbe den Geist* als solchen nicht, das Wort sei lediglich ein Begriff, der sich auf die Funktionen des Gehirns bezieht. Es ist jedoch durchaus möglich, daß Geist und Seele ein Teil von uns sind, der ebenso wie Ideen oder seelische Erfahrungen nicht in der physischen Materie erscheint. Auch Freude existiert nicht als physischer Gegenstand und niemand bezweifelt, daß es sie gibt. Träume sind ebenfalls keine materiellen Gegenstände, doch niemand würde ihnen ihre Gültigkeit absprechen.

Der Geist wäre also der Teil des inneren Selbst, der nicht gänzlich in physischer Form erscheint. Das Gehirn wäre Teil des Geistes, der Teil, der gegenständlich im Körper erscheint. Der Geist, losgelöst von physischer Materie, könnte als Bezugspunkt dienen, den wir brauchen, um die Realität so wahrzunehmen, wie sie unabhängig von der durch die Sinne bedingten Verzerrung existiert.

Bei unseren Experimenten werden wir unsere Aufmerksamkeit nach innen, auf das innere Selbst lenken, da außersinnliche Wahrnehmungen wohl in vielen Fällen Eindrücke von der Grundrealität geben. Da wir bereits wissen, daß die physische Zeit eine für unsere Annehmlichkeit erdachte künstliche Konstruktion ist, überrascht es nicht, wenn sich außersinnliche Wahrnehmungen eher so verhalten, als gäbe es die uns bekannte Zeit nicht. Auch unsere Vorstellung von Zeit ist eine durch unsere begrenzten Wahrnehmungsmöglichkeiten bedingte Verzerrung. Möglicherweise trägt unsere Zeitkonzeption zu einer weiteren Verfälschung unserer Realitätsvorstellung bei.

Gibt es eine Möglichkeit, Realität so wahrzunehmen, wie sie

* Anm. d. Ü.: Hier und im folgenden wird das englische Wort »mind« gebraucht, für das es im Deutschen keine angemessene Übersetzung gibt. »Mind« bedeutet u. a. Sinn, Gemüt, Herz, Seele, Verstand, Geist.

jenseits der sich wandelnden Formen physischer Materie existiert? Ich glaube, daß es sie gibt. Wir können mit einer Verlagerung des Brennpunkts unseres Gewahrseins beginnen, und dafür gibt es viele Möglichkeiten. In Träumen zum Beispiel wechseln wir ganz leicht unseren Bewußtseinsfokus, und Sie haben erlebt, daß außersinnliche Wahrnehmungen in Erscheinung treten, wenn wir schlafen.

Auch hier treten jedoch einige Verzerrungen ein. Wie die physischen Sinne verzerrt auch das persönliche Unbewußte bei der Wahrnehmung die Realität. Wenn wir unsere Aufmerksamkeit nach innen konzentrieren, können wir uns aus den starren Beschränkungen der physischen Sinne lösen und über diese Erfahrung lernen, durch das persönliche Unbewußte hindurch in andere Realitäten zu schauen.

Wir brauchen nicht zu schlafen, um diese Realitäten zu gewahren. Genausogut oder noch besser ist ein einfacher Trancezustand, in dem wir teilweise von unserer äußeren Umwelt dissoziiert sind. Ein Trancezustand ist lediglich ein Zustand erhöhter Konzentration, harmlos und sehr wohltuend. Er kann als Übergang vom gewöhnlichen Wachzustand zur »Psychischen Zeit«, wie Seth es nennt, eingesetzt werden. Psychische Zeit ist ein Zustand, in dem die Konzentration frei nach innen gerichtet ist und wir Zeit erfahren, wie sie wirklich existiert.

Im leichten Trancezustand wird dem inneren Selbst größere Freiheit eingeräumt. Das Bewußtsein bleibt immer erhalten, aber Ablenkungen von außen werden ignoriert. Dieses Kapitel erklärt Ihnen, wie Sie einen leichten Trancezustand herbeiführen, wie Sie ihn benutzen und lenken können, um Ihr Leben ganz allgemein zu bereichern und Ihre inneren Fähigkeiten zu entwickeln.

Im Juli 1965 nahmen wir auf eine Einladung hin am Hypnose-Symposium III teil, das vom State University College in Oswego im Staate New York und der American Society of Clinical Hypnosis gefördert wurde. Das Symposium wurde in der Universität abgehalten. Einer der wesentlichen Punkte, die zur Sprache kamen, war die Tatsache, daß Hypnose ein Zustand erhöhten Bewußtseins ist und nicht dem Schlaf ähnelt, wie irrtümlicherweise angenommen wurde.

Mit Hilfe der Hypnose kann sich das Individuum ihm innewohnender Fähigkeiten und Potentiale bedienen, deren sich das Ego nicht bewußt ist. Dieser Zustand erhöhter Konzentration ermöglicht es uns, unser Gewahrsein in bestimmte Bahnen zu lenken und Ablenkungen auszublenden. Als solches ist Hypnose ein ausgezeichnetes Instrument zum Studium und der Entwicklung der menschlichen Persönlichkeit.

Unsere eigenen Experimente mit Hypnose überzeugten uns davon, daß dieser Zustand nur eine Variante des üblichen Bewußtseinszustands ist. Da Menschen häufig im Alltagsleben in einen Trancezustand verfallen, ohne sich dieser Tatsache bewußt zu sein, stellt er sicherlich einen normalen Aspekt des Bewußtseins dar. Möglicherweise birgt die Trance auch ein Überlebenspotential, das wir noch gar nicht entdeckt haben.

Auch die Bewußtseinsebene im Schlaf muß noch sehr viel umfassender untersucht werden. Unsere eigenen Forschungen verdeutlichen ja bereits, daß die Persönlichkeit im Traumzustand eine zielgerichtete Aktivität ausübt, und das Individuum Versuche der Problemlösung und zielgerichtete Handlungen ausführt, für die man gewöhnlich den Wachzustand voraussetzte.

Hypnose ist lediglich eine Methode zur Erhöhung der Konzentrationskräfte. Wenn wir Hypnose anwenden, wechseln wir sozusagen die Gänge, den Brennpunkt unseres Gewahrseins. In diesem Buch schlage ich allerdings nur die Selbsthypnose vor. Solange Sie nicht mit der Sache ganz allgemein vertrauter sind, sollten Sie nicht jemand anderen zu hypnotisieren versuchen.

Sie waren schon oft in einem leichten Trancezustand, wahrscheinlich ohne es zu realisieren. Wenn Sie sich unter Ausschluß von allem anderen auf ein Problem konzentrieren, befinden Sie sich vermutlich in einem leichten Trancezustand. Oft sind Sie in einem solchen Zustand, wenn Sie fernsehen und all ihre Aufmerksamkeit auf das entsprechende Programm richten.

Sie können nun in einen solchen Zustand eintreten, wann Sie

wollen und ihn zu Ihrem Nutzen anwenden. Dazu gibt es verschiedene Methoden. Ich werde Ihnen den Weg beschreiben, den ich als den leichtesten, bequemsten und wirkungsvollsten erfahren habe. Dieser Trancezustand wird Sie auch Ihren physischen Körper entspannen lassen, wenn Sie es wünschen.

Setzen Sie sich zunächst einmal in einen bequemen Stuhl oder legen Sie sich aufs Bett. Schließen Sie die Augen. Fangen Sie bei Ihren Füßen an und entspannen Sie alle Muskeln. Sagen Sie laut oder im Geiste, daß Sie sich vollständig entspannen werden. Hören Sie auf die Worte in Ihrem Innern. Suggestion ist eine wunderbar effektive Methode zur Entspannung. Sie werden entdecken, daß Sie tatsächlich loslassen. Gehen Sie alle Muskeln durch, die Waden, Oberschenkel, Unterleib, Hüften, Rücken bis zur Taille, die Wirbelsäule entlang den ganzen Körper hinauf bis zu Hals und Nacken.

Stellen Sie sich vor, daß sich die Entspannung über Ihre Schultern ausbreitet, die Arme hinunter, über die Ellbogen bis zu den Händen und Fingerspitzen. Stellen Sie sich dann vor, daß sich die Entspannung von den Schultern den Hals hinauf über die Kehle und Kinnlade ausbreitet, über die Gesichtsmuskel, die Augenbrauen, die Schädeldecke. Während Sie so fortfahren, werden Sie fühlen, wie Spannung und Nervosität Ihren Körper verlassen.

Zu Beginn wird dieser Vorgang ungefähr zwanzig Minuten dauern. Je nach Ihrer Konzentrationsfähigkeit beansprucht er mehr oder weniger Zeit. Später werden Sie dieselben Resultate erzielen, wenn Sie sich diesen Entspannungsvorgang einfach suggerieren. Wenn Sie Selbsthypnose anwenden, dann sagen Sie sich jedesmal, daß Sie, wenn immer Sie wünschen oder indem Sie bis drei zählen, sofort aus diesem Zustand herauskommen.

Es ist ohnehin äußerst unwahrscheinlich, daß eine Trance allzu lange andauert, aber die erwähnte Vorsichtsmaßnahme sollte doch immer getroffen werden. Allerdings besteht die sehr reale Möglichkeit, daß Sie einfach einschlafen. Deshalb sollten Sie sich suggerieren, daß Sie nicht einschlafen werden. Ihr Körper wird sehr entspannt sein, und wenn Sie die ersten Male doch einnicken, dann lassen Sie sich nicht entmutigen. Sie werden bald heraushaben, wie

Sie den richtigen Zustand aufrechterhalten. In dieser Verfassung ist Ihr Geist sehr wach und die Konzentration auf einem hohen Niveau. Ihr Körper wird entspannt und Ihr Geist von physischen Ablenkungen befreit sein.

Vielleicht zweifeln Sie sogar daran, daß Sie sich in einem leichten Trancezustand befinden, da sich der Unterschied zuweilen so geringfügig ausnimmt. Es tritt jedoch eine feine Veränderung in Ihrer bewußten Beziehung zur physischen Umwelt ein. Ihre Augen sind geschlossen. Sie wissen, daß das Zimmer da ist. Vielleicht tönen Geräusche von der Straße herauf. Der Unterschied liegt darin, daß Sie nicht mehr an solchen Reizen interessiert oder mit ihnen befaßt sind.

Wenn Sie wollen, können Sie sich beweisen, daß Sie sich in einem Trancezustand befinden. Anfangs mag das für Ihr Selbstvertrauen gut sein. Später werden Sie ihn an der Art Ihres Bewußtseinszustands erkennen. Hier ist ein Test. Wenn Ihre Augen geschlossen sind und Sie sich durch Suggestion in eine entspannte Verfassung gebracht haben, dann sagen Sie sich, daß Sie Ihre Augen nicht öffnen können. Sagen Sie sich entschieden, je mehr Sie sich bemühen, Ihre Augen zu öffnen, desto fester werden sie sich schließen.

Wiederholen Sie das mehrere Male. Versuchen Sie dann Ihre Augen zu öffnen. Sie werden zu Ihrer Überraschung erleben, daß Sie es nicht können. Sobald Sie sich in dieser Weise versichert haben, daß Sie sich in einem Trancezustand befinden, heben Sie diese Suggestion auf. Suggerieren Sie sich, daß Sie nun die Augen öffnen können, wann Sie wollen, lassen Sie sie aber weiterhin geschlossen, da Sie ansonsten in den normalen Bewußtseinszustand zurückgebracht werden könnten.

Sie können auch folgenden Test machen. Nachdem Sie sich entspannt haben, sagen Sie sich, daß durch Ihren rechten Arm Stärke und Kraft fließen. Falls Sie Linkshänder sind, nehmen Sie den linken Arm. Heben Sie den Arm hoch und wiederholen Sie die Suggestion. Sagen Sie sich, daß der Arm starr wird, steif wie ein Brett. Suggerieren Sie sich, daß Sie den Arm keinesfalls beugen können, und daß er umso steifer wird je mehr Sie sich bemühen, ihn abzubiegen. Dann versuchen Sie, den Arm zu beugen. Sie werden feststellen, daß Sie es nicht können. Er wird tatsächlich so steif sein wie ein Brett und sich nur im ganzen bewegen lassen. Dann heben Sie die Suggestion sofort auf. Sagen Sie sich, daß der Arm nun entspannt und beweglich ist und gebeugt werden kann. Der Arm wird wieder zu seinem Normalzustand zurückkehren.

Ich erwähne diese Tests nur, damit Sie sich, falls Sie wollen, beweisen können, daß Sie sich in einem leichten Trancezustand befinden. Für unsere Zwecke sind sie an sich nicht notwendig. Falls Sie den einen oder anderen Test unternehmen, dann versichern Sie sich, daß Sie die verneinende Suggestion nach Beendigung des Tests wieder aufheben.

Wenn Sie die Entspannungsübung beendet haben, sitzen und liegen Sie einfach still da. Geben Sie sich an diesem Punkt keine weiteren Suggestionen außer der, daß Sie von Vitalität und Gesundheit erfüllt sind. Der von Ihnen erreichte Entspannungszustand ist für Sie unter verschiedenen Gesichtspunkten wohltuend. Die Nervosität, von der die meisten von uns betroffen sind, ist im leichten Trancezustand wirksam ausgeschaltet. Ich habe ihn sehr erfolgreich angewandt, um das Unbehagen und den Schmerz beim Zahnarztbesuch zu mindern.

In diesem Buch befassen wir uns jedoch mit der Trance in ihrem Bezug zum Ego. Denn in dieser geistigen Verfassung sind wir bis zu einem gewissen Grad imstande, vom Ego, das stets so sehr mit der physischen Umgebung befaßt ist, Abstand zu nehmen. Wir können uns nun auf das innere Selbst konzentrieren und momentan das Selbst vergessen, das mit den täglichen Aufgaben beschäftigt ist.

Ich schlage vor, daß Sie anfangs nicht länger als fünfzehn Minuten im Trancezustand verbleiben. Sie können sich suggerieren, daß Ihr Unbewußtes Sie aus der Trance bringen wird, was es dann auch tut. Sie können sich auch einen Wecker stellen. Fünfzehn Minuten reichen aus, um Sie an den neuen Bewußtseinszustand zu gewöhnen. Später können Sie sich mehr Zeit einräumen, wenn Sie wollen.

Im Trancezustand haben Sie eine andere als Ihre übliche Zeitvorstellung. Das innere Selbst ist so frei von der Zeit der Uhr, wie wenn Sie träumen. Bei einem Tagtraum zum Beispiel haben Sie vielleicht das Gefühl, daß keine Uhr-Zeit vergangen ist, um dann »aufzuwachen« und festzustellen, daß eine ganze Stunde vorüberging. Auch im Trancezustand kann mehr Zeit vergangen sein, als Sie dachten.

Sie können diesen Entspannungszustand aber auch ohne Selbsthypnose erreichen. Sitzen oder liegen Sie einfach ruhig da. Unternehmen Sie das in Kapitel 6 aufgeführte Experiment, bei dem Sie Ihren Bewußtseinsstrom wahrnehmen und dann ignorieren. Erkunden Sie im Geiste die Dunkelheit hinter Ihren geschlossenen Augenlidern. Durch Übung werden Sie imstande sein, Ihr Bewußtsein nach innen statt nach außen zu konzentrieren.

Wie können Sie nun Ihre inneren Fähigkeiten erkennen und nutzen lernen? Zunächst einmal werden Sie sich von Ihrer physischen Umgebung bis zu einem gewissen Grad gelöst haben. Sie werden sich ihrer bewußt sein, wissen, daß sie da ist; aber Sie werden imstande sein, sie zu ignorieren. Sie werden wahrscheinlich ein sehr angenehmes Empfinden von Losgelöstsein erfahren. Geräusche mögen für kurze Zeit lauter erscheinen, aber nach einiger Zeit werden Sie sie kaum mehr bemerken.

Dann konzentrieren Sie einfach Ihr Gewahrsein im inneren Selbst. Wie bei früheren Experimenten hören Sie vielleicht Stimmen oder Worte oder sehen Bilder. Diese können dem persönlichen Unbewußten entstammen oder aus tieferen Schichten des Selbst kommen, jenen Teilen des Selbst, die Realität mit anderen Mitteln als den physischen Sinnen wahrzunehmen vermögen. Sie müssen unmittelbar nach jedem Experiment aufschreiben, was Sie gesehen oder gehört haben. Oft kann es geschehen, daß Sie plötzlich von inneren Ereignissen Notiz nehmen und feststellen, daß sie schon eine ganze Weile stattfinden, ohne daß Sie sich dessen bewußt waren. Und oft werden Sie in der Tat lernen müssen, ihnen Dauer zu verleihen.

Ich werde Ihnen hier von einigen unserer Erfahrungen mit diesem Zustand der Losgelöstheit berichten, von bedeutsamen und relativ unbedeutenden Vorfällen. Hier eine ziemlich einfache aber interessante Erfahrung, die ich ungefähr fünf Monate nach Beginn unserer Experimente machte.

Robert ist ein Künstler. Er hatte einen Preis für Portraits von einer lokalen Kunstgalerie zuerkannt bekommen, und an dem betreffenden Abend sollten wir an einem Empfang teilnehmen, bei dem die Preisträger öffentlich bekanntgegeben wurden. Nach dem Abendessen versetzte ich mich in einen leichten Trancezustand. Es war 6 Uhr abends, und um 7 Uhr wollte ich mich umziehen. Es war ein arbeitsreicher Tag gewesen. Ich döste, verlor alles Zeitgefühl und wachte plötzlich auf, die Augen noch geschlossen. »Ich frage mich, wie spät es ist?« dachte ich. Sofort erschien vor meinen geschlossenen Augenlidern ganz deutlich die Uhr in Roberts Studio. Selbst mit offenen Augen hätte ich sie von meinem Bett aus nicht sehen können. Es gab überhaupt keine Uhr in dem Zimmer, in dem ich mich ausruhte. Mühelos konnte ich erkennen, wie spät es war: zehn Minuten vor 7 Uhr. Ich akzeptierte diese Information, ohne weiter darüber nachzudenken und instruierte mein Unterbewußtsein, mich noch zehn Minuten dösen zu lassen. Als ich wieder erwachte, rief ich sofort Robert und fragte ihn nach der Uhrzeit. Es war 7 Uhr.

Der folgende Vorfall ist sehr viel überraschender. Er geschah morgens, während ich in einem leichten Trancezustand war. Die Erfahrung an sich wurde ausgelöst durch eine ungewöhnliche Empfindung, die im nächsten Kapitel besprochen wird. Ich verspürte einen raschen inneren Ruck um meinen Kopf und fand mich sofort vor dem Haus stehen, in dem ich aufgewachsen bin. Es fand überhaupt kein Übergang statt. Im einen Moment war ich mir noch des Bettes unter meinem Körper bewußt, im nächsten spürte ich meine Füße auf einem verschneiten Gehsteig. Diese Erfahrung war so klar, eindringlich, so wirklich, daß ich mich plötzlich desorientiert fühlte. Träumte ich? War dies eine Halluzination? Ich schaute mich um. Die Häuser sahen ganz gewöhnlich aus. Es waren die Häuser, an die ich mich erinnerte. Ich wußte, daß es April war. Aber woher kam der Schnee? Wie kam ich von Elmira nach Saratoga Springs und landete dort mitten im Winter? Die Bäume waren kahl.

Ich kannte die Nachbarschaft gut, wenn ich auch seit Jahren nicht mehr zu Hause gewesen war. Meine Familie lebte nicht mehr in dem Haus, vor dem ich stand. Dann fiel mir etwas Merkwürdiges auf. Als ich das letzte Mal in Saratoga zu Besuch war, war das Haus gegenüber meines alten Zuhauses von einem Zaun umgeben gewesen. Nun war der Zaun weg und kein Zeichen zu sehen, daß er jemals vorhanden gewesen war.

Wo war der Zaun? Ich versuchte zu ergründen, was geschehen war. Ich war nicht geängstigt, nur überrascht. Da kamen drei Jungen die Straße entlang. Sie zogen einen Schlitten hinter sich her. Ich erkannte einen von ihnen als alten Freund wieder, D. H. Gerade wollte ich ihn rufen, als ich verwirrt innehielt. D. H. ist zehn Jahre jünger als ich. Er mußte jetzt ein erwachsener Mann sein. Aber ich irrte mich nicht. Ich sah noch einmal hin. Der Junge war eindeutig D. H. als Kind. Bei dieser Feststellung fühlte ich mich langsam die Szene verlassen. Ich schien nicht zu verschwinden, sondern mich von dort zurückzuziehen. Ich weiß nicht wie, aber schließlich gelang mir, mich an den Ort zurückzubringen. Diesmal stand ich da und nahm einige Momente lang alles in Augenschein.

Die Jungen verschwanden aus dem Blickfeld und nahmen eine mir wohlbekannte Abkürzung. »Natürlich«, dachte ich. »D. H.s Mutter wohnt ja um die Ecke, ich kann sie jederzeit besuchen.« Dann entsann ich mich, daß ich D. H.s Mutter seit zehn Jahren nicht gesehen hatte. Gleichzeitig kam mir ein anderer Gedanke. Dies war die Straße, wie sie in der Vergangenheit gewesen war. Der Zaun war noch gar nicht errichtet worden! Plötzlich war ich wieder in meinem Bett. Ich fühlte die Kissen unter meinem Kopf. Ich öffnete die Augen und sah mein vertrautes Schlafzimmer. Straße und Häuser waren verschwunden.

Regression in die Vergangenheit oder die psychische Rückkehr eines Individuums zu einem Ereignis der Vergangenheit ist im Hypnosezustand kein ungewöhnliches Phänomen. Eine solche Erfahrung überzeugt leicht davon, daß das persönliche Unbewußte vollständige und detaillierte Erinnerungen an all unsere Erfahrungen enthält und sie uns unter gewissen Umständen wieder durchleben lassen kann. Es handelt sich nicht um einen Vorgang der Erinnerung. Es beinhaltet ein tatsächliches neuerliches Durchleben des Ereignisses innerhalb eines psychischen Kontexts.

Die hier berichtete Erfahrung könnte eine sehr eindringliche Regression zu einem bestimmten Ereignis sein, das meinem Bewußtsein entfallen ist. Aber ich hege keine Zweifel, daß ich mein Schlafzimmer verlassen hatte. Meine Sinne nahmen es nicht mehr wahr. Ich kann nicht beweisen, daß mein Körper noch auf dem Bett lag, während ich mich an einem anderen Ort befand, räumlich 200 Meilen und zeitlich ungefähr fünfzehn Jahre weit weg. Und auch kann ich nicht beweisen, daß mein Körper nicht auf dem Bett lag. Wo immer er sich in diesen Augenblicken befand, ich weiß, daß der wesentliche Teil von mir in Saratoga Springs im Staat New York war. Ich war ich, so alt wie ich derzeit war, und gebrauchte alle meine Fähigkeiten zur Erkundung der Situation, in die ich mich versetzt fand.

Es hätte sich auch um eine Regression in die Vergangenheit handeln können oder das, was man eine Astralreise nennt. Ich persönlich glaube nicht, daß es sich um eine Regression dieser Art handelte; vielleicht weil eine die Erfahrung auslösende, physische Empfindung gewöhnlich nicht damit verbunden ist. Diese spezifische physische Empfindung verknüpft sich hingegen mit meinen anderen Erfahrungen dieser Art. Hier ist sehr viel mehr Forschung nötig. Zu viele Fragen können nicht beantwortet werden, zu viele Fragen werden nicht einmal gestellt.

Sollten Sie eine ähnliche Erfahrung machen, sprechen Sie mit wem immer Sie begegnen. Versuchen Sie einen Kontakt herzustellen. Dies war der erste Vorfall dieser Art, an dem ich beteiligt war. Erst später sollte ich bedauern, daß ich D. H. nicht angesprochen hatte. Nichts hielt mich davon ab, eine Handvoll Schnee aufzunehmen oder die Straße zu überqueren. Doch damals dachte ich nicht an solche Dinge.

Ich brauche nicht weiter zu erwähnen, daß mir die Szene so real erschien wie der mir vertraute Ausblick aus meinem Fenster. Diese Erfahrung war genauso Teil meiner Realität wie jede andere gewöhnlichere Erfahrung an jenem Tag. Es war ein genauso reales Geschehen wie das Frühstück, das ich bald darauf einnahm. Aber war es auch ein nach physischen Begriffen reales Ereignis? Existierte es vielleicht in einem anderen Raum-Zeit-Kontinuum? Solche Fragen sind ganz legitim. Wie schon gesagt, ist es durchaus möglich, daß unsere Vorstellungen von der Realität äußerst begrenzt sind. Selbst die Art der Fragen, die wir stellen, wird bestimmt von dem, was wir für möglich halten und was nicht. Und unsere Fragen setzen unseren Untersuchungen Grenzen und bestimmen deren Charakter.

Die gerade erwähnte Erfahrung und die folgende, die Robert machte, fanden in der frühen Phase unserer Experimente statt. Wir beide haben seither noch andere Erfahrungen gemacht. Robert versetzte sich in einen leichten Trancezustand. Er lag im Bett. Übergangslos fand er sich in einem Bürogebäude an der 57. Straße in New York wieder. Er erkannte es, da er früher einmal dort beschäftigt gewesen war. Er stand in einem Flur.

Links war ein schmales, hohes Fenster mit einem Aluminium- oder rostfreien Stahlrahmen. Er sah aus dem Fenster und erblickte ein glänzendes Schutzgitter aus Stahl. Ungefähr drei Meter darunter befand sich eine Fensterbrüstung aus Stein. Vor ihm stand ein Mädchen und versuchte, das Fenster zu öffnen. Das Fenster bestand aus einem oberen und unteren Teil und war nach innen zu kippen.

Das Mädchen hatte langes schwarzes Haar. Sie war schmal und trug eine gelbe ärmellose Seidenbluse. Robert konnte sich hinterher nicht mehr an ihre Rockfarbe erinnern, obwohl er sie ganz deutlich gesehen hatte. Er dachte daran, ihr zu helfen, als er sich plötzlich wieder in seinem Bett fand. Das Bürogebäude und das Mädchen waren verschwunden.

Dieser Vorfall besaß, wie auch bei mir, soviel Realität wie jedes andere Ereignis dieses Tages. In der Tat sind solche Ereignisse gewissermaßen realer, da sie so ungewöhnlich sind. Sollte es sich um eine Halluzination gehandelt haben, so war sie besonders intensiv. Robert hatte das Gefühl, daß er in dem Gebäude stand, so wie es gegenwärtig existierte, also nicht in der Vergangenheit. Das

Mädchen, das Gebäude und alle Einzelheiten besaßen Körperlichkeit oder erschienen zumindest nach physikalischen Begriffen kompakt und real.

Versuchen Sie bei Ihren eigenen Experimenten so viele Fakten wie möglich zu überprüfen. Im folgenden Kapitel werden wir uns mit einer Erfahrung dieser Art befassen, bei der Robert einen Kontakt herzustellen versuchte. Wenn Sie sich anscheinend im Hause eines Freundes finden, bemühen Sie sich unter allen Umständen, mit ihm zu sprechen, falls Sie ihn sehen. Überprüfen Sie dann später mit ihm die Angelegenheit unter Verwendung der alltäglichen Kommunikationsmethoden. Leider waren bei unseren derartigen Erfahrungen bislang keine Freunde beteiligt.

Wir wissen einfach nicht genug über die Natur der Realität, um zum Beispiel selbstverständlich anzunehmen, daß dieser Freund Sie bei dieser Gelegenheit nicht sieht oder hört. Wir wissen nicht, ob das innere Selbst über eine Art elektromagnetische Realität verfügt, die sichtbar gemacht werden kann oder auch nicht. Wenn Ihr Freund Sie nicht mit seinen Augen sehen kann, so könnten Sie unter diesen Bedingungen doch für jemand anderes sichtbar sein, der Sie auf anderem Wege wahrnimmt.

Im Verlauf Ihrer Experimente werden Sie vielleicht entdecken, daß Sie sich plötzlich einer Erfahrung gewahr werden, die schon seit einiger Zeit vonstatten geht, ohne daß Sie sich dessen bewußt waren. Anfangs mag Ihr Ego dagegen einschreiten, und Worte oder Bilder verschwinden. Durch Übung werden Sie solche Geschehnisse länger aufrechterhalten können. Hier scheint ein unbewußter Mechanismus am Werk zu sein. Wenn Sie eine bestimmte Bewußtseinsebene erreichen, dann scheint Ihr Gewahrseinsvermögen freigesetzt und Ihr Bewußtsein für den Augenblick nicht mehr an seine Konzentration auf die physische Realität gebunden.

Seien Sie nicht so sehr mit den Techniken und Mechanismen der leichten Trance beschäftigt, daß Sie ganz vergessen, sie lediglich als ein Instrument zur Erhöhung Ihrer Konzentration einzusetzen. Fragen Sie sich nicht ständig, wie »tief« Sie in Trance sind oder ob die Sitzung produktiv verlaufen wird. Dies wird Ihr Vorhaben nur vereiteln. Nicht alle Sitzungen werden Worte oder Bilder oder Erfahrungen irgendeiner Art mit sich bringen. Sie werden jedoch mit Ihrem inneren Selbst umgehen lernen, und so gesehen werden alle Sitzungen produktiv sein.

Wir sind hier mit der Loslösung des Bewußtseins von der physischen Umgebung befaßt und mit der dadurch ermöglichten erhöhten Konzentration. Dann wollen wir diese Konzentration nach innen richten. Es spielt keine Rolle, ob Sie diesen Zustand durch Selbsthypnose oder andere erwähnte Methoden erreichen. Jede Person, die ihre Energien auf ausschließlich eine Aufgabe zu richten gewohnt ist, hat schon oft diesen Zustand erreicht.

Wenn das jeweilige Experiment beendet ist, schreiben Sie sofort auf, was sich ereignet hat. Was immer Sie sehen oder hören, muß gewissenhaft festgehalten werden. Wenn Sie sehr eindrückliche Erfahrungen haben, werden Sie darum wissen. Weniger intensive Erfahrungen werden Sie hingegen vergessen, wenn Sie sie nicht aufgeschrieben haben. Die Beschreibung subjektiver geistiger und seelischer Zustände ist schwierig, doch sollten Sie sich unter allen Umständen darum bemühen.

Dieser leichte Zustand der Trance oder erhöhter Konzentration kann auch in Verbindung mit anderen Experimenten nützlich sein. Sagen Sie sich gelegentlich, wenn Sie sich in einer leichten Trance befinden, daß Sie die Augen öffnen können und im Zustand der Hypnose bleiben. Diese Suggestion ist nötig, da man auf dieser Ebene leicht aus der Trance gerät, wenn man die Augen öffnet. Dann gehen Sie Ihre ASW-Karten durch. Es könnte sich herausstellen, daß Ihre Trefferquote in diesem Zustand höher ist. Vermerken Sie in Ihren Protokollen, daß Sie den Test im Trancezustand machten.

Wenn Sie bislang automatisches Schreiben mit wenig oder keinem Erfolg versuchten, dann suggerieren Sie sich in Trance, daß Sie jetzt imstande sein werden, automatisch zu schreiben. Legen Sie sich ein großes Stück Papier zurecht und einen weichen, dunklen Stift. Sagen Sie sich, daß Ihr Unbewußtes sich Ihrer Hand bedienen wird, um zu einem Thema seiner Wahl zu schreiben. Schreiben Sie

Ihren Namen oben auf die Seite. Lesen Sie nochmals durch, was in einem vorangegangenen Kapitel über das automatische Schreiben gesagt wurde, und folgen Sie den Anweisungen, während Sie sich in einem Zustand erhöhter Konzentration befinden.

Wenn Sie Selbsthypnose anwenden, dann empfehle ich nur die von mir beschriebene Einführungsmethode. Das Schauen in Kristallkugeln, das Beobachten von Pendelbewegungen oder ähnliches kann den Trancezustand ziemlich schnell herbeiführen, ohne daß Sie realisieren, was geschah. Aus diesem Grund rate ich von ziellosem Experimentieren mit Methoden dieser Art ab.

Es folgen Auszüge aus den Seth-Sitzungen, die sich mit dem in diesem Kapitel behandelten Thema befassen. Der erste Auszug stammt aus Sitzung 14. Selbstverständlich können hier nur kurze Teile des Materials wiedergegeben werden, aber alle erwähnten Themen werden innerhalb des Gesamtmaterials gründlich und ausführlich behandelt.

Alles auf eurer Ebene ist eine Materialisierung von etwas, das unabhängig von eurer Ebene existiert. Deshalb gibt es innerhalb eurer Sinne andere Sinne, die nach innen wahrnehmen. Eure gewöhnlichen Sinne gewahren oder schaffen eine äußere Welt. Die inneren Sinne gewahren und schaffen eine innere Welt. Sie nehmen Teile einer inneren Welt wahr.

Es ist beinahe so, als könntet ihr so und soviel nach außen hin fühlen, berühren und gewahren und so und soviel nach innen hin fühlen, berühren und gewahren, obwohl vieles in allen Richtungen existiert, von dem ihr notwendigerweise nichts wißt. Wenn ihr einmal innerhalb eines bestimmten Feldes existiert, müßt ihr darauf eingestimmt sein, während ihr viele andere Wahrnehmungen ausblendet.

Es handelt sich um eine Art psychischen Brennpunkt, eine Konzentration des Gewahrseins nach bestimmten Richtlinien. Wenn eure Fähigkeiten in bezug auf die Umwelt eurer Ebene zunehmen, dann könnt ihr es euch leisten, euch umzusehen, die inneren Sinne zu gebrauchen und den Horizont eurer Aktivitäten zu erweitern. Dies ist nur natürlich. Das Überleben auf einer bestimmten Ebene oder innerhalb eines bestimmten Feldes hängt von eurer Konzentration innerhalb dieser Ebene ab. Wenn das Überleben mehr oder weniger sichergestellt ist, dann könnt ihr eure Aufmerksamkeit auf etwas anderes richten.

Auszug aus Sitzung 25

In der westlichen Welt werden viele Untersuchungen in bezug auf ASW angestellt. Tatsache ist, daß sich der abendländische Mensch aufgrund seines Beharrens auf einer künstlich dualistischen Natur nicht nur von der Hälfte seiner eigenen Fähigkeiten und seines Wissens, sondern auch von den »primitiven« Kulturen abgeschnitten hat, von denen er viel über seine Fähigkeiten lernen könnte.

Seine Erziehung, sein alltägliches Seinsmuster, seine kulturellen Werte beschränken ihn so sehr, daß er im allgemeinen andere Kulturen nur durch den trüben Irrgarten seiner eigenen falschen Auffassungen betrachten kann. Wenn er zum Beispiel einen Eingeborenen in Afrika als abergläubisches, ziemlich dummes, geradezu prähistorisches Geschöpf aus der Vergangenheit ansieht, dann wird er nichts über die Fähigkeiten dieses Menschen erfahren. Er wird über jeglichen Hinweis auf die sogenannte außersinnliche Wahrnehmungsfähigkeit des Eingeborenen als weiteren Beweis für das kindliche Gemüt des Afrikaners spotten.

Die Tatsache bleibt bestehen, daß Psychologen oder Wissenschaftler bei ASW nicht von etwas sprechen können, das hinsichtlich der Spezies über oder unter dem Normalen angesiedelt ist, nur weil der Abendländer derartige Schwierigkeiten hat, ASW wirksam zu gebrauchen. Andere Menschen gehen mit ihr sehr effektiv um.

Das Problem bei der ASW-Forschung besteht darin, daß ihr das falsche Handwerkszeug nehmt. Wieder setzt ihr dieses dualistische Selbst als selbstverständlich voraus. Solange ihr nicht erkennt, daß da ein Selbst ist und nicht eines, das tut und macht und ein anderes, das atmet und träumt, werdet ihr nirgendwohin gelangen. Untersuchungen, die auf der Basis dessen durchgeführt werden, was man für wissenschaftliche Voraussetzungen hält, sind bestenfalls zu Zeitlupen-Taktiken und schlimmstenfalls zu völligen Fehlschlägen verdammt.

Das bedeutet nicht, daß Beweise, überwältigende Beweise für die Existenz der inneren Sinne nicht gefunden werden können. Es bedeutet, daß Spontaneität zugelassen werden muß. Es ist äußerst schwierig, von den inneren Sinnen empfangene Daten zu von äußeren Sinnen aufgenommenen Daten in Beziehung zu setzen.

Wie gesagt, ihr erhaltet so etwas wie ein Spiegelbild, das entziffert werden muß. Von den inneren Sinnen empfangene Daten haben ihre eigene feststellbare Wirkung auf die betreffende Persönlichkeit, und diese ist ebenso stark wie irgendeine durch äußere Reize verursachte Wirkung.

Wenn ihr auf Beweisen mittels der gewöhnlich akzeptierten Sinne besteht, dann müßt ihr fast automatisch den inneren Sinnesapparat abstellen. Das ist unnötig. Der Mensch hat selbst diesen Mechanismus weitgehend eingeführt. Ihr müßt die inneren Daten für bare Münzen nehmen, und das ist, was ihr nicht tun wollt. Wenn ihr erst einmal diesen ersten Schritt zur Spontaneität gemacht habt, dann werdet ihr Beweise erhalten, die selbst das Bewußtsein akzeptieren muß. Aber dieser erste Schritt der Bereitschaft muß getan werden.

Wenn ihr euch uneingeschränkt den Empfang innerer Daten in spontaner und unkritischer Weise zugesteht, dann werdet ihr sehen, daß sie so legitim, begründet, vielfältig und machtvoll sind wie jeglicher äußerer Reiz. Aber ein Beharren darauf, daß diese Daten zuerst in Kanäle übersetzt werden, die von den äußeren Sinnen aufgenommen werden können, und die anschließende Erwartung von eindrücklichen unverzerrten Daten ist ein Ding der Unmöglichkeit.

Die Eindrücke, die von den inneren Sinnen empfangen werden, sind wie gesagt in einer Weise konkret, die ihr gegenwärtig nicht versteht. Diese Daten haben auch physische Auswirkungen auf das Gehirn. So wie Eindrücke, die durch äußere Reize empfangen wurden, das Gehirn beeinflussen, haben auch sie ihre Wirkung. Sie verändern die Persönlichkeit wie jede andere Erfahrung auch. Das Beharren auf Beweisen in der Form von Gegebenheiten der äußeren Sinne ist so lächerlich wie die Vorstellung, daß eine Kamera Musik spielen sollte.

Musik existiert und kann über einen Plattenspieler abgespielt werden. Anblicke können mit einer Kamera empfangen werden. Aber ihr erwartet nicht, daß Musik aus einer Kamera ertönt. Ihr erwartet von einem Plattenspieler nicht, daß er Fotos macht. Und doch erwartet ihr von den äußeren Sinnen etwas, das zu tun sie nicht fähig sind. Ihr erwartet von ihnen, daß sie sich wie eine Kamera verhalten, die Musik aufnehmen kann . . . Gleichzeitig weigert ihr euch, die inneren Sinne zu gebrauchen, die für den Umgang mit den Daten ausgerüstet sind, die ihr einfangen wollt.

Eure Weigerung, das Gesamtselbst zu akzeptieren, ist es, die die Schwierigkeit verursacht. Noch einmal: Über innere Sinne empfangene Daten sind intensiv, sie sind in der Tat intensiver als irgendwelche anderen Daten, die ihr je empfangen werdet. Die Ironie dabei ist, daß ihr diese inneren Daten ständig aufnehmt. Ihr nützt sie ständig und doch wollt ihr ihre Existenz vom Bewußtsein her nicht zugeben.

Allein die Tatsache, daß ihr ohne Hilfe des bewußten Ego atmet und träumt und zahllose andere Aktivitäten ausführt, sollte den größten Dickschädel davon überzeugen, daß hier mehr im Spiel ist als die Wissenschaft zuzugeben bereit ist. Eure gegenwärtige Vorstellung vom Unbewußten stellt lediglich ein widerwilliges, ausweichendes, partielles Eingeständnis dar, daß der Mensch mehr ist als sein bewußtes Ego, mehr als die Summe seiner Teile und mehr als ein Mechanismus.

Ihr werdet zu Beweisen für das, was ihr ASW nennt, kommen. Doch wie ihr Beweise für den Ton über die Ohren empfangt und nicht erwartet, mit euren Ohren zu sehen, so müssen auch hier die Beweise durch die richtigen Kanäle kommen. Eine eurer Hauptschwierigkeiten besteht darin, daß ihr als Beweis nichts akzeptiert, was nicht in der einen oder anderen Weise durch die äußeren Sinne wahrnehmbar ist. Das heißt, ihr seht keine Erfahrung als gültig an, solange sie nicht in ihrer Existenz als physische Tarnungsrealität demonstriert werden kann.

Doch fast jedermann ist mit etwas anderem vertraut, nämlich der seelischen Erfahrung, die keine physisch feststellbare Auswirkung haben mag und doch eine Persönlichkeit in starkem Maße verändern kann ...

(Hier folgen einige Beispiele. Da ich aber einiges davon schon in diesem Kapitel zur Sprache gebracht habe, wird dieser Abschnitt nicht zitiert.)

Von den inneren Sinnen empfangene Daten sind intensiv und manchmal intensiver als jegliche psychische Erfahrung. Und doch könnt ihr nicht, wie ich schon sagte, eine psychische Erfahrung in den Händen halten und sie untersuchen. Ihr könnt sie auch nicht in einem Labor untersuchen. Und nicht einmal der größte Dummkopf würde sie aus diesem Grunde leugnen.

Der Begriff ASW an sich ist eine Folge eurer künstlichen Dualitätsvorstellung, die davon ausgeht, daß alles, was nicht durch die physischen Sinne wahrgenommen werden kann, ein Extra und etwas Angeheftetes ist... Zugegebenermaßen sind die äußeren Sinne ganz entzückende Erfinder und Schwindler. Was werdet ihr tun, wenn ihr entdeckt, daß alles, was euch eure physischen Sinne erzählen, im Grunde falsch ist?

Die inneren Sinne sind andererseits verläßlicher. Eure inneren Gegebenheiten sind verläßlicher. Eure psychische Erfahrung ist gültig, ob Stühle nun solide Gegenstände sind oder nicht. (Dies bezieht sich auf eine frühere Aussage.) Innere Gegebenheiten und das innere Selbst, das ihr leugnet, sind sehr viel beständiger, und ich spreche zu euch als Beweis dafür.

KAPITEL VIII

Psychische Zeit und tiefe Trance

Über die Unterschiede des Bewußtseins auf verschiedenen Ebenen ist sehr wenig bekannt. Sicherlich variiert Bewußtsein in Graden. Manchmal sind wir bewußter als zu anderen Zeiten, und die Konzentration unseres Gewahrseins scheint intensiver. Sind wir durch eine starke Emotion wie Liebe oder Haß stimuliert, dann haben wir das Gefühl von stärkerer Lebendigkeit. Gelegentlich ist eine Emotion so mächtig, daß sie uns hinwegzufegen scheint. Für einen Moment vergessen wir uns selbst. Wenn das geschieht und das egoistische *Ich* fortgetragen wird, welcher Teil in uns ist es, der dann dieses erhöhte Bewußtsein erfährt?

In unserem gewöhnlichen Bewußtseinszustand nehmen wir keineswegs alle Aspekte von uns selbst oder unserer Umgebung wahr. Gewöhnlich achten wir jedoch einigermaßen auf physische Reize. Wir hören, was andere sagen. Wir hören nicht mit unseren Ohren nach innen auf unseren Herzschlag. Unsere Sinne richten uns auf die materielle Welt aus. Sie sind nach außen gelenkt. Unsere Augen sehen auf Gegenstände und andere Menschen. Organisch gesehen, schauen sie nicht nach innen. Unser gewöhnlicher Bewußtseinszustand kann deshalb als nach außen gewandt charakterisiert werden. Den Teil von uns, der so stark von Gegenständen und physischer Umgebung in Anspruch genommen ist, betrachten wir als das Ego. Es denkt und überlegt, sieht nach außen und interpretiert, was es sieht.

Handelt es sich hier also um die Grenze des Bewußtseins? Kaum. Wenn dem so wäre, wären wir im Schlaf stets völlig bewußt-los, hätten keine Träume. Jede Nacht wäre ein Nichts ohne das Aufblitzen von Identität. Wäre das Ego der einzig bewußte Teil von uns, dann wäre, wenn das Ego schläft, jeder Schlaf ein kleiner Tod, und wir hätten keine Traumerinnerungen. Beim Erwachen hätten wir nicht die geringste Sicherheit, daß wir während der Nacht als unser Selbst existierten.

Unser gewöhnlicher Bewußtseinszustand ist auch durch einen regulierenden Zeitsinn charakterisiert. Doch nicht alle Bewußtseinszustände sind in dieser Weise gekennzeichnet. Sie können sich vermutlich an zahllose Gelegenheiten erinnern, bei denen Sie die Zeit vergaßen – und das, während Sie hellwach waren. Bei einigen Ereignissen waren Sie wahrscheinlich von dem Geschehen so in Anspruch genommen, daß Sie sich selbst vergaßen. Was Sie vergaßen, war das Ego, das egoistische *Ich*, das so mit dem Zeitmessen beschäftigt ist. Doch ganz gewiß waren Sie bewußt.

Das Ego versucht, sich von der inneren Realität abzusondern. Doch wenn wir unter dem Einfluß einer starken Emotion stehen, vergessen wir uns abzusondern. Wir vergessen das Ego. Wir werden fast zu dem, was wir fühlen. Wir erfahren Realität direkt, so direkt, daß uns diese Erfahrung ins Wanken bringen kann. Wir fühlen, daß wir die Kontrolle verloren haben, so, wenn wir uns der Wut überlassen. Überlassen wir uns aber der Freude, haben wir nicht das Gefühl, die Kontrolle verloren, sondern vielmehr Freiheit gewonnen zu haben. In beiden Fällen wird das Ego für den Moment beiseitegeschoben, und wir machen die Erfahrung sehr intensiver Emotionen. Die Folge ist merkwürdigerweise erhöhtes Bewußtsein.

Diejenigen von Ihnen, die gerne tanzen, werden wissen, was ich meine. Wenn Sie sich gehenlassen, sich der Musik hingeben, tanzen Sie sehr viel besser, als wenn Sie sich zurücknehmen. Oft befinden Sie sich dann in einem Zustand erhöhten Bewußtseins. Ihr Körper scheint von sich aus zu tanzen. Sie sind viel zu vertieft ins Tanzen, als daß Sie an die Zeit dächten oder sich des Selbst bewußt wären, das da tanzt. Sie könnten auch in einem Trancezustand sein – eine Phase erhöhter Konzentration – und das wird hier im allgemeinen von der Gesellschaft und von Ihnen akzeptiert.

Der Bewußtseinszustand beim Tanzen unterscheidet sich sehr von dem davor, als Sie sich noch auf den Ausgehabend vorbereiteten. Zunächst einmal verspüren Sie beim Tanzen ein Gefühl der Freiheit. Aber Freiheit von oder für was? Freiheit von der Trennung von Ihren Gefühlen. Denn das Ego trennt Sie bis zu einem gewissen Grad immer von dem, was Sie fühlen. Ansonsten hätten Sie keinen Schutz vor Wut oder Haß oder Ihren Reaktionen darauf. Aber mit diesem Schutz verweigert Ihnen das Ego auch die volle Erfahrung von Freude oder Liebe und richtet so Barrieren auf, die Sie nicht brauchen. Ein zu starres Ego verhindert auch die volle Empfänglichkeit für jegliche Emotion und macht das Leben ziemlich eintönig.

Wir müssen das Ego Flexibilität lehren, so daß es uns die nötige Unterstützung und doch auch Freiheit gewähren kann. Denn wie das Ego Barrieren zwischen uns und unseren Emotionen aufrichtet, so begrenzt es auch unser Bewußtsein in anderen Bereichen. Es weigert sich, Wahrnehmungen zu akzeptieren, die nicht Teil seiner Realitätsvorstellung sind.

Dies ist zum Teil auf unser Erziehungssystem zurückzuführen. Wir erziehen unseren Kindern Intuition ab. Wir lehren sie, daß die Realität völlig außerhalb von ihnen liegt. Wir mißbilligen jegliche innere Wahrnehmung, es sei denn, sie hat nach physischen Begriffen unmittelbaren praktischen Wert. Die Konsequenz ist, daß unsere eigene Realitätsvorstellung stark beschränkt ist. Wir haben unser Ego zu gut trainiert.

Wir können dieser Situation jedoch abhelfen. Wir können unser Ego langsam lehren, innere Erfahrungen zu akzeptieren, während es seine regulierenden Funktionen beibehält. Ganz einfach gesagt, wir können anfangen, nach innen zu sehen. Wir können zunächst gelegentlich unsere Aufmerksamkeit von der physischen Realität abwenden und frei die innere Umwelt, das innere Selbst erkunden. Wir können lernen, unser Gewahrsein im Innern zu konzentrieren und das volle Potential zu entdecken, das dem Selbst innewohnt.

Wir können Teile jener Realität wahrnehmen, die unabhängig von ihrer Erscheinung, wie sie uns unsere physischen Sinne vermitteln, existiert, und uns die Bewußtwerdung der außersinnlichen Wahrnehmungen gestatten, die gewöhnlich vom Ego abgeblockt werden. Dazu müssen wir eine größere Freiheit erreichen als die, die wir uns vormals eingeräumt haben.

Eine solche intensive Konzentration kann als tiefer Trancezustand – im Gegensatz zur leichten Trance – bezeichnet werden. Lassen Sie sich jedoch von dem Begriff nicht verwirren. Wir sprechen lediglich von verschiedenen Richtungen, in die sich das Bewußtsein wenden kann. Sie brauchen nicht einmal Selbsthypnose anzuwenden, wenn Sie nicht wollen. Hier geht es um nach innen gerichtete Konzentration. Die verwendeten Begriffe tun nichts zur Sache, was die Grunderfahrung oder ihre Resultate angeht.

Genau besehen kann auch unser alltäglicher Bewußtseinszustand als Trance angesehen werden. Wir sind unter Ausschluß von allem anderen in einer physischen Realität befangen. All unsere Aufmerksamkeit ist gefangengenommen. Wir sind tiefer auf die Welt des Alltagslebens konzentriert als wir uns je beim Versuch, unser Gewahrsein nach innen auf seelische oder geistige Phänomene zu lenken, konzentrieren können. Wir sind von der physischen Realität so gelähmt, daß wir Angst haben, unsere Augen für einen Moment abzuwenden, so als wäre diese nicht mehr da, wenn wir zurückkehren.

Doch gerade das physische Universum ist auch vom inneren Zustand unseres Seins abhängig. Unsere Ideen und Intuitionen müssen erst existieren, bevor sie praktisch umgesetzt werden können und ihnen eine gegenständliche Existenz verliehen werden kann. Diejenigen von Ihnen, die abenteuerlustig und auch vernünftig sind, intuitiv und logisch denkend, neugierig und doch behutsam, können viel lernen, wenn Sie Ihr Gewahrsein von der äußeren auf die innere Realität umzustellen lernen.

Inzwischen sollten Sie sich mittels Ihrer Experimente von der Existenz außersinnlicher Wahrnehmungen im allgemeinen überzeugt haben. Sie sollten einige Beispiele dafür in Ihren Träumen erfahren und erkannt haben, wenn Sie meinen Anweisungen gefolgt sind. Ihr Ego hat sich schon bis zu einem gewissen Grad erweitert. Es ist weniger starr, flexibler. Vielleicht sind Sie nun bereit, einen weiteren Schritt zu tun.

Hier ist ein kurzer Rückblick angebracht. Lassen Sie mich noch einmal wiederholen, daß unsere physischen Sinne die Natur der Realität verzerren und unsere Wahrnehmung in beträchtlichem Maß begrenzen. Wenn es eine »objektive Realität« unabhängig vom Betrachter gibt, dann glaube ich nicht, daß sie eine Realität der physischen Materie ist.

Das innere Selbst ist in seiner Wahrnehmung nicht durch die Sinne begrenzt. Es kann diese Grundrealität wahrnehmen, und möglicherweise gewähren außersinnliche Wahrnehmungen einen flüchtigen Blick darauf. Wir können den Brennpunkt unseres Gewahrseins verlagern und uns so befähigen, uns Realitäten bewußt zu werden, die den Sinnen nicht zugänglich sind. Telepathie, Hellsehen und präkognitive Träume mögen nur Aspekte einer umfassenderen Wahrnehmungsfähigkeit sein, die die menschliche Persönlichkeit in sich birgt.

Dieses Kapitel befaßt sich mit weiteren Methoden, mit denen wir unsere Aufmerksamkeit nach innen richten können, um unseren Bewußtseinshorizont zu erweitern. Die dazu vorbereitenden Experimente erfordern Selbstdisziplin und gesunden Menschenverstand. Sie erfordern nicht ein spezielles Training oder eine besondere Ausbildung. Doch sie verlangen Objektivität, seelisches Gleichgewicht, Intuition und Freude am Wunderbaren. Aber jedes sich lohnende Unternehmen erfordert diese Qualitäten. Die Erforschung innerer Realitäten verlangt vor allem den Mut, in sich hineinzusehen, in Aspekte unseres Bewußtseins, die wir in der Vergangenheit ignoriert haben.

Zunächst einmal glauben wir, daß außersinnliche Wahrnehmungen unter bestimmten Bedingungen von allein geschehen. Wir kennen nicht alle, doch einige Bedingungen. Diese Wahrnehmungen treten oft auf, wenn wir unter dem Einfluß einer mächtigen Emotion stehen, oder wenn wir völlig entspannt und rezeptiv sind, und das Bewußtsein auf etwas anderes gerichtet ist. Mit anderen

Worten, ASW zeigt sich oft, wenn wir nicht mit dem Ego befaßt sind. Wenn wir emotional erregt sind, läßt das Ego bis zu einem gewissen Grad los. Wenn wir entspannt sind, lockert es seinen Griff und ist nicht auf Aktion eingestellt.

Da wir unsere Fähigkeiten entwickeln wollen, werden wir für unsere Zwecke versuchen, diesen natürlichen spontanen Zustand innerer Freiheit bewußt herbeizuführen. Wir werden versuchen, dies nicht durch ein Aufrühren unserer Emotionen zu tun, obwohl dies eine, wenngleich weniger effektive, Methode darstellt, sondern durch Entspannung des Ego und Ausrichtung der Aufmerksamkeit nach innen.

Diejenigen von Ihnen, die Selbsthypnose anwenden, mögen sich in einen leichten Trancezustand versetzen. Sagen Sie sich dann, daß Sie die Trance vertiefen können und konzentrieren Sie sich voll auf die innere Realität. Wiederholen Sie das verschiedene Male. Sagen Sie sich stets, daß Sie, wann immer Sie wollen, sofort aus der Trance herauskommen können, wenn Sie bis drei zählen oder innerhalb eines bestimmten Zeitraums. Wie gesagt, Sie können hier nur in einen natürlichen Schlaf fallen. Suggerieren Sie sich nun, daß Sie Ihr Bewußtsein ausdehnen und erweitern können. Geben Sie sich keine weiteren Suggestionen.

Diejenigen von Ihnen, die eine einfache Entspannungstechnik und keine Selbsthypnose anwenden, entspannen sich ganz einfach, so wie bei früheren Übungen. Seien Sie locker und empfänglich, aber richten Sie zugleich den Brennpunkt Ihres Bewußtseins nach innen. Seien Sie geistig wach und doch still. Leeren Sie Ihren Geist. Das heißt lediglich, daß Ihr Ego ihn nicht mit seinen eigenen Gedanken füllt. Es gibt keine Grenzen für Ihr eigenes inneres Gewahrsein. Im Grunde gibt es, wie schon besprochen, keine wirklichen Begrenzungen des Selbst, obwohl wir aus praktischen Gründen so handeln. Versuchen Sie Ihre Beziehung zum Universum so zu fühlen, wie Sie es kennen. Denken Sie nicht darüber nach, sondern fühlen Sie, was immer Sie während dieses Experiments erfahren.

Gleich welche Methode Sie anwenden, Sie sollten eine tiefere innere Konzentration erreichen als bei den Experimenten, die in den vorangegangenen Kapiteln aufgeführt wurden. Sie werden möglicherweise überhaupt kein Zeitgefühl mehr haben. Die Erfahrungen, die ihnen bewußt werden, scheinen vielleicht in einer ihnen eigenen Dimension zu existieren. Sie verspüren unter Umständen eine körperliche Leichtigkeit. Sie könnten einige Bilder so deutlich sehen, daß Sie glauben, Ihre Augen seien offen. Wie ich werden Sie in diesem Fall wahrscheinlich die ersten Male versucht sein, sie zu öffnen. Später werden Sie die Lebendigkeit solcher Bilder für selbstverständlich nehmen.

Wenn Sie normalerweise Ihre Augen schließen, nehmen Sie eine Dunkelheit hinter Ihren Augenlidern wahr. Wenn Sie sich jedoch nach innen konzentrieren, kann diese Dunkelheit plötzlich mit einem Licht erfüllt werden, so hell wie oder heller als das Tageslicht. Das kann eine Weile andauern oder blitzartig vorüberziehen. Sie könnten denken, daß die Sonne an einem dunklen Tag gerade durchbrach oder jemand das Licht im Zimmer eingeschaltet hat. Manchmal können Sie auch ein Empfinden von Vibration haben.

Seth nennt diesen Zustand erhöhter, nach innen gerichteter Konzentration einen Zustand in psychischer Zeit, in dem das Bewußtsein von dem ihm üblicherweise auferlegten physischen Begrenzungen befreit ist. Uhrzeit, wie wir sie kennen, ist nicht länger eine Realität. Uhrenzeit ist eine Realität, die vom Ego gehandhabt werden muß. Aus praktischen Gründen wird sie nichtexistent, sobald wir das Ego in bestimmten Maß umgehen.

In meinem Fall scheinen unter diesen Bedingungen einige ausgesprochen physische Empfindungen als Signale für außersinnliche Wahrnehmungen zu dienen. Robert erfährt diese speziellen Empfindungen nicht, von daher scheinen sie für außersinnliche Wahrnehmungen nicht Allgemeinbedingung zu sein.

Solche Empfindungen sind stets meinen eindrücklichsten Erfahrungen vorausgegangen. Das kinetische Gefühl eines raschen Schlags auf den Kopf löst solche »Reise«-Vorfälle aus, wie ich sie schon beschrieben habe. Es ist eine sehr klare Empfindung. Einmal war der Schlag so stark, daß mein Kopf hin- und herwackelte. Aber ich empfand keinen Schmerz. Ich glaubte nicht, daß mir jemand wirklich einen Schlag auf den Kopf versetzt hatte. Ich hatte auch keine Beulen vorzuweisen! Auch Geräusch ist damit verbunden. Ich könnte es nur mit dem Laut vergleichen, den eine massivere chiropraktische Einrenkung verursacht.

Bei mir scheinen sehr laute atmosphärische Störgeräusche Erfahrungen vorauszugehen, die mit Ton im allgemeinen zu tun haben, so wenn Stimmen beteiligt sind. Hier ist ein Beispiel aus meinen Aufzeichnungen. Ich werde den Eintrag genauso zitieren, wie ich ihn unmittelbar nach der Erfahrung aufgeschrieben habe, da sie sehr schwer zu erläutern ist.

»Ich lege mich hin, um mit psychischer Zeit zu experimentieren. Plötzlich kommen aus dem Wohnzimmer atmosphärische Störgeräusche. Sie sind ziemlich laut und unmißverständlich. Auch so etwas wie eine Stimme war zu hören. Ich war versucht aufzustehen und nachzusehen, ob ich das Radio angelassen hatte, obgleich ich sicher war, es ausgeschaltet zu haben. Dann entsann ich mich, daß das gleiche in der letzten Woche passiert war. Ich hörte atmosphärische Störgeräusche, dann Orchestrierung. Als ich nachsah, war das Radio ausgeschaltet. Wir haben den Fernseher untertags nie an, aber ich überprüfte auch das. Die Orchestrierung ging weiter. Sie schien damals nicht von außen zu kommen, war aber ganz deutlich. Als ich also diese Störgeräusche heute vernahm, stand ich nicht auf, sondern setzte mein Experiment mit psychischer Zeit fort.

Ich versetzte mich in einen leichten Trancezustand. Dann fragte ich mich spontan, ›was stimmt mit L. Gs Hals nicht?‹ (Am Abend zuvor hatte ich einen Freund, L. G. besucht, der über Halsbeschwerden klagte.) Sofort hörte ich in lautem, ungeduldigen Ton: ›Was meinst du mit Hals? Es ist die Zunge, die die Probleme verursacht!‹

Es schien, daß die Worte aus meiner äußeren Umgebung kamen und ich sie mit meinen Ohren vernahm. Sie schienen diesmal nicht aus meinem Innern zu kommen. Es war, als sei ein Radio plötzlich überlaut neben mir eingeschaltet worden. Da waren diese dröhnenden atmosphärischen Störgeräusche und die laute Stimme. Die Stimme war die eines Mannes, tief und gereizt. Ich schrak zusammen wie jeder, der plötzlich neben sich ein lärmendes Geräusch hört und öffnete die Augen. Ich war allein. Dann entsann ich mich der vorangegangenen Störgeräusche und sah schnell nach dem Radio und Fernseher. Beide waren ausgeschaltet.«

Leider lebte L. G. nicht in unserer Stadt. Wir sahen ihn erst nach über einem Monat wieder. Er hatte keine Halsbeschwerden mehr. Er hatte auch keinen Arzt aufgesucht. Es war mir nicht möglich herauszufinden, ob die Zunge die Beschwerden verursacht hatte. Diese Erfahrung ist eine von mehreren, in dem atmosphärische Störgeräusche dem Vorfall vorausgingen und auch den Hintergrund für das Geschehen bildeten. Manchmal wird das Geräusch kinetisch insofern, als seine Quelle in mir zu liegen scheint. Auf merkwürdige Weise vermischt es sich dann mit einer körperlichen Empfindung.

Robert und ich sind beide subjektiv sicher, daß wir bei einigen Experimenten mit psychischer Zeit unsere physische Gestalt verließen. Einmal fühlte Robert, wie er seinen Körper durch die Brustgegend verließ. Solche subjektiven Erfahrungen werfen mehr Fragen auf, als zur Zeit Antworten zu finden sind. Alles in allem zeichnet sich psychische Zeit wahrscheinlich mehr durch ein Gefühl von Freiheit, Wohlbefinden und dem Fehlen von Zeitgefühl aus als durch solche ungewöhnlichen Vorfälle.

Einige dieser Experimente lassen uns glauben, daß die Vorstellung eines Astralkörpers nicht so weit hergeholt ist, wie sie zunächst erscheint. Robert war subjektiv davon überzeugt, daß seine Arme über der Brust gekreuzt waren, wußte aber, daß seine physischen Arme an seiner Seite ausgestreckt lagen. Er sah aus der Zimmerecke zurück auf seine Körpergestalt. Zumindest bei einer Gelegenheit fühlte ich, wie ich dabei war, meine Gestalt zu verlassen, widersetzte mich und tat es nicht.

Das Gefühl eines leichten Schlags auf den Kopf warnt mich, daß etwas Ungewöhnliches geschehen wird, und das führt zu einer interessanten Frage. Wäre es möglich, daß dieses Signal ein von meinem Ego eingesetzter Warnmechanismus ist und nicht eine Empfindung, die Erfahrungen dieser Art auslöst?

Es gibt ein weiteres Merkmal, das Teil des psychischen Zeit-Bewußtseins zu sein scheint. Ich nenne es Ekstase, obwohl ich den Begriff nicht mag. Es ist ein sehr erregendes Gefühl, sehr intensiv und manchmal von einem Empfinden der Schwerelosigkeit und eines erweiterten Bewußtseins begleitet. Dies kann von einem allgemeinen Gefühl des Vergnügens und der Heiterkeit, das stärker ist als das übliche Wohlbefinden, bis zu einem tiefen Gefühl der Freude und Einheit mit der Gesamtrealität reichen.

Es wäre zu einfach, diese Erfahrungen als Halluzinationen zu bezeichnen oder als Resultate von Suggestion und überreizter Phantasie. Zum einen wissen wir nicht genug über Halluzinationen oder Suggestionen. Dies sind nur Worte, die Erfahrungen beschreiben, die genauer anzusehen wir uns geweigert haben. Es ist bekannt, daß unter bestimmten Umständen als Folge einer Suggestion Blasen am Körper auftreten können. Ich selbst habe bei mir durch Suggestion innerhalb von Minuten Kopfschmerzen zum Verschwinden gebracht. Und obwohl ich meine nächste Aussage nicht wissenschaftlich beweisen kann, da die Situation nicht gerade unter wissenschaftlichen Bedingungen stattfand, bin ich davon überzeugt, daß ich durch Suggestion nach einer starken Verbrennung an meiner Hand die Bildung von Blasen verhinderte. Wenn Suggestionen solche Auswirkungen auf das menschliche physische System haben können, müssen sie mächtiger und von substantiellerer Natur sein als gemeinhin angenommen wird.

Auch ist es ausgesprochen lächerlich, Halluzinationen als unwirklich zu bezeichnen. Sie mögen keine physische Realität besitzen. Das bedeutet aber nicht, daß sie nicht Realität in Dimensionen haben, die gleichermaßen legitim und »real« sind. Sie könnten als Verzerrungen der physischen Realität betrachtet werden, aber diese physische Realität wird selbst durch unsere Sinne stark verzerrt. Es wäre sogar möglich, daß in einigen Fällen Halluzinationen der Grundrealität näherkommen, als wir uns klar machen.

Hier sollten wir daran denken, daß sowohl in der christlichen wie auch der östlichen Philosophie schon lange die Existenz eines von physischer Materie unabhängigen Selbst oder einer Seele behauptet wird. Unter diesen Umständen hätte wohl die Religion bei eigenen Forschungen in dieser Richtung viel zu gewinnen und wenig zu verlieren. Vielleicht könnte sie so viele Vorstellungen faktisch beweisen, die sie nie auf empirischer Basis zu überprüfen versucht hat.

Gelegentlich wird der Spott über die Möglichkeit von Astralkörpern, Hellsehen, Telepathie und außersinnlicher Wahrnehmungen als Zeichen gesunder Intelligenz betrachtet; es stimmt zwar, daß sich Neurotiker manchmal von diesen Dingen angezogen fühlen, es stimmt aber auch, daß Forschungen in dieser Hinsicht Selbstdisziplin, Objektivität und Ausdauer erfordern – Fähigkeiten, die neurotischen Charakteren im allgemeinen abgehen. Auch ist der Bereich übersinnlicher Phänomene bei weitem nicht der einzige, von dem sich unausgeglichene Persönlichkeiten angezogen fühlen. Religion, Kunst, Politik und Psychologie sind nur einige Gebiete, auf denen sich Neurotiker tummeln.

»Aberglaube« ist auch ein Etikett, mit dem Forschungen im medialen Bereich zuweilen versehen werden. Lassen Sie mich daran erinnern, daß die medizinische Wissenschaft gegenwärtig ständig neue Wunderpillen entdeckt, von denen viele ihren Ursprung in »abergläubischen« Überzeugungen der Vergangenheit haben. Die Physik kommt ebenfalls alten Vorstellungen in bezug auf die unzuverlässige Natur der physischen Realität ziemlich nahe.

Unbegründeter Aberglaube existiert. Einige Neurotiker neigen zu Leichtgläubigkeit. Aber nicht aller Aberglaube entbehrt der Grundlage, und nicht alle Neurotiker sind leichtgläubig oder von Quacksalberei angezogen. Diese Art der Argumentation führt uns über die Assoziation leicht in ein unseliges Schuldgefühl, das viele qualifizierte Menschen davon abhält, im Bereich medialer Phänomene zu arbeiten.

Viele Schriftsteller und Künstler kann man ebenfalls als neurotisch bezeichnen, wenn man so argumentiert, aber nur wenige Menschen stellen deshalb die Legitimität von Literatur oder Kunst ernsthaft in Frage. Viele neurotische Persönlichkeiten haben auf ihrem eigenen Arbeitsgebiet viel zum Wissen der Menschheit beigetragen. Im Bereich der ASW wie auch auf anderen Gebieten müssen wir aufgeschlossen bleiben und Theorien und Hypothesen auf der Basis ihrer möglichen Gültigkeit überprüfen, nicht auf der Grundlage emotionalerer Betrachtungen. Gerade deshalb müssen wir aber auch alle Erfahrungen kritisch hinterfragen.

Die folgende Erfahrung Roberts ist typisch für Fälle, die man nur sehr vorsichtig einschätzen kann. Sie geschah während eines Experiments mit psychischer Zeit, und ich zitiere direkt aus seinen Aufzeichnungen:

»Plötzlich befand ich mich direkt über einem geparkten Wagen, ein älteres Modell eines grauen Sedans. Ich sah auf das Wagendach hinunter und auf einen drahtigen jugendlichen Mann im weißen Hemd, dessen Ärmel bis zum Ellbogen aufgekrempelt waren. Er ging rasch um den Wagen herum, während ich ihn beobachtete.

»Sagen Sie«, sprach ich ihn an, »was geht denn da unten vor?«

Er sah zu mir hinauf. Er schien mich zu sehen und nicht weiter überrascht zu sein. Er deutete auf den Wagen. »Da ist ein Mann drinnen«, sagte er. »Etwas stimmt ganz und gar nicht mit ihm.«

Der Mann, mit dem ich sprach, war schmal und muskulös gebaut, hatte dichtes braunes Haar, einen breiten vollen Mund und ein kantiges Kinn. Er schien sehr beunruhigt zu sein. Während er mit mir sprach, war nur er allein wie auf einem Bildschirm zu sehen, und zwar bis zur Taille, was durch den Bildschirmrand bedingt war. Der Rest des Bildschirms war leer und seine Gestalt schien im Verhältnis zur Bildschirmgröße ziemlich klein. Wenn er sprach, schien er sich von unten rechts in den Bildschirm hineinzubeugen.

»Können sie mich sehen?« fragte ich.

»Sicher kann ich Sie sehen«, sagte er.

»Wie heißen Sie?«

»Ich heiße George Marshall«, sagte er.

»Welche Stadt ist das? Wo wohnen Sie?« fragte ich.

Er gab eine klare Antwort, aber ich konnte mich nicht mehr an den Namen der Stadt erinnern, nur an den des Staates, nämlich

Louisiana. Irgendwie dachte ich, daß wir uns in der nordöstlichen Ecke des Staates befanden. Die Dinge verschwammen etwas, so als hätte ich Schwierigkeiten, mich auf die Situation zu konzentrieren. Fast verzweifelt sagte ich: »Ich heiße Robert Butts, ich lebe in Elmira. Werden Sie mir schreiben?« Ich entsinne mich nicht, den Straßennamen angegeben zu haben. Der Mann sagte, er würde versuchen, sich mit mir in Verbindung zu setzen.«

Robert war sich bei dieser Erfahrung über die Wichtigkeit des Versuchs bewußt, mit dem betreffenden Mann einen Kontakt herzustellen. Wir haben jedoch nie von einem George Marshall gehört. Robert schlief nicht, dies war ein Ereignis im Wachzustand. Später sah Robert auf einer Landkarte nach in der Hoffnung, sich wieder an den Namen der Stadt in Louisiana zu erinnern. Es gab mehrere Städte im Nordosten des Staates, die vertraut klangen, aber trotz allen Bemühens fiel sie ihm nicht mehr ein.

Möglicherweise handelt es sich bei diesem Vorfall um Material aus dem Unbewußten, doch keiner von uns glaubt daran. Möglich ist auch, daß Robert tatsächlich einen Mann namens George Marshall sah – einen George Marshall, der sich aufgrund der Umstände auch nicht mehr an wesentliche Teile der Unterhaltung erinnern konnte.

Solange die Existenz eines Mannes mit diesem Namen nicht bewiesen werden kann, ein Mann, der an jenem Tag nachweislich neben einem solchen Wagen stand, können wir nicht sagen, daß es sich um eine außersinnliche Wahrnehmung handelte. Genausowenig können wir beweisen, daß ein George Marshall an jenem Tag nicht neben diesem alten Auto stand, in dem ein kranker Mann lag. Es kann also auch nicht bewiesen werden, daß es sich hier nicht um eine stichhaltige außersinnliche Wahrnehmung handelte.

In all diesen Fällen bemühen Robert und ich uns stets und wann immer möglich, mit den betreffenden Personen Kontakt aufzunehmen. Das Problem ist, daß man nie gut genug vorbereitet ist, da diese Erfahrungen nicht allzu oft und immer unvorhergesehen eintreten. Doch solche Daten könnten viel dazu beitragen, die Stichhaltigkeit solcher Erfahrungen zu beweisen.

Noch vor nicht allzu vielen Jahren wäre ein Mensch für ziemlich verrückt gehalten worden, der behauptete, in seinem Wohnzimmer auf einem mit einer Kiste verbundenen Bildschirm einen anderen Menschen gesehen zu haben. Und noch einige Zeit früher wäre er vielleicht auf dem Scheiterhaufen verbrannt worden. Doch Millionen sehen sich heute auf dem Fernsehschirm ganze Filme an. Wäre dies von allen Menschen für unmöglich gehalten worden, gäbe es heute kein Fernsehen. Viele frühe Versuche in vielen Bereichen wurden von Menschen verspottet, deren Enkel heute die Früchte solcher Bemühungen genießen.

Robert sah einen Mann auf einem Bildschirm und sprach mit ihm. Sollte eine solche Kontaktmöglichkeit in einer Welt, in der wechselseitiger Kontakt über den Bildschirm bereits Realität ist, denn als so exotisch angesehen werden? Nur der Fernsehkasten fehlte. Untersuchungen im Bereich der außersinnlichen Wahrnehmung können, auch wenn sie nicht auf intellektueller Basis stattfinden, Erkenntnisse erbringen, die die Menschheit zum Gebrauch und Verständnis von Gaben befähigen werden, die sie bislang nicht zur Kenntnis nahm. In ferner Zukunft werden wir vielleicht von diesen Potentialen zum Nutzen aller Gebrauch machen können. Denken wir auch noch einmal an unsere Verwendung von Elektrizität und Lichtwellen, die wir praktisch finden, obwohl die Wissenschaftler nach wie vor nicht wissen, was sie sind.

Was nun Ihre eigenen Experimente angeht, so sollten sie auf möglichst regelmäßiger Basis durchgeführt werden. Gelegentliche, überenthusiastische Versuche zeitigen keine guten Resultate, und auch die für regelmäßige Experimente erforderliche Selbstdisziplin wirkt sich günstig aus. Was die Zeitdauer angeht, so sollte kein Experiment, das einen Wechsel der Bewußtseinsebene beinhaltet, länger als eine halbe Stunde dauern.

Machen Sie weiterhin nach jedem Experiment Ihre Aufzeichnungen. Vergleichen Sie den Inhalt dieses Notizbuches mit Ihrem Traumnotizbuch. Stellen Sie fest, ob es eine Beziehung zwischen Ihren Träumen und Ihren Erfahrungen mit psychischer Zeit gibt.

Erwarten Sie keine spektakulären Resultate. Sie könnten –

manchmal – eintreten, aber oft werden Ihnen Ihre Experimente mit psychischer Zeit ganz einfach ein Gefühl von Wohlbefinden und Gesundheit vermitteln. Viele unserer eigenen Sitzungen waren ereignislos. Doch jede Sitzung wird Ihre Fähigkeit, innere Erfahrung zu erkennen, steigern und Sie an diese »zeitlose« Qualität gewöhnen, die sie so sehr kennzeichnet.

Es folgen Auszüge aus dem Seth-Material, in dem einige Punkte des hier behandelten Themas diskutiert werden.

Auszüge aus Sitzung 162

Ein Gedanke ist eine Handlung. Ein Traum ist ebenso eine Handlung wie ein Atemzug. Und obwohl wir in Begriffen der Trennung sprechen, ist alle Realität Bestandteil von Handlung. Wenn wir in der Rede Handlung aufteilen, so ändern wir damit nichts an der Realität oder Natur von Handlung.

Handlungen besitzen eine elektromagnetische Realität. Eure äußeren Sinne nehmen elektromagnetische Realitäten dieser Art nicht wahr. Trotzdem seid ihr eine *Gestalt* elektromagnetischer Handlungen. Innerhalb der physischen Materie eurer Chromosomen existieren elektromagnetisch kodierte Systeme. Diese sind nicht die Chromosomen selbst. Die Chromosomen sind physische Materialisierungen innerer elektromagnetischer Gegebenheiten.

Handlung (ihr könnt den Begriff Vitalität gebrauchen, wenn ihr das vorzieht) – Handlung versucht beständig, sich in endlosen Formierungen auszudrücken. Von daher materialisiert sie sich in verschiedenen Formen. Ich bezeichne diese Formen als Tarnung oder Camouflage. Innerhalb eures Systems ist diese Tarnung physische Materie. Handlung kann sich unmöglich zur Gänze in irgendeinem Medium ausdrücken.

Es gibt unter keinen Umständen irgendein geschlossenes System. Handlung fließt in allen Systemen und Realitäten. Eure physischen Sinne sind von daher nur ausgerüstet, die Realitäten innerhalb des physischen Tarnungsfeldes wahrzunehmen.

Das bedeutet jedoch nicht, daß dies die einzige Realität ist. Es ist lediglich die einzige Realität, die ihr mit den physischen Sinnen wahrnehmt. Um andere Realitäten wahrzunehmen, müßt ihr von euren äußeren Sinnen auf die inneren Sinne umschalten, denn die inneren Sinne sind klarer und dazu ausgerüstet, Handlung und Realität so wahrzunehmen, wie sie unabhängig von den Verzerrungen durch die physischen Sinne existieren.

Die Tatsache, daß ihr Realität in begrenzter Weise wahrnehmt, beeinflußt in keiner Weise die Natur der Grundrealität.

Das Ego versucht sich von der Handlung abzusondern, die Handlung als Resultat des Egos zu betrachten. Doch dieser Versuch des Ego, sich von der Handlung abzusondern, verändert in keiner Weise die Natur der Handlung. Das Ego beschränkt lediglich seine eigene Wahrnehmung.

Das Selbst hat keine Beschränkungen, denn das Selbst ist Teil von Handlung, die keine Grenzen hat außer denen, die das Ego imaginiert. Wir finden also keine Beschränkungen des Selbst, kein oberes oder unteres Ende. Das Selbst ist nicht im knöchernen Schädel eingeschlossen. Ihr nennt eure Gedanken euer eigen, doch wie haltet ihr sie fest?

Ihr haltet sie nicht fest. Sie werden in der Tat ohne eure bewußte Kenntnis übermittelt, und das Selbst erweitert sich. Auch in physischer Hinsicht ist das Selbst nicht begrenzt. Diese Vorstellung ist ein Resultat eurer Wahrnehmungsgewohnheiten. Chemikalien und Luft und Nährstoffe, die ihr als nicht zu eurem Selbst gehörig betrachtet, dringen ständig in das Selbst ein; und das, was ihr als euer Selbst betrachtet, verläßt den Körper durch die Poren.

Auch ist das Selbst nicht durch Raum und Zeit begrenzt, denn in Träumen findet ihr eine Wirklichkeitsebene vor, die nichts mit Raum oder Zeit zu tun hat. Und diese Traumerfahrungen verwandeln oder verändern eure Persönlichkeit, denn Handlung muß sich von sich aus immer wandeln. Ihr seid nur mit einem kleinen Teil des Selbst vertraut. Ihr seid mehr als ihr wißt, und eure Reisen erstrecken sich weiter...

Das Ego kann euer Herz nicht zum Schlagen bringen. Warum also findet ihr es so schwer zu glauben, daß ihr mehr als das Ego seid? In Träumen begegnet ihr solchen Teilen von euch selbst. Ihr baut Realitäten auf, und eure Erfahrungen in der Traumwelt sind in jeder Hinsicht so lebendig und gültig und real wie jene im Wachzustand. Auch seid ihr nach euren Begriffen nicht einmal im Wachzustand voll bewußt. Ihr blendet Reize aus, um euch auf andere Reize zu konzentrieren. Dies ist ein vereinfachtes Beispiel dafür, wie ihr im Traumzustand vom Ego normalerweise akzeptierte Reize ausschaltet und euch so anderer Realitäten bewußt werdet, die ihr im Wachzustand gewöhnlich ignoriert.

KAPITEL IX

Voraussagen und Vorahnungen

Unser anscheinend so fester Tisch ist also in Wirklichkeit ein Resultat unserer Wahrnehmungsweisen. Unseren Augen erscheint der Tisch als fester Gegenstand, was aber nicht die Grundrealität der Atome und Moleküle, aus denen er sich zusammensetzt, beeinflußt. Möglicherweise sind Vergangenheit, Gegenwart und Zukunft ebenso nur ein Resultat unserer Wahrnehmung von Handlung. Unsere Wahrnehmung der Zeit als eine Abfolge von Momenten hätte keinen Einfluß auf die Grundrealität der Zeit.

Der Fakt bleibt bestehen, daß wir Zukunft niemals wahrnehmen könnten, wenn Zeit tatsächlich getrennt in Vergangenheit, Gegenwart und Zukunft existierte. Es sind von parapsychologischen Gesellschaften jedoch viele Fälle von Präkognition dokumentiert worden. Meine eigenen Aufzeichnungen erweisen, daß ich in die Zukunft gesehen habe. Und wenn Sie die in diesem Buch aufgeführten Experimente durchführen, werden Sie feststellen, daß Präkognition eine zu akzeptierende Tatsache ist, auch wenn sie noch nicht wissenschaftlich erklärt werden kann.

Es scheint angeraten, daß wir unsere Vorstellungen von der Realität der Zeit revidieren. In diesem Kapitel werden wir den Versuch unternehmen, Präkognition eine Art kontrollierte Grundlage zu geben. Wenden wir uns zunächst der Theorie von Ursache und Wirkung zu, die besagt, daß jede Wirkung eine zeitlich davor liegende Ursache hat. Wie schon gesagt, wenn Präkognition eine Realität ist, dann muß die Theorie von Ursache und Wirkung ernsthaft in Frage gestellt werden.

Stellen wir uns eine Situation vor. Mary A überquert eine Straße und wird dabei von einem von John F. gesteuerten Wagen angefahren. Stellen Sie sich weiterhin vor, daß dieser Unfall von Fred X zwei Tage zuvor vorausgesehen wurde. Innerhalb von Raum und Zeit, wie wir sie kennen, müssen Mary und John an einem bestimmten Punkt zusammenkommen, damit dieser spezielle Vorfall eintreten kann. Marys Geschwindigkeit beim Überqueren der Straße und Johns Fahrgeschwindigkeit müssen so genau aufeinander abgestimmt sein, daß der Unfall erfolgt.

Diese Situation wirft viele Fragen auf. Wäre der Unfall verhindert worden, wenn Mary nicht zu dieser bestimmten Zeit diese bestimmte Straße überquert oder John einen anderen Weg genommen hätte? Oder hätten andere Ursachen, vielleicht psychologische Gründe auf jeden Fall diese Tragödie bewirkt? Hatte John zum Beispiel tiefe aggressive Tendenzen, die aus seinem Unbewußten hochstiegen und kurz vor dem Ausbruch standen, so in einem entscheidenden Moment eine Fehleinschätzung bewirkten und zu einem Unfall führten? In diesem Fall wäre Mary nicht notwendigerweise beteiligt gewesen.

Oder fühlt sich Mary unbewußt am Ende, erschöpft von der Anstrengung, mit dem Leben zurechtzukommen? Will sie unbewußt sterben? Oder wäre sie in einer anderen Stimmung gewesen, wenn sie ihre Unternehmung um einen Tag verschoben hätte, und wäre sie dann gerade noch rechtzeitig beiseitegesprungen? Hätte John an einem anderen Tag seine Aggression und damit auch sein Fahrzeug besser unter Kontrolle gehabt?

Mit anderen Worten, war der Unfall bis zu einem gewissen Grad vorbestimmt, die Folge oder Auswirkung von bereits bestehenden Ursachen? Oder war er ein Ereignis, das geschah, als zwei menschliche Wesen sich an einem bestimmten Punkt in Raum und Zeit trafen – das *augenscheinliche* Resultat bestimmter Ursachen, die erst nach dem Ereignis als Ursachen erscheinen?

Die Antworten auf diese Fragen wissen wir nicht. Ich finde jedoch die Annahme logischer, daß diese Ursachen erst nach dem Ereignis als Ursachen erscheinen; und daß die bestimmten, den

Unfall anscheinend verursachenden Geschehnisse, an jedem Punkt hätten verändert werden können. Wenn Fred also den Unfall zwei Tage zuvor voraussah, dann klinkte er sich lediglich in einen bestimmten Punkt in der Raum-Zeit ein. Hätte Fred John oder Mary vor dieser vorhergesehenen Tragödie gewarnt, hätte er die ihnen zur Verfügung stehenden Informationen verändert. Hätten sie aufgrund dieser Information gehandelt, dann wäre es ihnen zumindest theoretisch möglich gewesen, die augenscheinliche Auswirkung zu verändern, indem sie die augenscheinlichen Ursachen gar nicht zuließen.

Möglicherweise ist die Theorie von Ursache und Wirkung selbst eine Folge unserer Vorstellung von Zeit als Abfolge von Momenten. Dieser Gedanke wird im Seth-Material stark vertreten und diesbezügliche Auszüge finden sich am Ende dieses Kapitels.

Eine junge Bekannte von uns war in eine bizarre Reihe von Episoden verwickelt, die darauf zu verweisen scheint, daß uns in einigen Fällen das Vorhersehen eines Ereignisses auf das Geschehen vorbereiten und so dessen Natur beeinflussen kann.

Das Mädchen, nennen wir sie Sarah, erzählt die folgende Geschichte: Als Kind ging sie mit ihren Eltern zu einer Versteigerung. Als sie sich der Menschenmenge näherten, fiel Sarah ein bestimmter Mann auf, der in der Nähe stand. Sie klammerte sich an ihre Mutter und flüsterte ihr ungestüm zu: »Dieser Mann wird mich packen.« Sarahs Mutter versuchte das Kind zu beruhigen und drohte ihr schließlich mit einem Klaps auf den Hintern, als Sarah die Worte ständig wiederholte. Als bei der Versteigerung die Aufmerksamkeit aller auf den Versteigerer gerichtet war, packte der Mann Sarah. Sie schrie verängstigt. Ihr Vater verhinderte die anscheinende Entführung, doch der Mann entkam.

Jahre später, als Sarah eine junge Frau war, saß sie mit ihrer Schwester in einem Auto. Sie warteten auf ihre Mutter, die in einem nahen Laden einkaufte. Nicht allzu weit weg stand ein Mann bei einem anderen Auto. Plötzlich sagte Sarah zu ihrer Schwester: »Dieser Mann wird versuchen, hier reinzukommen.« Die Schwester kannte den früheren Vorfall und andere, die hier nicht erwähnt werden sollen, und sagte: »Hör auf damit. Fang nicht damit an, es erschreckt mich.« Trotzdem verriegelten die beiden die Autotüren und schlossen die Fenster. Gleich darauf kam der Mann herüber und versuchte mit Gewalt in den Wagen einzudringen. Der Mann hatte keinen Erfolg, möglicherweise weil die Mädchen vorgewarnt waren.

Bei einer anderen, späteren Gelegenheit stand Sarah vor der Kasse eines Supermarkts an, um ihr Gemüse zu bezahlen. Ein Mann vor ihr erregte ihre Aufmerksamkeit. Plötzlich war sie sich sicher, daß er sie belästigen würde. Vor ihrem geistigen Auge sah sie ihn in einem Auto sitzen und versuchen, sie anzufahren. Dies schien eine so ausgefallene Vorstellung, daß sie sich sagte, ihre Phantasie ginge mit ihr durch. Trotzdem ließ sie sich Zeit und wartete, bis der Mann bezahlt und den Laden verlassen hatte.

Durch die Glasscheiben beobachtete sie, wie der Mann in seinen Wagen stieg, abfuhr und aus dem Blickfeld verschwand. Dann verließ sie den Laden. Als sie die Mitte des Parkplatzes erreicht hatte, kam der besagte Wagen von der anderen Seite des Supermarkts angefahren. Der Mann fuhr direkt auf sie zu. Sie erstarrte, unfähig, sich zu bewegen. Der Mann öffnete die Wagentür, griff nach ihr und rief: »Rein mit dir.« Sie riß ihren Arm los, schrie um Hilfe und rannte zum Supermarkt zurück. Der Mann verfolgte sie mit dem Wagen. Sie wich aus. Er schrie, daß er sie kriegen würde. Sie berichtete den Vorfall der Polizei, war aber zu verängstigt gewesen, um sich das Nummernschild des Wagens zu merken.

Einige Wochen später sah Sarah denselben Mann im selben Supermarkt. Ihre Schwester war dabei. Die beiden gingen zum Parkplatz, fanden seinen Wagen, schrieben sich die Autonummer auf und gaben sie der Polizei. Dort stellte sich heraus, daß der Mann kein Unbekannter war und schon früher Frauen belästigt hatte. Sarah erstattete jedoch keine Anzeige, und der Mann kam davon.

Diese Vorfälle sind unter verschiedenen Gesichtspunkten bedeutsam. Zum einen ist zu erwähnen, daß das betreffende Mädchen vertrauenswürdig ist. Ihre Eltern ließen sie von einem Psychoanalytiker untersuchen, und sie war sowohl geistig wie emotional völlig in Ordnung. Die Geschichte ihrer Präkognition war ihr ziemlich peinlich, und die Ereignisse selbst wie auch ihr Vorherwissen bestürzten sie. Sie ist nun glücklich verheiratet. Ihre präkognitiven Fähigkeiten äußern sich nach wie vor.

Bei der ersten erwähnten Episode sah Sarah als Kind voraus, daß ein Mann nach ihr greifen würde. Und obwohl sie das ihren Eltern gesagt hatte, trat der Vorfall ein, wie sie ihn gesehen hatte. Bei der zweiten Episode brachte die Präkognition sie dazu, die Autotüren zu verriegeln und die Fenster zu schließen. Diese Handlung von ihrer Seite begrenzte oder bestimmte bis zu einem gewissen Grad die nachfolgenden Handlungen. Beim letzten Vorfall fungierte ihr Vorherwissen möglicherweise auch als Warnung. Zweifellos half es ihr einer unter Umständen äußerst verhängnisvollen Erfahrung zu entgehen. Hier trug auch die Tatsache, daß sie die Autonummer der Polizei angab, zur Bestätigung der physischen Realität des Vorfalls bei.

Es besteht kein Zweifel, daß Sarah wußte, was geschehen würde. Wie wußte sie es? Las sie telepathisch die Gedanken des Mannes? Sah sie hellseherisch ein künftiges Ereignis, ohne daß Telepathie irgendeine Rolle spielte? Ist es nur Zufall, daß sie dreimal in Episoden verwickelt war, bei denen Männer als Aggressoren auftraten? Oder ist es möglich, daß zuerst ihre Angst vorhanden war? Daß sie unbewußt diese Angst ausstrahlte, sozusagen telepathisch sendete, bis sie von Männern aufgefangen wurde, die aus ihnen eigenen Gründen versucht waren, darauf zu reagieren – Männer, die dann ihrerseits ihre Antwort oder Absicht vor dem Eintritt des Ereignisses auf physischer Ebene telepathisch sendeten.

Dies mag eine weit hergeholte Möglichkeit sein. Die Episoden selbst sind fast unglaublich und doch geschehen. Wenn gegenwärtige Theorien menschliche Erfahrung nicht erklären, dann sind unsere gegenwärtigen Theorien unzulänglich, und wir müssen neue finden.

Wir haben alle Vorahnungen oder intuitive Einsichten gehabt, die uns vor künftigen Ereignissen zu warnen schienen, vor allem, wenn es sich um unangenehme Vorfälle handelte. Die Wissenschaft läßt solche Erfahrungen weitgehend unberücksichtigt. Die verschiedenen parapsychologischen Gesellschaften sind jedoch sehr interessiert und verfügen über sehr effiziente, gut ausgebildete Mitarbeiter. Was die wissenschaftliche Beweisbarkeit angeht, so sind solche Vorahnungen schwer festzumachen. Normalerweise treten sie nicht unter wissenschaftlichen Voraussetzungen ein. Oft geschehen sie, wenn wir emotional aufgerührt sind. Wir können nicht ankündigen, »am Freitag um acht Uhr abends habe ich eine Vorahnung«, und die gelehrten Herren zu einer Untersuchung einladen. So funktionieren Vorahnungen nicht.

Ich behaupte jedoch, daß viele Vorahnungen und Eingebungen gültige Fälle von außersinnlicher Wahrnehmung sind. Zu unserem eigenen Nutzen können wir sorgfältige Aufzeichnungen von jeglichen Vorahnungen und Eingebungen machen und uns versichern, daß Tag und Uhrzeit notiert sind. Wenn dann ein künftiges Ereignis zeigt, daß die Vorahnung korrekt war, haben wir zumindest den Beweis, daß wir vorher davon wußten. Ich schlage vor, daß Sie mit solchen Aufzeichnungen beginnen. Es sind allerdings noch andere Bedingungen erforderlich, bevor solche Vorahnungen von einem Wissenschaftler als präkognitiv anerkannt werden; und auch dann können wir nicht sicher sein, daß er sie als wasserdicht betrachtet.

Gibt es irgendeine Möglichkeit, unserem inneren Wissen um künftige Ereignisse Beständigkeit zu verleihen? Können wir uns dazu trainieren, Präkognition irgendeine Art präziser Grundlage zu geben? Wenn wir es könnten, wären wir vielleicht in einer besseren Position, unseren Fall zu beweisen. Jedenfalls kämen wir einem Beweis näher. Offensichtlich ist diese innere Information in den meisten Fällen nicht bewußt, obgleich eine Vorahnung ins Bewußtsein steigen muß, sonst könnten wir ihrer nicht gewahr werden.

Gewöhnlich schreitet das Ego ziemlich energisch dagegen ein. Meine seit fast zwei Jahren sorgfältig aufgezeichneten Träume überzeugen mich davon, daß wir tatsächlich zukünftige Ereignisse wahrnehmen. Nun ist ein Teil unseres Selbst imstande, Zeit so wahrzunehmen, wie sie existiert. Wir sehen in die Zukunft, so als bestünde Zeit nicht aus einer Abfolge von Momenten. Die hier einzig mögliche und plausible Folgerung ist: Wir sind imstande, Zeit in dieser Weise wahrzunehmen, weil dies die reale Natur von Zeit ist. Die augenscheinliche Abfolge von Momenten gibt es nicht wirklich.

Die Experimente in diesem Kapitel werden Ihnen selbst den Beweis dafür liefern, falls Ihre Traumaufzeichnungen Sie nicht schon überzeugt haben. Sie werden vielleicht die Ereignisse nicht zur Gänze sehen, ja vielleicht noch nicht einmal jene Teile, von denen Sie bewußt betroffen sind; aber Sie werden erfahren, daß Sie selbst heute über wichtige Hinweise auf das verfügen, was morgen geschehen wird.

Unmöglich? Keineswegs. Ich werde Ihnen erst die Experimente erläutern und dann von unseren eigenen Resultaten berichten. Sie werden ein weiteres Notizbuch anlegen müssen. Setzen Sie sich einmal am Tag, wann immer es Ihnen gelegen ist, allein hin. Sie werden versuchen, für sich selbst künftige Ereignisse vorherzusagen. Einige Ihrer Voraussagen werden keine sein, einige aber doch. Führen Sie dieses Experiment wenn möglich jeden Tag zur selben Zeit durch. Es dauert nicht einmal fünf Minuten. Die damit verbundene unbewußte Konditionierung ist jedoch wichtig, und Sie fahren besser, wenn Sie sich täglich den gleichen Zeitpunkt reservieren.

Schreiben Sie nur: Voraussagen für (Montag), gemacht am Montag, acht Uhr morgens oder was immer. Schreiben Sie dann die Zahl 1. Nun schreiben Sie auf, was Ihnen in den Kopf kommt. Versuchen Sie nicht, sich bewußt vorzustellen, was an diesem Tag geschehen könnte. Sie können ein Wort, eine Redewendung oder auch einen ganzen Satz aufschreiben. Stellen Sie nicht in Frage, was Sie schreiben. Laborieren Sie nicht an einer Aussage herum, verändern Sie sie nicht. Fahren Sie fort, bis Sie wenigstens fünf Voraussagen für den Tag aufgeschrieben haben.

Behandeln Sie das ganze Experiment wie ein Spiel. Selbst wenn Ihre Worte nicht den geringsten Sinn zu ergeben scheinen, lassen Sie sie stehen. Radieren Sie sie nicht aus. Wir befassen uns mit

Fähigkeiten, die nach herkömmlichem Verständnis nicht logisch sind, obgleich Sie feststellen werden, daß viele Ihrer Voraussagen ihre eigene Logik besitzen.

Wie Sie wahrscheinlich schon vermutet haben, ist dies erst der erste Teil des Experiments. Überprüfen Sie Ihre Voraussagen ständig mit den täglichen Ereignissen. Wenn Sie all diese Experimente ernsthaft durchführen, dann überprüfen Sie bereits Ihre Träume und Eingebungen an den Alltagsgeschehnissen. Überprüfen Sie nun in gleicher Weise Ihre Voraussagen. Vergleichen Sie all Ihre Notizbücher miteinander. Haben Sie zum Beispiel ein Ereignis ganz oder teilweise vorausgesagt und einen anderen Teil davon im Traum gesehen? Hat eine pflichtgetreu notierte und datierte telepathische Eingebung eine Voraussage bestärkt?

Dieses ständige Protokollieren und Aufschreiben mag nicht gerade Ihrer Vorstellung von ASW-Forschung entsprechen, aber Sie werden diese Aufzeichnungen, da es sich um Ihre eigenen handelt, aufregend finden und als eine Herausforderung betrachten. Über dieses Ihr Material sollten Sie entdecken, wie Ihre Fähigkeiten arbeiten. Es wird Sie davon überzeugen, daß außersinnliche Wahrnehmungen nicht esoterische Kräfte sind, sondern Fähigkeiten Ihrer Persönlichkeit.

Offensichtlich brauchen wir adäquate Methoden zur Beurteilung unserer Resultate. Einige Voraussagen werden »besser« sein als andere. Wenn Sie zum Beispiel aufschreiben, daß am Montag unerwarteter Besuch eintreffen wird und dann am Montag unerwartete Besucher ankommen, dann wird Ihre Aussage signifikanter sein, wenn Sie nicht regelmäßig Gäste in der Woche haben. Die Präzision und Gültigkeit der Aussage erhöht sich, wenn in Ihrer Aussage steht, daß die Besucher zwei Männer sind, und die zwei Männer tatsächlich eintreffen. Wenn Sie andererseits den Namen John Brown aufschreiben, ein alter Freund, den Sie seit Jahren nicht gesehen haben, und dann John Brown Sie tatsächlich besucht, dann können Sie ziemlich sicher sein, daß es sich um eine gültige Voraussage handelte. (Es sei denn natürlich, John Brown hatte bereits seinen Besuch in irgendeiner Form angekündigt.)

Die Übung wird Ihnen fast sofort zeigen, welche Aspekte der Realität Sie am meisten beschäftigen. Einige von Ihnen schreiben vielleicht Punkte auf, die mit der Welt oder nationalen Ereignissen zu tun haben. Andere mögen sich mit Voraussagen persönlicher Art befassen. In allen Fällen sind genaue Aufzeichnungen nötig. Sie könnten auch feststellen, daß einige Voraussagen vom Montag am Mittwoch eintreffen, geben Sie sich also in dieser Hinsicht einen Spielraum von zwei bis drei Tagen.

Hier sind nun einige meiner eigenen Resultate. Ich machte in sechs Monaten 741 Voraussagen. Gewöhnlich notiere ich fünf pro Tag, aber an vielen Wochenenden habe ich sie ausgelassen und gar keine aufgeschrieben. Von diesen 741 Voraussagen waren 320 signifikant. Diese 320 sind in drei Graden unterschieden: jene, die ich direkte Treffer oder Resultate nenne und dem tatsächlichen zukünftigen Ereignis so nahe kamen, daß ich dafür keine andere vernünftige Erklärung habe als Präkognition; Resultate, die zwar überraschend sind, aber im ganzen gesehen nicht als direkte Treffer bezeichnet werden können; und Resultate, die noch immer signifikant, aber doch nicht derart eindeutig sind.

In der Regel befassen sich meine Voraussagen mit ziemlich gewöhnlichen Ereignissen und weniger mit alarmierenden Umständen. Hier ist ein einfaches Beispiel für das, was ich einen direkten Treffer nenne. Am 4. März lautete meine Voraussage: Fremder in der Wohnung. Am Abend besuchten uns unerwartet Freunde und brachten eine uns völlig unbekannte Person mit. Die Voraussage war um acht Uhr morgens aufgeschrieben worden. Ich betrachte dies aus verschiedenen Gründen als direkten Treffer. Zum einen leben wir ziemlich ruhig und haben einen kleinen Freundeskreis. Wir haben höchstens ein- bis zweimal im Jahr fremde Leute zu Gast. In all meinen Voraussagen habe ich dies nur zweimal notiert, und in beiden Fällen kam eine fremde Person in unsere Wohnung. Es kamen keine Fremden ohne Voraussage.

Hier ein weiteres Beispiel für eine meiner Ansicht nach gute Voraussage. Dieser Vorfall verweist auch auf eine Tendenz, denn drei oder mehr Voraussagen treffen auf dieselbe Episode zu. Am 27.

Januar beinhalteten meine Voraussagen folgendes: Ein verratenes Geheimnis... eine scharfe Zunge... eine Stichelei. Am selben Tag suchte mich am späten Nachmittag die Haushälterin einer älteren Nachbarin auf. Sie erzählte mir, daß sie über meine Freundin ziemlich aufgebracht sei und sich entschlossen habe, die Stellung zu kündigen. Die Freundin habe »eine sehr scharfe Zunge«, so ihre Worte, und hätte angefangen, gegen sie, die Haushälterin, in einer Art und Weise zu sticheln, die sie sehr verunsicherte. Sie fuhr dann fort, über eine sehr persönliche Sache zu klatschen, die außer meiner Freundin niemanden etwas anging.

Jede dieser Ähnlichkeiten zwischen vorhergesagtem Ereignis und tatsächlichem Geschehen könnte das Resultat eines Zufalls sein. Wenn aber von 741 Voraussagen 320 signifikante Ähnlichkeiten unterschiedlicher Grade aufweisen, dann erscheint dies keine ausreichende Erklärung.

Zufall scheint noch weniger als Ursache angemessen, wenn ein bestimmtes zukünftiges Ereignis teilweise vorausgesagt und zudem in präkognitiven Träumen und telepathischen Eingebungen vorhergesehen wird.

Betrachten wir folgendes: In einem vorangegangenen Kapitel erwähnte ich Träume, in denen ich die Information erhielt, daß unser Hausbesitzer den Verkauf des Apartmenthauses erwog. Die Träume, die alle innerhalb weniger Nächte auftraten, enthielten folgende Elemente: ältere Leute, Umziehen, die Möglichkeit, daß wir uns nach einem Apartment umsehen. Wenn Sie Ihr Gedächtnis auffrischen wollen, dann lesen Sie die Anmerkung zu diesem Traum in Kapitel 6 nach. Diese Träume fanden am 15., 16. und 17. Februar statt.

Am 18. Februar lauteten meine Voraussagen: ziemlich ungewöhnliches Ereignis... ein Bad... eine Rüge... ein Spritzer... Gast untertags. Am 18. erwiesen sich die hellseherischen Elemente der Träume. Mein Hausbesitzer zeigte unser Apartment interessierten Käufern, von meinem Standpunkt aus ein ziemlich ungewöhnliches Ereignis, da es in den fünf Jahren, die wir hier wohnten, noch nie vorgekommen war. Aber die ersten Worte einer Immobilienagentin wandten sich nach einem kurzen Nicken in meine Richtung an ihre Kunden. »Sie müssen das *Bade*zimmer sehen und die Dusche. Sie sind sehr ungewöhnlich. Die Dusche hat neun Düsen, das Wasser *spritzt* förmlich heraus.« Als ich später mit dem Hausbesitzer sprach, der auch ein guter Freund ist, *rügte* ich ihn und sagte, daß der Gedanke an einen Verkauf töricht sei, da das Haus eine gute Investition darstelle. In diesem Fall zeigten sowohl meine Träume als auch meine Voraussagen verschiedene Aspekte einer tatsächlich eintretenden Situation auf, von der ich auf keine andere Weise hätte wissen können.

Es stimmt, daß die Voraussagen von trivialer Art waren. Und doch sind solche Vorfälle bedeutsam in ihrem starken Verweis auf die Möglichkeit, daß wir mehr über die Zukunft wissen als gemeinhin angenommen. Und nicht nur scheinen wir gelegentlich um unangenehme oder alarmierende Geschehnisse zu wissen, sondern auch ganz banale Angelegenheiten können vorhergesehen werden. Und wenn sich die Voraussagen nicht auf jene Umstände bezogen – warum schrieb ich sie dann an jenem und keinem anderen Tag nieder – an jenem Tag im Jahr, an dem die Geschehnisse in der physischen Welt sie signifikant machten?

Wenn sowohl Träume als auch Voraussagen verschiedene Aspekte eines tatsächlichen Ereignisses zu beschreiben scheinen, dann ist Zufall eine sehr dürftige Erklärung. Wenn diese Dinge nur ein- oder zweimal vorkämen, wären Schlußfolgerungen irgendeiner Art ungerechtfertigt. Doch hier folgen einige andere Voraussagen und die Ereignisse, die sie zu beschreiben schienen.

Voraussage für den 19. November: eine Änderung der Tage. Am selben Tag erhielt ich erst einen Brief und dann einen Anruf von meinen angeheirateten Verwandten, die zweimal das Datum für eine getroffene Verabredung änderten.

Voraussage für den 20. November: unerwartete Einladung. An diesem Tag schaute eine Freundin vorbei, um uns zum Essen einzuladen. Wir hatten sie seit Monaten nicht gesehen. Kurz bevor sie an die Tür klopfte, mußte ich stark an sie denken.

Voraussage für den 17. Dezember: Frau im Tupfenkleid; eine

Verhaltensstudie. An diesem Tag besuchte uns unerwartet ein uns bekanntes Ehepaar. Die Frau trug ein Tupfenkleid. Als wir uns unterhielten, wurde unsere Aufmerksamkeit von dem merkwürdigen Verhalten eines Kindes auf der Straße gefangengenommen. Wir beobachteten es zwanzig Minuten vom Fenster aus und kamen dann zu dem Schluß, daß das Kind entweder geistig behindert war oder dringend Hilfe brauchte. Wir riefen schließlich die Polizei, da es völlig durcheinander schien und nicht imstande, mit sich zurechtzukommen. Dies war sicherlich eine Verhaltensstudie.

Voraussage für den 16. November: ein Fremder in der Wohnung. An diesem Abend gingen wir zum Tanzen aus. Am Tag danach markierte ich die Voraussage als bedeutungslos. Zwei Tage später fanden wir heraus, daß ein Freund an dem betreffenden Abend vorbeigekommen war, zusammen mit einem Verwandten, der uns fremd war.

Voraussage für den 10. November: Unfall, an dem wir nicht beteiligt sind. An diesem Abend erzählte uns ein Freund von einem Unfall, in den er ein paar Wochen zuvor verwickelt gewesen war. Er hatte ihn uns gegenüber bislang nicht erwähnt.

Voraussage für den 5. März: grünes Licht; zu viele, die gehen; verschiedene Vorfälle; jemand bleibt zurück. An diesem Tag erfuhr ich, daß aufgrund verschiedener Vorfälle an meinem vormaligen Arbeitsplatz die gesamte Belegschaft bis auf eine Person ging. Mir wurde gesagt, daß Hilfe gebraucht und ich gebeten werden würde, in meine alte Stellung zurückzukehren. Hier haben wir zu viele, die gehen, eine zurückbleibende Person, verschiedene Vorfälle. Ich glaube, daß sich das grüne Licht auf die Bitte, ich solle zurückkehren, bezieht. Mir wurde symbolisch grünes Licht gegeben.

Hier haben wir ein Beispiel dafür, wie Voraussage und telepathische Eingebung einander bestärken können. Meine Voraussagen für den 23. Februar lauten: ein Mietvertrag; eine neue Örtlichkeit; irgend etwas irgendwo anders; eine glückliche Überraschung. Die telepathische Eingebung habe ich schon erwähnt. Robert kam an diesem Tag verspätet zum Essen. Plötzlich kam mir der Gedanke, daß er seinen Job gekündigt hatte und daß wir umziehen würden.

Gleich darauf erschien Robert mit einem Freund, den er vor dem Haus getroffen hatte. Der Freund war auf dem Weg zu uns, um uns mitzuteilen, daß er und seine Frau die Wohnung gekündigt hatten (Mietvertrag), er seinen Job aufgegeben hatte und sie an einen anderen Ort ziehen würden, und daß er sich nach einer neuen Stellung umsah. Hier haben wir ziemlich unverzerrt alle Elemente der Voraussage. Aus seiner Rede folgerte ich, daß er und seine Frau sofort wegziehen würden, und so war ich glücklich überrascht, als ich erfuhr, daß sie erst in einem Monat umziehen würden. Die Verzerrung bei der telepathischen Kommunikation ist augenfällig. Ich dachte, es handelte sich um Robert, vielleicht weil ich wegen seiner Verspätung besorgt war.

Hier ist ein weiteres Beispiel, bei dem Voraussagen und Traum verschiedene Informationen über ein später eintretendes Ereignis vermittelten. Die Voraussagen für den 29. Januar lauten: Ein Mann, den wir nicht kennen, wird herkommen; eine Botschaft. Die Voraussagen für den 30. Januar lauten: eine Gruppe von Leuten, vier oder fünf; ein hoher Preis; ein langes sich Dahinschleppen; etwas, das selten getan wird. In der Nacht vom 29. Januar hatte ich den schon erwähnten Traum, in dem ich mich Ausgußbecken säubern und einen Patienten umsorgen sah. Der Traum verband sich auch mit einem Krankenhaus.

Am Abend des 30. Januar erwies sich der Traum als stimmig, als ein Freund sehr schweres Nasenbluten bekam. Wie im Traum säuberte ich häufig die Ausgußbecken vom Blut und kümmerte mich um den Patienten. Wir riefen im Krankenhaus an, um uns Anweisungen geben zu lassen, und telephonierten mit den Eltern, um sie zu bitten, vorbeizukommen (die Botschaft). Der Vater und der Bruder des jungen Mannes (die wir nicht kannten) kamen bald darauf, womit wir eine Gruppe von fünf Leuten waren. Der junge Mann sagte, und ich zitiere: »Was für ein hoher Preis dafür, daß ich den Rat des Arztes vergaß.« Der Arzt hatte ihn davor gewarnt, sich allzu heftig zu schneuzen, da er schon früher Probleme mit Nasenbluten gehabt hatte. Sicher war der ganze Abend ziemlich ungewöhnlich (etwas, das selten getan wird), und das lange sich

Dahinschleppen kann symbolisch auf die lange Nacht bezogen werden, er schlief in unserer Wohnung und ich sah häufig nach ihm.

Am 20. November lautete eine meiner Voraussagen – seltsamer, ambivalenter Brief. In der Nacht vom 23. November träumte ich von B. K. Meine Voraussage für den folgenden Tag war unter anderem – Brief von B. K. Am 24. November erhielt ich einen merkwürdigen ambivalenten Brief von B. K., der kein enger Freund ist.

Das folgende Beispiel scheint darauf zu verweisen, daß Robert und ich zusammen eine ziemlich ausführliche Information über ein späteres Ereignis hatten. Unter meinen Voraussagen für den 3. Februar war – ein Weinen; ein Fehler. Meine Voraussagen für den nächsten Tag lauteten – ein Anruf; Leute; ungewöhnlicher Vorfall; etwas wartet aufs Eintreffen. Roberts Voraussage für den 3. Februar beinhaltete – nach dem Fall. Dies wiederholte er in seinen Voraussagen des nächsten Tages.

Am Abend des 4. Februar fiel eine ältere Hausbewohnerin auf dem verschneiten Fahrweg hin und brach sich ein Bein. Sie hatte sich im Dunkeln im Weg zu den Aschentonnen vertan. Ihre Tochter hämmerte weinend an unsere Tür. Wir riefen die Ambulanz und warteten unruhig auf ihr Eintreffen, da die Frau große Schmerzen hatte. Menschen aus anderen Wohnungen und Nachbarhäusern versammelten sich am Ort. Wir kamen natürlich nach dem Fall dazu, und nicht als die Frau fiel. Dies wurde später bis zu einem gewissen Grad bedeutsam, als man uns aus Versicherungsgründen befragte. Hier fügten sich alle Elemente meiner Voraussagen und der Voraussage von Robert zu einem klaren Bild, aber die verschiedenen Umstände ergaben erst nach dem Vorfall einen Sinn.

Voraussagen für den 6. und 7. März lauten – Umkehr; Sonderzustellung; reorganisieren; sieben oder einige; mehr als nötig. Diese schienen mit zwei verschiedenen Ereignissen verknüpft zu sein. Am 7. März erschienen völlig unerwartet sieben Freunde auf einmal. Die Party dauerte bis lange nach Mitternacht und war ziemlich laut. Wir dachten, daß mehr getrunken und gelärmt wurde als nötig.

Am 9. März schienen sich die anderen Aussagen zu bewahrheiten. Folgendes geschah: Ich hatte, wie schon früher erwähnt, den Verlag um die Rückgabe dieses Manuskripts gebeten, da ich seit fünf Monaten nichts von ihm gehört hatte. Ich erwartete die Rücksendung. Statt dessen erhielt ich in einer völligen Umkehrung einen Brief mit der Bitte, ihnen das Manuskript noch eine Weile zu überlassen. Ich bekam den Brief nicht durch eine Sonderzustellung, er war aber relativ wichtig und bedeutete eine besondere Erlösung* für mich. Der für die Verzögerung angegebene Grund war Reorganisation.

Sie mögen feststellen, daß Sie eine für Ihr Unbewußtes bezeichnende Art von Kurzschrift verwenden, obwohl Sie vielleicht auf bewußter Ebene die Verbindungen nicht gleich erkennen können. Nur ein sorgfältiges Studium Ihrer Aufzeichnungen kann solche Symbole enthüllen. Hier sind einige Beispiele aus meinen Aufzeichnungen.

Die Voraussagen für den 10. November beinhalteten – wichtiger Brief; 5. An diesem Tag erhielt ich einen wichtigen Brief von A. K. Ich konnte nicht verstehen, was die Zahl 5 bedeuten sollte und wollte sie schon als bedeutungslos ausstreichen, als ich mich daran erinnerte, daß A. K. und ich vor Jahren einer Gruppe namens »Die Fünf« angehört hatten.

Sechs weitere Male geschah es, daß ich, wenn ich die Zahl 5 in meinen Voraussagen notiert hatte, einen Brief von A. K. erhielt. A. K. arbeitete bei einer Zeitschrift, der ich Kurzgeschichten vorlegte, und fast ausnahmslos tauchte die Zahl 5 auf, wenn ich von ihm hörte. Als er von der Zeitschrift wegging, wurde die Zahl 5 beibehalten und bezog sich in diesem Fall dann auf Briefe seines Nachfolgers.

Ich kann in diesem Buch natürlich nur einen Ausschnitt meiner Aufzeichnungen über Voraussagen vorlegen. Robert führte seine eigenen Experimente durch, und seine Resultate waren so signifi-

* (Anmerkung: Das englische Wort *delivery* bedeutet u. a. sowohl Zustellung, als auch Erlösung, Befreiung, A. d. Üb.)

kant wie die meinen. Bestimmte Merkmale kann man offenbar verallgemeinern. Die Hinweise auf Ereignisse sind oft ziemlich indirekt; doch wenn das vorhergesehene Ereignis eintritt, passen all diese Elemente perfekt zusammen wie die Teile eines Puzzles. Sie könnten sich auf keinen anderen Vorfall zu dieser Zeit beziehen. Unfehlbar scheinen sie in eine Richtung zu deuten. Diese Tendenz zeigt sich auch in Roberts Voraussagen, und verschiedene Male haben wir zusammen genommen die Hauptaspekte eines bestimmten künftigen Ereignisses abgedeckt.

Symbolik und Indirektheit scheinen ganz allgemein Merkmale außersinnlicher Wahrnehmung zu sein, doch die erhaltenen Daten sind keineswegs vage. Die Verbindungen sind immer relevant, aber die Bedeutungen sind oft erst nach dem Ereignis offensichtlich. Die Verbindungen sind nicht unbedingt von der Art, wie man sie auf bewußter Ebene herstellen würde. Für Bewußtsein und Unbewußtes scheinen verschiedene Arten von Information wichtig zu sein. Die Voraussagen und ihre Resultate überzeugen mich jedoch davon, daß wir tatsächlich ein Wissen um künftige Ereignisse haben, und daß diesem Wissen eine gewisse schlüssige Grundlage gegeben werden kann.

Dieses Wissen kann auch sehr effektiv angewandt werden. In vielen Fällen haben mich meine Voraussagen auf kommende Ereignisse vorbereitet. Dies stellt meiner Ansicht nach einen sehr nützlichen psychologischen Vorteil dar. Eines Tages beinhaltete eine meiner Voraussagen eine kurze Reise. Dies ergab keinen Sinn für mich, da es ein Wochentag war und wir während der Woche keine Reisen unternehmen. Wir waren zudem gerade aus einem Urlaub zurückgekehrt und hatten nicht die Absicht, irgendwohin zu fahren. Im Laufe des Tages erhielten wir einen dringlichen Anruf von einem Familienmitglied, und wir mußten eine unerwartete Fahrt zu der Stadt unternehmen, in der er lebt. Da ich aufgrund der Voraussage die Möglichkeit einer kurzen Reise in Betracht gezogen hatte, hatte ich meine Arbeit so geplant, daß ich falls nötig aufbrechen konnte. In diesem Fall traf mich die ungewohnte Fahrt mitten in der Woche nicht ganz unvorbereitet.

Wie bei mir werden sich wahrscheinlich auch in Ihren Aufzeichnungen persönliche Charaktermerkmale zeigen. Ständig überschätze ich gute und unterschätze ich schlechte Nachrichten. In vielen Fällen wollen wir einfach nicht wissen, was geschehen wird. Als Robert einen Virus hatte und sehr krank war, konnte ich mich nicht dazu bringen, irgendwelche Voraussagen aufzuschreiben. Dies war zwar eine verständliche, aber bedauerliche und kurzsichtige Reaktion von meiner Seite. Zeiten ängstlicher Besorgtheit scheinen auch meine Durchschnittsquote von Treffern zu senken. Ein oder zwei Wochen können vergehen, in denen keine meiner Voraussagen zutrifft. Dann gibt es auch Zeiten großer Aktivität, in denen sich die Voraussagen fast unfehlbar als gültig erweisen.

Gehen Sie bei Ihren Experimenten sicher, daß Sie sofort aufschreiben, was Ihnen in den Kopf kommt. Laborieren Sie nicht daran herum. Das könnte die bewußte Verzerrung einer gültigen Information zur Folge haben. Im folgenden Kapitel wird Weiteres über Voraussagen besprochen werden. Hier folgen nun einige Auszüge aus dem Seth-Material, das sich mit der Natur der Zeit im Zusammenhang mit außersinnlichen Wahrnehmungen befaßt.

Vieles von dem, was wir bislang nur abgetippt haben, muß nach vielen Richtungen hin erklärt werden, denn alle Dinge stehen miteinander in Wechselbeziehung. Es existiert in der Tat eine Wechselbeziehung zwischen unseren Moment-Punkten, von denen ich sprach, dem Raum-Jetzt, und dem Teil des Gesamtselbst, das ihr das Unbewußte nennt.

Wir befassen uns hier hauptsächlich mit dem Wesen von Handlung, und im wesentlichen sind alle augenscheinlichen Unterteilungen willkürlich, dies zur Erläuterung. Der Moment-Punkt an sich ist willkürlich, eine künstliche Einteilung. Euer Moment-Punkt setzt sich eigentlich aus der Handlungsmenge zusammen, die ihr innerhalb eures gegenwärtigen Bezugsrahmens zu assimilieren fähig seid, denn der Moment-Punkt ist tatsächlich ein Teil des Raum-Jetzt.

Das Unbewußte und alle Teile des Selbst, mit Ausnahme des Ego, können sozusagen einen umfassenderen Handlungsbereich assimilieren. Von daher ist Zeit für diese anderen Teile des Selbst von anderem

Wesen als jenes, das sie für das Ego hat. Dieses kann in bezug zu vielen anderen Aspekten der Realität bestimmt werden. In bezug zu Handlung und Moment-Punkten ist das Ego der Teil des Selbst, das an der Spitze des Moment-Punkts steht und durch den Moment-Punkt begrenzt wird. In diesem Zusammenhang ist das Ego der Teil des Selbst, der auf den Moment-Punkt äußerst konzentriert ist und von ihm eingeschlossen wird.

Das Ego ist der Teil des Selbst, der Zeit als Kontinuität erfährt und für den Erfahrung eine abfolgende Reihe von Reizen und Reaktionen darstellt. Und doch ist dies in sich sozusagen eine Unterteilung oder eine Art Werterfüllung, da die simultane Natur einer bestimmten Handlung hier in Zeitlupe erfahren wird, so wie ein Kind gehen lernen muß, bevor es rennen kann.

Das Unbewußte ist nicht in dieser Weise begrenzt. Wenn ihr das Ego an der Spitze des Moment-Punkts und eingeschlossen in sein eigenes Reich von davor-und-danach, Erfahrung von Ursache-und-Wirkung annehmt, dann könnt ihr euch das Unbewußte als weiter hinausreichend und viele andere Moment-Punkte erfassend vorstellen.

Daraus sollte man leicht erkennen, warum das Blickfeld des Ego so hell und scharf umrissen ist. Innerhalb seines begrenzten Umkreises besteht eine Intensität von Reiz und Reaktion. In der Tat ist das Ego der Teil des Selbst, der in der speziellen und intensiven Beschäftigung mit einem gegebenen Handlungsfeld oder einer Dimension versunken ist.

Das Unbewußte, das sich nach außen erstreckt, erstreckt sich auch nach innen. Es gibt keine wirkliche Vergangenheit oder Gegenwart oder Zukunft im Raum-Jetzt, doch es gibt eine Unendlichkeit ins Innere und ins Äußere: und von Handlungen innerhalb von Handlungen. Diese Handlungen oder Vorgänge sind endlos, da sie sich selbst hervorbringen. Die anderen Teile des Selbst reichen noch weiter in alle Richtungen und umfassen deshalb viele Moment-Punkte. Für viele Teile des inneren Selbst entspräche das, was ihr einen Moment nennt, einer fast unbegrenzten Anzahl von Momenten, denn auch die physische Zeit hat ohne Erfahrung und ohne Handlung keine Bedeutung.

Eure ganze Zeitvorstellung baut sich um eure Fähigkeit, Handlung wahrzunehmen, auf: Nimmt diese Wahrnehmungsfähigkeit für Handlung zu, wächst auch die Dimension der Zeit. So kann man sich vorstellen, daß ein Moment eurer Zeit vom Gesamtselbst auch als Jahrhunderte erfahren werden könnte.

Dies sollte euch verstehen lassen, warum physische Zeit für das Unbewußte im Grunde bedeutungslos ist, und warum das innere Selbst über ein Wissen von vergangenen Leben und Bemühungen verfügt. Denn für das innere Selbst, liebe Freunde, finden diese Leben nicht in der Vergangenheit statt, noch ist für das Gesamtselbst das Leben des Ego notwendigerweise Gegenwart.

Für das Gesamtselbst existieren alle Persönlichkeiten, aus denen es sich zusarnmensetzt, simultan.

Nur das Ego schreitet von Moment zu Moment, wie ein Mensch von Pfütze zu Pfütze geht. Es ist nur das Ego, das in der Zeit ertrinkt. Und da nur das Ego momentan im Brennpunkt eures Feldes gefangen ist, ist es auch nur das Ego, das so langsam in simultane Handlung forschend eindringt, sie Stückchen um Stückchen, Schlückchen um Schlückchen wahrnimmt. Ihr werdet nun erkennen, was ich mit dem unbegrenzten Selbst meinte, denn das Gesamtselbst ist nicht derart gebunden. Das Gesamtselbst könnte eine unbegrenzte Zahl von solchen Moment-Punkten simultan wahrnehmen und tut es auch.

KAPITEL X

Blicke in die Zukunft?

Hier ist ein Experiment für diejenigen von Ihnen, die keine Zeit für tägliche Experimente haben. Nehmen Sie ein Stück Papier und schreiben Sie am Rand die Zahlen 1 bis 20. Sie werden nun herausfinden, wie viele richtige Voraussagen Sie für einen Monat machen können. Schreiben Sie unmittelbar auf, was Ihnen in den Kopf kommt. Wenn Ihnen der Anfang schwer fällt, schreiben Sie irgend etwas, auch wenn es sinnlos erscheint. Schenken Sie dem, was Sie schreiben, so wenig Aufmerksamkeit wie möglich. Werden Sie nicht aufgeregt, wenn Sie eine Voraussage niederschreiben, die ein freudiges Ereignis anzukündigen scheint. Seien Sie nicht niedergeschlagen, wenn eine Voraussage schlechte Nachrichten zu enthalten scheint. Vermutlich werden gewisse unbewußte Verzerrungen bei jedermann im Spiel sein, Sie brauchen sich also nicht übermäßig mit der Bedeutung der Voraussagen, so wie Sie sie aufschreiben, zu beschäftigen. Warten Sie es ab. Die gültigen Voraussagen werden sich erweisen.

Sie werden es vielleicht vorteilhaft finden, wenn Sie während des Experiments Ihre bewußte Aufmerksamkeit auch noch auf eine andere Aktivität lenken. Trinken Sie eine Tasse Kaffee. Sehen Sie fern, wenn Ihnen das lieber ist. Versuchen Sie nicht, bestimmte Daten dieses Monats mit Ihren Voraussagen zu verknüpfen, es sei denn, einige Daten kommen Ihnen spontan in den Sinn. Vergessen sie Ihre Kritikfähigkeiten, wenn Sie Ihre Voraussagen niederschreiben. Stellen Sie keine bewußten Vermutungen aufgrund gegenwärtiger Kenntnisse an. Sie werden bei der Beurteilung der Gültigkeit

Ihrer Resultate ausreichend Gelegenheit haben, intellektuelle Kritikfähigkeit und Logik einzusetzen.

Am Anfang ist es noch etwas schwierig, die Gültigkeit einer bestimmten Voraussage festzustellen. Später werden Ihnen Ihre Aufzeichnungen Hinweise darauf geben, wie Sie mit solchen Daten am besten umgehen können. Sie werden zum Beispiel wissen, wie Sie mit der Information im allgemeinen umgehen und welcher Symbole Sie sich bedienen, um sie auszudrücken.

Als ich mit meinen Voraussagen begann, bezog ich mich beispielsweise auf ein bestimmtes Paar immer als »Die Auftaucher«, offensichtlich, weil sie stets ohne Vorankündigung »aufzutauchen« pflegten. Es vergingen viele Monate, bis mir klar wurde, daß eine Verbindung zwischen dieser Angabe, Auftaucher, und dem betreffenden Paar bestand. Ich vermerke aber auch ganz gewöhnliche Ereignisse auf physischer Ebene und stellte so eines Tages bei der Überprüfung meines Notizbuches fest, daß wann immer das Wort »Auftaucher« vorkam, dieses Paar uns besuchte.

Als ich das nächste Mal dieses Wort in meinen Voraussagen niederschrieb, fügte ich eine Notiz hinzu: »Ich glaube, daß sich dies auf Mr. und Mrs. X bezieht, die stets ohne Vorankündigung »auftauchen.« Ich schrieb dieses Wort nie in anderen Zusammenhängen, also wenn sie nicht eintrafen. Leider zog dieses Paar weg, und die Sache ließ sich nie ganz klären. Wären sie noch ein Jahr oder so hiergeblieben, hätte ich diese Verbindung gründlicher überprüfen können. Ich bin jedoch einigermaßen sicher, daß sie stichhaltig ist. Nur die Vertrautheit mit Ihren Aufzeichnungen läßt Sie ihre persönliche »Kurzschrift« entdecken.

Es ist relativ leicht, die Stichhaltigkeit einiger Voraussagen festzustellen, wenn sie klar und präzise sind und die Ereignisse genau am angegebenen Tag eintreten. In einigen Fällen mögen die Voraussagen mehr oder weniger gültig sein, doch Sie haben keine Möglichkeit der Überprüfung, da die damit verbundene Person nicht erreichbar ist. Oder Sie stellen später fest, daß sich die Voraussage als Treffer erwies, obwohl Sie sie schon abgeschrieben hatten.

Wenn Sie täglich Voraussagen machen, schreiben Sie immer die Uhrzeit auf. Eines Abends schrieb ich um 6 Uhr 35 eine Reihe von Voraussagen auf. Darunter befand sich die Notiz, daß C. S. uns noch an diesem Abend zwischen 8 Uhr 30 und 10 Uhr besuchen würde. Er kam nicht. Er besuchte uns jedoch am nächsten Morgen um 9 Uhr 30. Lachend erzählte ich ihm, daß die Zeit stimmte, daß er aber schon am letzten Abend hätte kommen sollen. Er fragte mich, um wieviel Uhr ich die Voraussagen aufgeschrieben hätte. Wie sich herausstellte, hatte er genau zu dieser Zeit stark daran gedacht, uns zu besuchen, war aber durch andere Dinge davon abgehalten worden. Er hatte nach der Uhrzeit gesehen, da er noch eine Verabredung hatte.

Beim Aufschreiben werden Sie wahrscheinlich kein Gefühl mit Ihren Voraussagen verbinden. Nur selten habe ich ein bewußtes Gefühl, daß eine Voraussage richtig ist, und wenn ich von ihrer Korrektheit völlig überzeugt bin, stellt sie sich oft als unzutreffend heraus. In der Regel können Sie hier nicht nach dem Gefühl gehen, doch spontan auftretende Voraussagen und Vorahnungen sind oft von einer starken emotionalen Bewegung und einem Gefühl der Gewißheit begleitet. Meist jedoch erscheint eine Voraussage sinnlos und erweist sich später als so zutreffende Beschreibung eines Ereignisses auf physischer Ebene, daß ich dann von meiner Unfähigkeit, sie schon beim Schreiben als stichhaltig zu erkennen, überrascht bin.

Wenn Sie ernsthaft am Versuch interessiert sind, Ihre eigenen Fähigkeiten zu entwickeln und gebrauchen, dann werden Sie nicht die Bedeutung einer Voraussage so hinbiegen, daß sie auf irgendein Ereignis paßt. Sie werden jedoch nach einer persönlichen Kurzschrift oder Symbolik suchen, die sich beständig in Ihren Voraussagen zeigt, was ganz legitim ist. In einigen Fällen muß die Symbolik entziffert werden, und das können nur Sie tun. In meinem Fall erscheint diese Kurzschrift nicht allzu häufig, aber eine Untersuchung dieser Sprache des Unbewußten kann uns viel über die Art und Weise lehren, wie wir gültige hellseherische Information zurückhalten, verzerren oder ausdrücken.

Wenn Sie sich an das Experimentieren mit Voraussagen gewöhnt haben, wird die anfängliche Tendenz zur Selbstbefangenheit verschwinden. Sie werden loslassen lernen, und Ihre Voraussagen werden beständigere Resultate aufweisen. Wie bei hellseherischen Träumen und telepathischen Eingebungen können auch bei Ihren Voraussagen Phasen hoher Aktivität und Inaktivität auftreten. Wir können anscheinend nicht immer in bester Verfassung agieren, auch wenn das bedauerlich sein mag. Seien Sie nicht entmutigt, wenn Sie erst sehr gute und dann dürftige Resultate erzielen.

Jedes Individuum wird, unabhängig von seiner Fähigkeit, in verschiedenem Maße präkognitives Material zulassen. Sie mögen sich beispielsweise zunächst unbewußt vor dem Versuch fürchten, in die Zukunft zu sehen. Ist dies der Fall, dann kann es eine Weile dauern, bis Sie stichhaltige Resultate vorliegen haben, oder Sie können sich auch jeglichem Erfolg bei dieser Art von Experimenten verweigern.

Ich empfehle allen von Ihnen, denen es möglich ist, diese täglichen Voraussagen zu machen. Es dauert nicht mehr als fünf Minuten. In vielen Fällen schreiben Sie gar nicht genau das später folgende Ereignis auf, auch wenn die Voraussage zutrifft. Halten Sie aber, wenn Sie Erfolg haben wollen, verschiedene Aspekte davon fest, Aspekte, die nur auf dieses Ereignis zutreffen. Fraglos erfordert die Beurteilung Ihrer Voraussagen Zeit und Energie, aber das Unternehmen lohnt sich.

Nehmen wir einmal an, Sie verfügen unbewußt über die präkognitive Kenntnis, daß Sie von Miss Y, einer Verwandten hören werden. Ihre Voraussage für den Tag lautet unter Umständen nicht klar und einfach: »Miss Y kommt heute her.« Statt der Worte Miss Y könnten Sie ein Kürzel gebrauchen, das für Ihr Unbewußtes Bedeutung hat. Hat Miss Y zum Beispiel einen auffallenden Leberfleck auf der Wange, schreiben Sie vielleicht »Miss Leberfleck« oder »Leberfleck auf der Wange«. In diesem Fall wird Ihnen möglicherweise nie die Gültigkeit der Aussage klar, weil Sie die Sprache Ihres Unbewußten nicht zu interpretieren wußten.

Eines Tages beinhalteten Roberts Voraussagen den Ausdruck

»übler Mundgeruch«. Das sagte ihm gar nichts. An diesem Tag erhielt er einen Brief von einem Arzt, dem einzigen uns bekannten Menschen, der an einem schweren Fall von üblem Mundgeruch litt. Wir beide hatten oft über die Situation des Mannes gesprochen. Davor war dieser Ausdruck in Roberts Voraussagen nie aufgetaucht, auch hatten wir bislang nie einen Brief von diesem Arzt erhalten.

Wir können nicht erwarten und noch weniger verlangen, daß der intuitive Teil des Selbst in gleicher Weise wie der bewußte logische Verstand arbeitet und vorgeht. Andererseits benützt das intuitive Selbst auf seine eigene Weise Symbole, die genauso treffend und geeignet sind. Sie sind vielleicht nur nicht die, mit denen wir bewußtseinsmäßig vertraut sind.

Das tägliche Voraussage-Experiment ist eine exzellente Methode, um sich im Gebrauch der eigenen Fähigkeiten zu üben – und dazu macht es großen Spaß. Das Zeitelement in Verbindung mit den Voraussagen ist eine interessante Studie für sich. Eine am Montagmorgen für Dienstag gemachte Angabe kann sich beispielsweise schon am Montagnachmittag als zutreffend erweisen. Sie könnten ungeahnte Zeitsprünge machen. All dies dient dazu, Sie mit der Art und Weise vertraut zu machen, in der *Sie* arbeiten.

Hier ist ein Fall, der die Frage des Zeitsprungs aufwirft. Am 24. November beinhalteten meine Voraussagen folgendes: A. F. wird uns besuchen; ein erstaunliches Zusammentreffen. A. F. besuchte uns an diesem Tag nicht, wir sahen ihn überhaupt erst am 10. Dezember wieder. Ich hatte diese Voraussagen schon lange als bedeutungslos abgehakt.

Bei A. F.s Besuch am 10. Dezember erwähnte ich zufällig, daß ein Freund einen Mönch kannte, der von den Seth-Sitzungen gehört hatte und sich stark dafür interessierte. Er lebte in einem nahegelegenen Kloster. »Meinst du Vater X?« fragte A. F. überrascht. »Ja«, sagte ich. »Woher weißt du das?« Es stellte sich heraus, daß A. F. im Zusammenhang mit einer Geschäftsangelegenheit von diesem Mönch einen Brief erhalten hatte. A. F. kennt weder den Freund, der mir vom Interesse dieses Mönches berichtet hatte, noch lebt er am selben Ort wie der Mönch, der Freund oder ich.

Ich betrachtete dies als ein ziemlich erstaunliches Zusammentreffen, umso erstaunlicher, als sich A. F.s Besuch und die Erwähnung einer überraschenden Koinzidenz unter den Voraussagen eines Tages befanden, die zudem vor über einem Monat aufgeschrieben worden waren.

Ich habe sie wegen der zeitlichen Verzögerung nicht im nachhinein unter die zutreffenden Voraussagen eingereiht, machte aber eine Notiz zu den Umständen. Möglicherweise sind in solchen Vorfällen wichtige Anhaltspunkte für die Wirkungsweise von Hellsehen enthalten, und ich schlage vor, daß Sie Vorfälle dieser Art im Auge behalten. Wenn sich solche Fälle in Aufzeichnungen ansammeln, können wir vielleicht Muster entdecken, die uns Wissensbereiche erschließen.

Wenn Sie für eine bestimmte Person eine betreffende Voraussage aufschreiben, die nicht zuzutreffen scheint, überprüfen Sie das, wenn möglich, mit dieser Person. Verschiedene Male schrieb ich auf, daß uns bestimmte Personen an einem bestimmten Tag besuchen würden, was sie nicht taten. Wenigstens zweimal stellte sich heraus, daß diese genau zur Zeit meiner Voraussagen ernsthaft daran dachten, uns aufzusuchen. Es schien ein passender Moment zu sein, deshalb entsannen sie sich genau an die Uhrzeit. Andere Voraussagen könnten gültig sein, aber bestimmte Umstände mögen uns davon abhalten, die betreffenden Personen zu befragen. Wir können in keinem Fall hundertprozentige Genauigkeit erwarten. Sicher sollten Sie nicht als selbstverständlich voraussetzen, daß die Mehrheit der Voraussagen zutreffend ist, auch wenn Sie es nicht beweisen können. Sie sollten aber im Kopf behalten, daß einige nicht nachzuprüfende Aussagen gültig sein mögen.

Das Seth-Material enthält einige Voraussagen, obwohl wir nicht versuchten, die Sitzungen in diese Richtung zu drängen. Wir haben Seth nicht bedrängt, Voraussagen zu machen. Doch bis heute hat er keine Voraussagen gemacht, die sich als falsch erwiesen. Einige beinhalten einen Zeitfaktor von etwa drei Jahren, und bis dahin können wir natürlich nichts darüber aussagen. Seths Zeitvorstellung unterscheidet sich jedoch sehr von der unseren. Wenn er sagt, daß ein bestimmtes Ereignis bald eintreten wird, heißt das für mich in einer Woche oder so. Für Seth kann »bald« sechs Monate bedeuten. Einige von Seths Voraussagen betrafen persönliche Ereignisse im Leben von Verwandten und Bekannten, welche mit Ausnahme einiger weniger hier nicht diskutiert werden. Diese wenigen jedoch werden Ihnen eine Vorstellung von der allgemeinen Natur der Voraussagen vermitteln.

Am 9. März 1964 fragte Robert Seth nach dem Zustand einer kranken Freundin, die im Krankenhaus lag. Seth gab den 15. April als ein für sie wichtiges Datum an, fügte aber keine weiteren Details hinzu. Unsere 44. Sitzung fiel auf den 15. April. Robert stellte die folgende Frage: »Kannst du uns heute abend etwas über Mrs. Y sagen?«

Hier die Antwort:

»Nur, daß sie heute am 15. April, oder vielmehr spät in der Nacht, nämlich um 2 Uhr morgens nach eurer Zeit eine schwere Krise durchmachen und sich ein rascher Verfall des Gehirngewebes entwickeln wird. Sie ist oder wird dann über das Schlimmste hinweg sein.«

Einige Tage später rief ich im Krankenhaus an und erfuhr, daß Mrs. Y entlassen worden war. Ich schloß daraus, daß sich ihr Zustand trotz Seths Bemerkungen verbessert hatte. Am 22. April schauten jedoch einige Verwandte von Mrs. Y bei uns vorbei. Sie berichteten, daß Mrs. Y am 15. April das ganze Stockwerk in Aufruhr versetzt hatte und die Krankenhausleiter darauf bestanden, daß sie in ein Sanatorium verlegt würde. Ihr Zustand hatte sich derart verschlechtert, daß sie folgende Symptome geistiger Verwirrung zeigte: Sie schrie, schmiß mit Dingen um sich, tobte, rannte durch die Krankenhausgänge, rief nach der Polizei um Hilfe.

Bei der 68. Sitzung war unser Freund Bill Macdonnel anwesend. Er hatte einen Urlaub in Provincetown vor, und Robert fragte Seth, ob er etwas zu Bills geplantem Urlaub im voraus sagen könne. Hier die Antwort:

»Er wird natürlich an den Strand gehen. Da ist ein Mann, vielleicht fünfzig Jahre alt, mit borstigem Haar, dessen Bekanntschaft er machen wird. Ich sehe ein Ruderboot mit irgendeinem Symbol darauf.«

Bei der 75. Sitzung, am 24. Juli 1964, Bill war unterdessen in Provincetown, gab uns Seth folgende Information, obwohl wir nicht danach gefragt hatten.

»Euer Freund hat zwei Freunde gefunden, einer älter und einer etwa in seinem Alter. Er befindet sich natürlich in der Nähe des Wassers. Er war in einer Bar, in der ein großes Faß steht. Zwei Häuser in der Nähe und ein Vorderzimmer mit Blick auf den Strand. Da ist ein Boot und ein Pier. Ich glaube auch, daß er sich in einer Gruppe von vier Männern aufhielt. Hat vielleicht auch was mit einer Muschelschnur zu tun.«

Bill und wir hatten nicht miteinander korrespondiert. Bei seiner Rückkehr am 29. August besuchte er uns. Er war sich über das genaue Datum nicht sicher, aber am oder um den 29. Juli herum war er mit zwei Leuten, deren Bekanntschaft er im Urlaub gemacht hatte, bei einer Party gewesen. Der eine Mann war um die fünfzig und hatte einen Bürstenhaarschnitt, der andere war zwei Jahre jünger als er selbst. (Bill ist Mitte zwanzig). Bei der Party waren noch zwei andere Männer anwesend.

So befand er sich also in einer Gruppe von vier Männern. Die Party fand in einem Sommerhaus statt, das mit einem anderen Sommerhaus verbunden war (zwei Häuser), und zwar in einem Vorderzimmer mit Ausblick auf den Strand. Bill sagte, daß man in Provincetown nur selten ein Vorderzimmer mit Blick auf das Wasser fände, da die meisten Sommerhäuser in völligem Durcheinander gruppiert ständen und meist die Hinterzimmer dem Strand zugewandt lägen. Draußen am Pier waren viele Boote festgemacht.

Sofort nach der Party gingen Bill und seine Freunde in eine Bar, die sich von den anderen durch ihre besondere Dekoration auszeichnete – ein riesiges Faß, in zwei Hälften geteilt, die jeweils in die Wand eingelassen waren. Andere Bars hatten kleine Fässer aufzuweisen, doch dieses große Faß war sehr auffällig. Die Bar und die Sommerhäuser lagen drei Blocks auseinander. (Laut Seth nahebei.)

Bill wußte nicht, worauf sich die Muschelschnur beziehen konnte, außer daß bei der Party Muscheln als Aschenbecher dienten. Er konnte sich nicht an ein Boot mit Symbolen darauf erinnern. Später sagte Seth, daß das Boot grün war, und Bill erinnerte sich, daß ein solches Boot beim Sommerhaus festgemacht war, da er es gezeichnet hatte. Er hatte auch eine Zeichnung von den Sommerhäusern und ihrer Umgebung gemacht.

Seth sagte auch am 28. September 1964 den Verkauf namentlich dieses Manuskriptes voraus. Am 4. November gab er an, daß sich eine Veröffentlichung angebahnt habe und daß weitere Verkäufe, die mit Kurzgeschichten zu tun hatten, folgen würden.

»Sie haben sich noch nicht wirklich entwickelt, aber der Rahmen dafür ist schon hergestellt. Eine Frau könnte durch ihren Einfluß etwas mit einem Vertrag zu tun haben.«

Am 5. Mai 1965 wurde der Vertrag für das Buch unterzeichnet, teilweise durch den Einfluß einer Lektorin. Ich hatte davor mit Mr. Fell verhandelt und wußte nicht, daß der vormalige Lektor den Verlag verlassen hatte und nun eine Frau seine Stelle innehatte. Am 25. Mai verkaufte ich eine Kurzgeschichte an eine nationale Zeitschrift. So wurden also im Mai, wie Seth vorausgesagt hatte, das Buch verkauft (eine Frau spielte dabei eine Rolle) und eine Kurzgeschichte. Dies sind alles keine spektakulären Voraussagen. Seth bezeichnete genau den Tag von Mrs. Ys Krise, doch die Voraussagen hinsichtlich des Buches trafen erst nach fast einem halben Jahr ein. Kürzlich erwähnte Seth eine bestimmte Aktie und sagte voraus, daß sie bald stetig fallen würde: Seither ist sie um fünf Punkte gefallen. Er übermittelte uns auch einiges an allgemeiner Information über unsere Teilnahme am Hypnose-Symposium am State University College in Oswego, New York, Juli 1965. Die Ereignisse entwickelten sich so, wie er vorausgesagt hatte.

Was Ihre eigenen Experimente angeht, so achten Sie auf folgendes: Voraussagen, die alle auf ein Ereignis zutreffen; Kürzel des Unbewußten (wie im Beispiel von Miss Leberfleck), die Sie ständig gebrauchen, um bestimmte Personen zu bezeichnen. Diese sind unbewußte Kurzschrift-Symbole. Versichern Sie sich, daß Sie stets die Zeit, zu der Sie Ihre Voraussagen machen und den Tag, auf den Sie sich beziehen, vermerken. Räumen Sie sich einen Spielraum von zwei bis drei Tagen ein, bevor Sie Ihre Resultate einstufen.

Es ist auch möglich, daß einige Voraussagen gelegentlich nicht nur auf ein, sondern zwei Ereignisse zutreffen. Unsere eigenen Aufzeichnungen scheinen auf diese Tendenz zu verweisen. Hier ist ein Beispiel.

Diese speziellen Voraussagen sind unter zwei Gesichtspunkten interessant. Einmal zeigen sie, wie Robert und ich beim Abzielen auf ein künftiges Ereignis allem Anschein nach zusammenarbeiten. Zum anderen veranschaulichen sie einzelne Voraussagen, die sich auf zwei verschiedene Situationen anwenden lassen. Sollte sich diese letztgenannte Möglichkeit als stichhaltiges Merkmal einigen präkognitiven Materials erweisen, dann ist diese mitunter so treffende und präzise Kurzschrift des Unbewußten auch so genau, daß sie auf zwei Ereignisse zugleich, jedoch auf keine anderen zutrifft.

Meine Voraussagen für den 30. Juni beinhalten folgendes: verschiedene Fragen, verschiedene Male; sag mirs nochmal; die Reise, ein langer Weg; fang nochmal an. Roberts Voraussagen enthielten: der Nachforscher.

Wir hatten uns unsere Voraussagen nicht mitgeteilt. An dem betreffenden Tag klopfte ein Versicherungsdetektiv an unsere Tür. Er stellte Fragen über einen Nachbar, der weggezogen war. Da er mir zunächst keine Gründe für seine Fragen angab, weigerte ich mich, ihm Auskunft zu geben. Schließlich sagte er mir, worum es ging, und ich ließ ihn in die Wohnung und bat ihn, die Fragen zu wiederholen. Der betreffende Nachbar war nach Kalifornien gezogen. Hier erschienen alle vorausgesagten Elemente in einem Geschehen. Roberts »Nachforscher« hätte nicht zutreffender sein können.

Die gleichen Voraussagen paßten auch auf ein anderes Ereignis am selben Tag. Wir hatten unserem Hausbesitzer gesagt, daß Freunde von uns gerne ein leerstehendes Apartment unten im Haus mieten würden. Sie hatten noch keine Mietanzahlung geleistet, und in der Zwischenzeit rief eine Frau an, die das Apartment ebenfalls mieten wollte. Wir fühlten uns für die Situation etwas verantwortlich, und ich ging zu einer Telephonzelle an der Ecke, um unsere Freunde anzurufen. Sie waren nicht zu Hause. Mir wurde eine andere Nummer gegeben, wo ich anrufen sollte. Eine halbe Stunde lang war ich damit beschäftigt, verschiedene Male verschiedene Fragen zu stellen im Bemühen, die Geschichte klar zu kriegen. Ich fühlte mich tatsächlich wie ein Detektiv: Drei der Voraussagen, verschiedene Fragen, verschiedene Male, sag mirs nochmal, und der Nachforscher schienen hier zuzutreffen.

Mir ist klar, daß es sich hier nicht um spektakuläre Vorfälle handelt. Wir befassen uns jedoch mit der Untersuchung, wie das Unbewußte mit Material umgeht, das dem Bewußtsein nicht bekannt ist, und jegliche charakteristischen Merkmale, die sich in Voraussagen zeigen, sollten sorgfältig erforscht werden. Sowohl der Besuch des Versicherungsdetektivs als auch die vielen hastigen Telephonate zeichneten diesen Tag vor anderen aus, und beide Situationen schienen wenigstens teilweise vorausgesehen worden zu sein.

Tägliche Voraussagen geben uns genügend Daten, um damit zu arbeiten. Das Aufzeichnen von nur ungewöhnlicheren spontanen Präkognitionen liefert an sich wenig Information. Mit den sich ansammelnden täglichen Aufzeichnungen haben wir mehr und mehr Unterlagen, die wir dann in der Hoffnung untersuchen können, daß sie uns Natur und Merkmale von präkognitivem Material enthüllen.

Da alle Erforschungen des Hellsehens notwendigerweise auch unsere Zeitvorstellung berühren, sind hier folgende Auszüge aus dem Seth-Material aufgenommen. In ihnen spricht Seth über Zeit in bezug auf elektromagnetische Impulse und stellt eine einfache Analogie vor.

Auszüge aus Sitzung 54

Diese alte Analogie ist ziemlich abgedroschen, wie ich fürchte, aber sie ist immer noch gut. Wenn ihr durch einen Wald geht, findet ihr viele Bäume. Zeit kann man sich als den ganzen Wald vorstellen. Ihr jedoch seht einen Baum vor euch und nennt ihn Zukunft. Ihr denkt, daß der Baum vordem noch nicht da war, weil ihr noch nicht bei ihm angekommen wart. Den Baum hinter euch nennt ihr Vergangenheit. Ihr geht sozusagen einen schmalen Pfad entlang, aber es gibt viele Pfade. Der Wald existiert als Ganzes. Ihr könnt vor- und zurückgehen, obwohl ihr erst jetzt lernt wie.

Ich werde diese Analogie noch etwas erweitern. Wir werden den ganzen Wald das Raum-Jetzt nennen. Die Bäume vergleichen wir mit Bewußtsein, und sie alle existieren simultan; und doch nimmt dieser Wald des Raum-Jetzt nicht Raum ein, wie ihr euch Raum vorstellt.

In ihm gibt es keine Vergangenheit, Gegenwart oder Zukunft in eurem Sinne, nur ein Jetzt. Wegen der endlosen Möglichkeiten in diesem Jetzt wird Dauer aufrechterhalten im Sinn von Werterfüllung, der Erfüllung von buchstäblich endlosen Werten. Deshalb dehnt sich der Wald ständig aus. Er dehnt sich nicht aus im Sinn von Raum und Zeit, sondern im Sinn von Erfüllung von Fähigkeiten und Werten, die auf verschiedenen Ebenen und in verschiedenen Verkleidungen gebildet werden können, und wovon euer gegenwärtiger Existenzbereich ein Aspekt ist.

Auszüge aus Sitzung 125

Ihr denkt euch Handlung in Begriffen von Zeit, da innerhalb eurer physischen Welt eine bestimmte Handlung oder ein Vorgang Zeit einzunehmen scheint, fast so wie ein Stuhl Raum einnimmt. Der Stuhl nimmt natürlich keinen Raum ein, sondern ist Teil dessen, was ihr Zeit nennt...

Es ist schwierig, euch das zu erklären, da alte Konzeptionen auf neue Weise gebraucht werden müssen. Aber... wir haben von der elektromagnetischen Realität der Gedanken und Emotionen gesprochen, von Träumen und von all solchen Erfahrungen, die ursprünglich rein psychischer Natur zu sein scheinen und keinen Raum in eurem physischen Universum einnehmen.

Ich habe auch erwähnt, daß das elektromagnetische Feld seine eigene Vielfalt an Dimensionen besitzt, mit denen ihr nicht vertraut seid. Dieses System enthält Tiefen, die nicht Tiefen im Sinne von Raum sind, sondern Tiefen und Dimensionen im Sinne variierender Intensitäten. Wir haben auch hier Dauer, die eng mit Intensität verknüpft ist, aber nicht mit Kontinuität im Sinne von Zeit.

In diesem elektromagnetischen System beinhaltet eine Reise durch die Zeit lediglich eine Reise durch Intensitäten. In diesem System, wie in allen anderen Systemen, existiert ständige Bewegung, und diese ständige Bewegung macht in eurem eigenen System Bewegung möglich: Und Zeit ist in der Tat ein elektromagnetischer Impuls, der sich durch Intensität und nicht durch Momente erweitert.

Von vorwärts und rückwärts zu sprechen, ist bedeutungslos. Es gibt nur verschiedene elektromagnetische Impulse und Schwingungen verschiedener Intensitätsgrade; da sich starke Intensitätsgrade von Natur aus aus schwächeren Intensitäten ergeben, ist es sinnlos, das eine als Gegenwart und das andere als Vergangenheit zu bezeichnen. Doch innerhalb eures physischen Umfeldes und physischer Zeit reitet ihr sozusagen die Wellen jener Impulse und Schwingungen.

Ist eine Schwingung schwach, nennt ihr das Vergangenheit. Ist sie am stärksten, nennt ihr das Gegenwart, und erscheint sie euch noch nicht ganz so stark wie gegenwärtig, nennt ihr das Zukunft. Denn ihr seid diejenigen, die diese Trennung machen. In dieser Weise habt ihr den Bezugsrahmen geschaffen und alle einem System innewohnenden Möglichkeiten, Potentiale und Beschränkungen mit einem unterteilten Zeitfeld versehen.

KAPITEL XI

Haben wir schon einmal gelebt?

Viele Millionen Menschen unterschiedlicher Religion glauben, daß wir immer wieder geboren werden, daß unsere menschlichen Möglichkeiten in der kurzen Spanne eines Lebens nie voll entwikkelt werden können, und daß wir mit den aufeinanderfolgenden Reinkarnationen wachsen und reifen. Unsere nächste Frage wäre: Wenn wir schon vor diesem Leben gelebt haben, warum können wir uns an unsere vergangenen Leben nicht bewußt erinnern?

Lassen Sie mich zunächst eine andere Frage stellen. Ihnen ist die Tatsache bekannt, daß Sie erst ein Säugling und ein Kind waren, bevor Sie zum Erwachsenen wurden, doch wieviel erinnern Sie bewußt aus Ihrer Kindheit? Sehr wenig. Die Masse dieser Erinnerungen sind nun Teil des Unbewußten. Wenn wir uns schon nicht einmal an Erfahrungen erinnern können, die zu dieser Existenz gehören, dann ist es an sich nicht weiter überraschend, wenn auch Erinnerungen an vergangene Leben unterdrückt sind.

Vergessene Ereignisse aus der Kindheit können durch Hypnose zurückgerufen werden. Wenn Reinkarnation eine Tatsache und nicht Dichtung ist, dann sollten wir imstande sein, auch vergangene Leben duch Hypnose zurückzurufen. Doch auch dann wüßten wir nicht, ob solche Erinnerungen stichhaltig sind, solange wir nicht klare Informationen erhalten, die an historischen Unterlagen und öffentlichen Dokumenten zu überprüfen sind.

Was den absoluten Beweis angeht, so denken Sie daran, wie schwer eine nicht unmittelbar demonstrierbare Tatsache zu beweisen ist. Nehmen wir an, Sie wollten beweisen, daß der Junge, der in der fünften Klasse hinter Ihnen saß, am 6. Mai 1938 einen braunen Anzug trug. Stellen Sie sich vor, daß Ihnen dieser Fakt all die Jahre hindurch im Gedächtnis geblieben ist, obwohl andere Erinnerungen aus Ihrem Bewußtsein schwanden. Sie mögen sich zweifelsfrei sicher sein, daß der Anzug braun war, doch der Beweis würde sich nur sehr schwer erbringen lassen.

Zum einen gäbe es keine Unterlagen über die Farbe der Kleidung irgendeines Ihrer Klassenkameraden an welchem Tag auch immer. Selbst wenn Sie die betreffende Person ausfindig machten und sie befragten, kämen Sie einem Beweis nicht näher. Jetzt ein erwachsener Mann, hätte er wohl keine Ahnung mehr, was er damals anhatte. Existierte ein schwarz-weiß Foto, wäre die Frage der Farbe des Anzugs noch immer nicht geklärt. Nur ein Farbfoto wäre ein ausreichender Beweis, doch dann wäre noch zweifelsfrei zu belegen, daß das Foto an dem fraglichen Tag aufgenommen wurde.

Wenn Reinkarnation eine Tatsache ist, dann sind die Schwierigkeiten Beweise dafür zu sammeln, gewaltig. Selbst wenn wir als selbstverständlich voraussetzten, daß die durch Hypnose und andere Methoden erhaltenen Informationen korrekt sind, müßten wir noch immer den mühsamen Versuch unternehmen, diese Daten an allgemeinen Unterlagen, Privatbriefen, alten Zeitungen und zahllosen anderen Quellen zu überprüfen. Selbst wenn wir zweifelsfrei belegen könnten, daß John X irgendwie über eine intime Kenntnis des Lebens eines bestimmten Bischofs im 17. Jahrhundert verfügt, wäre dies nicht notwendigerweise ein Beweis dafür, daß John X das Leben dieses Bischofs führte. Er hätte diese Informationen auch auf irgendeine Weise unbewußt sammeln können. Er könnte irgendwie mit dem Geist dieses Bischofs in Kontakt stehen. Zugegebenermaßen wären diese Erklärungen ebenso erstaunlich wie die Reinkarnations-These. Trotz allem: Wären solche detaillierten Kenntnisse der Vergangenheit zweifelsfrei bewiesen, müßte man sich mit ihnen befassen.

Es gibt eine Reihe dokumentierter Fälle, in denen lebende Personen darauf bestanden, andere Leben gelebt zu haben. Sie enthüllten eine intime Kenntnis des betreffenden verstorbenen

Individuums, wurden den noch lebenden Verwandten der verstorbenen Person gegenübergestellt und identifizierten diese korrekt, obwohl sie als Fremde vorgestellt worden waren.

Selbst wenn Reinkarnation eine Tatsache ist, wäre das Ego in der Regel sich ihrer nicht bewußt. Theoretisch könnten irgendwelche Erinnerungen an vorangegangene Leben durch eine das Ego ausreichend entspannende Methode an die Oberfläche gebracht werden. Hypnose sollte sich hier als die effektivste Methode erweisen. Automatisches Schreiben wäre eine andere. Einfache Wortassoziation könnte auch nützlich sein. Es gibt auch dokumentierte Fälle, in denen in psychoanalytischen Sitzungen Erinnerungen aufgedeckt wurden, die ihren Ursprung in vergangenen Leben zu haben schienen.

Niemand kann Ihnen sagen, ob Sie schon zuvor gelebt haben. Wenn ein großer Prozentsatz der heute lebenden menschlichen Rasse auch schon in der Vergangenheit gelebt hat, dann liegt der Beweis in jedem Individuum, in jenen »unterhalb« des Ego befindlichen Bereichen der Persönlichkeit. Die Antwort finden wir nur durch Selbst-Erforschung. Komplizierte technische Apparaturen werden uns nicht helfen, die Realitäten der menschlichen Persönlichkeit zu erkunden.

Dieses Kapitel enthält Anweisungen für ein Experiment, das Sie die nötige Freiheit zur inneren Suche nach Erinnerungen an vergangene Leben erlangen läßt. Ich füge hier Auszüge eines Protokolls einer Hypnosesitzung bei, in der Robert die Versuchsperson und ich die Hypnotiseurin war. Dies war unser erster Versuch, eine Persönlichkeit über die Geburt hinaus rückzuführen. Robert wurde durch eine Entspannungstechnik in einen tiefen Trancezustand versetzt, und dann wurde folgende Suggestion gegeben: »So merkwürdig dies klingt, wenn ich bis acht gezählt habe, wirst du Szenen aus einer Zeit sehen, bevor du Robert Butts warst.« Dies wurde mehrmals wiederholt, und ich zählte dann bis acht.

FRAGEN	ANTWORTEN
Was siehst du?	Pfütze.
Wie heißt du?	Josie.
Wie alt bist du?	Ich bin fünf.
Was tust du?	Spiel bei einem Pferd.
Wessen Pferd?	Von einem Mann.
Wo wohnst du?	In einer Stadt.
Welche Stadt?	Maryland.
Wohnst du in einem Haus?	Ja... steil.
Was ist dein Nachname?	Williams.
Hast du Brüder und Schwestern?	Fünf.
Was macht dein Papa?	Er beschlägt Pferde.
Weißt du den Namen der Stadt in Maryland, oder ist Maryland der Name der Stadt?	Nein.
Wie heißt die Stadt, in der du wohnst?	Maryland.

»Wenn ich bis acht zähle, wirst du zehn Jahre alt sein.« Auch diese Suggestion wurde mehrmals wiederholt, und dann zählte ich bis acht.

Wie heißt du?	Joe.
Joe oder Josie?	Joe. (Antwortet ungeduldig)
Bist du ein Junge oder ein Mädchen?	Ich bin ein Junge. (Klingt angewidert)
Wo wohnst du?	Ich bin in einem Stall.
In einem Stall?	Ja. Hufeisen... Die Hufeisen werden gehämmert.
Hast du Brüder und Schwestern?	Vier.

(Davor lautete die Antwort auf diese Frage: fünf)

Wem gehört der Stall?	Meinem Vater. (Hier klang die Stimme wegen meiner Unwissenheit wieder angewidert).
Erzähl mir was darüber.	Funken auf den Hufeisen... Der Schmiedehammer dröhnt. Funken und Fliegen. Die Tür ist offen.
Wie heißt die Straße?	Pferdegeruch, Stroh...
Was für eine Straße ist das?	Oh, eine Straße mit Pflastersteinen.
Wie heißt die Stadt?	Maryland.
Wie heißt die Straße?	Spencer Street.
Wohnst du da?	Nebenan. Oberes Stockwerk.

Ursprünglich wurde diese Hypnose-Sitzung abgehalten, um Robert von lästigen Rückenbeschwerden zu befreien. Sie war erfolgreich insofern, als nicht nur die Schmerzen erheblich gemindert wurden, sondern er nun auch viele der inneren Gründe verstand, die zu diesem Zustand geführt hatten. Wir hatten den Versuch zu einer Rückführung dieser Art gar nicht geplant. Als ich aber merkte, daß Robert in einem ausgezeichneten Trancezustand war, beschloß ich in Übereinstimmung mit ihm, die Sitzung in diese Kanäle zu lenken.

Da es unser erstes Experiment dieser Art war, weist es viele Mängel auf. Zum einen ließ ich der Versuchsperson nicht genügend Zeit zur Beantwortung der Fragen. Sie sah und fühlte sehr viel mehr, als zu beschreiben ich ihr Gelegenheit gab. Ich hätte vielen Fragen nachgehen sollen, aber die Sitzung dauerte schon eineinhalb Stunden, und ich wollte sie nicht noch ausdehnen.

Viele naheliegende Fragen wurden aus diesem Grund vernachlässigt, so zum Beispiel, ganz wichtig, Joes Geburtsjahr und das Land oder der Staat der Stadt Maryland. Während der Sitzung nahm ich als selbstverständlich an, daß es sich um den Staat Maryland handelte und die Versuchsperson das durcheinandergebracht hatte. Eine Mutmaßung, die in einer Sitzung dieser Art tatsächlich nichts zu suchen hat. Außerdem könnte es vorteilhafter sein, rückwärts zu zählen, da dies ein Zurückgehen in die Zeit besser suggeriert.

Für die Versuchsperson war es eine sehr eindrückliche Erfahrung. Die Sinneseindrücke waren stark und unmittelbar. Die Stimme beschwor überzeugend das Bild eines Kindes herauf. Gelegentlich wurde sie sehr ungeduldig. Ich hatte selbstverständlich angenommen, daß der zuerst genannte Name Josie weiblich war. Als die Versuchsperson später den Namen Joe angab, wurde sie über meine Frage, ob sie ein Junge oder ein Mädchen sei, sehr ärgerlich.

Diese Sitzung zeigte uns, daß die Erfahrungen der Versuchsperson ebenso lebhaft waren wie die einer üblicheren Rückführung. Falls Sie sich entsinnen, habe ich schon einmal erwähnt, daß bei einer normalen Rückführung die tatsächlichen Ereignisse aus der Vergangenheit wieder durchlebt und nicht nur erinnert werden. Bei dieser Sitzung hatte Robert das Gefühl, daß die Ereignisse tatsächlich geschahen. Die Sitzung wurde auf Tonband aufgenommen. Wir hatten das Gerät gerade erst gekauft, und ich war noch nicht allzu vertraut damit. Die Stimme der Versuchsperson war ziemlich deutlich zu hören, der Verkehrslärm von draußen leider auch.

Bevor wir nun zu Ihrem Experiment kommen, mag das, was Seth zu Roberts Hypnose-Sitzung zu sagen hat, von Interesse sein. Seth fügt den durch die Hypnose erhaltenen Informationen weitere Details über das Leben hinzu, das Robert angeblich als Joe Williams geführt hat.

Auszug aus Sitzung 59.

Steile Stufen führten zu jener Zeit zu deinem Haus. Ich glaube, der Mädchenname deiner Frau war Nell Brownell. Dein Familienname war Williams. Du trafst Ruburt in Boston, in diesem Land, nach einer Zeit der

Abwesenheit. Ihr wart fünf Kinder in der Familie, das heißt, du hattest zwei Brüder und drei Schwestern, eine Schwester starb, bevor du erwachsen warst.

Maryland befand sich nicht in diesem Land. Du kamst hierher, nach Boston. Maryland ist eine Stadt. Es ist nicht ein Staat in eurem Land ... Unterlagen können möglicherweise in Boston gefunden werden. Der Name deiner Mutter zu jener Zeit war Josephine. Du warst damals schmal und einigermaßen diszipliniert, und du hattest schließlich vier Kinder und eine Frau, die invalide wurde. Von Beruf warst du ein Geistlicher der Episkopalkirche.

Da war eine Backsteinkirche in einer zunächst sehr angenehmen Umgebung, die dann verfiel. Eine alte Villa, auf der anderen Straßenseite wurde in einen Gemüseladen umgewandelt. Später war da daneben ein Kleiderladen, und vom Fenster im dritten Stock, Vorderseite, konnte man auf das Wasser sehen. Du wurdest unter merkwürdigen Umständen ordiniert, da du nicht im orthodoxen Sinn ausgebildet warst. Als du nach Boston zogst, nahmst du den Namen Drake an. Ich weiß nicht deinen Vornamen. Du warst jung, als du fortzogst, und das Schiff hatte drei Tage Verspätung.

Auf dem Schiff brachen die Pocken aus. Der Kapitän nahm dich in seine Obhut. Du hattest dich nicht ordnungsgemäß zur Arbeit gemeldet und wurdest entdeckt, aber du erinnertest ihn an einen Neffen, Familienname Phillips, und er beschützte dich ... Du hattest auch ein uneheliches Kind.

Ich will nicht behaupten, die Existenz Joe Williams' sei eine Tatsache. Ich behaupte nur, daß es *möglich* ist, daß Robert durch Hypnose an Erinnerungen eines vergangenen Lebens kam, in dem er Joe Williams war. Wir wissen, daß dies für ihn eine ebenso lebhafte Erfahrung war wie die gewöhnlichere Rückführung in Hypnose, und Psychologen akzeptieren sehr bereitwillig die Rückführung in ein früheres Lebensalter. Ihre Experimente erweisen zum Beispiel, daß eine Versuchsperson, die aussagt, sie sei fünf Jahre alt, psychologische Tests wie ein Fünfjähriger absolviert. Solange wir nicht mehr Information über die Existenz von Joe Williams gesammelt haben, verfügen wir lediglich über einiges sehr nachdenkenswerte Material.

Das folgende Experiment wird es Ihnen ermöglichen, in gewöhnlich unzugänglichen Bereichen Ihrer Persönlichkeit nach der Existenz von Erinnerungen an mögliche vergangene Leben zu forschen. Ich rate noch einmal ausdrücklich davon ab, daß Sie jemanden hypnotisieren oder sich hypnotisieren lassen, ohne sich ein ausreichendes Hintergrundwissen über Hypnose angeeignet zu haben. Dieses Experiment beinhaltet Selbsthypnose.

Wie schon gesagt, wenn Reinkarnation eine Tatsache ist, dann kann uns Hypnose sehr wahrscheinlich einige dieser verlorengegangenen Erinnerungen wiederfinden lassen, so wie das auch der Fall bei vergessenen Ereignissen aus der Kindheit ist. Trotzdem können wir dieses Material nicht als selbstverständlich gültig annehmen, es sei denn, wir wollen einfach dran glauben. Wir sollten jeden Versuch unternehmen, es an vorhandenen Dokumenten und Unterlagen zu überprüfen.

Eine solche Überprüfung setzt natürlich voraus, daß wir die Informationen erst einmal sammeln müssen, und zwar aus der unbewußten Persönlichkeit, da das Bewußtsein jeweils nur einen Bruchteil unserer vergangenen Erfahrung parat hat. Hypnose ist die beste uns bekannte Methode, das Unbewußte zu erreichen.

Um also mit dem Experiment zu beginnen, versetzen Sie sich in einen leichten Trancezustand, indem Sie den früher gegebenen Anweisungen folgen. Vor der Sitzung schreiben Sie jedoch Suggestionen auf, die Sie anwenden, wenn Sie im Trancezustand sind. Diese können dann von einer anderen Person vorgelesen werden. Sollten Sie ein Tonbandgerät besitzen, können Sie sie auch auf Band sprechen und dann abspielen. Was das betrifft, so können Sie auch die Trance-Einführung auf Band aufnehmen und dann die ganze Sitzung mitschneiden. So können Sie anschließend Ihre eigene Stimme hören, samt der Stimmveränderungen, die eintreten mögen. Sie werden auf Ihre eigene Stimme vom Tonband genauso reagieren wie auf jede andere Stimme.

Bei den ersten Sitzungen sollten Sie sich nur mit einfachen Rückführungen in Ihr gegenwärtiges Leben befassen. Damit bauen Sie Ihr Selbstvertrauen auf, und überdies ist es eine faszinierende

Erfahrung. Sie werden über das Ausmaß Ihrer Erinnerungen aus dem Unbewußten überrascht sein. Viele davon können mit Hilfe von Verwandten überprüft werden.

Nachdem Sie sich in einen Trancezustand versetzt haben, lassen Sie sich entweder von einer anderen Person folgende Suggestion geben oder Ihr vorbereitetes Band ablaufen: »Ich werde von zehn bis null zählen. Danach wirst du (werde ich) fünfzehn Jahre alt sein.« Wiederholen Sie die Suggestion mehrere Male. Zählen Sie (oder die andere Person) langsam rückwärts. Suggerieren Sie, daß nur angenehme Episoden erinnert werden. Wenn Sie mit dem Zählen fertig sind, können folgende Fragen gestellt werden (über das Tonband oder durch eine andere Person):

Wie alt bist du?
Wo bist du?
Wer ist bei dir?
Welches Jahr ist das?

Die Befragung ist einfacher und gestattet mehr Flexibilität, wenn sie durch eine andere Person geschieht. Auf Tonband aufgenommene Fragen können nicht auf Ihre Antworten reagieren. Die Fragen sollten sich organisch aus den jeweiligen Antworten ergeben. Wenn Sie sich zum Beispiel im Alter von fünfzehn Jahren in einem Klassenzimmer wiederfinden, könnte die fragende Person dies als Sprungbrett benutzen und Sie nach dem Namen des Lehrers fragen und Sie bitten, einige Ihrer Klassenkameraden zu nennen.

Wenn die Sitzung nicht auf Band aufgenommen wird, brauchen Sie ohnehin eine Person, die Aufzeichnungen macht. Lassen Sie sich vor allem Zeit. Versichern Sie sich, daß Sie für Ihre Antworten so viel Zeit haben, wie Sie wollen, bevor Sie zur nächsten Frage übergehen.

Wenn die Episode im Alter von fünfzehn Jahren abgeschlossen scheint, dann sollte die oben genannte Prozedur wiederholt werden, diesmal mit der Suggestion, daß Sie nach dem Zählen fünf Jahre alt sein werden. Wieder sollten Sie sich suggerieren, daß nur erfreuliche Ereignisse erinnert werden. Danach kann die Prozedur nochmals wiederholt werden und Sie diesmal in das Alter von einem Jahr zurückführen. Ich empfehle, daß Sie zwei oder drei Sitzungen für dieses Experiment abhalten.

Die Fragen sollten natürlich je nach dem Alter, in das Sie zurückgeführt wurden, variieren. Ich füge hier einen Auszug aus einer unserer Rückführungs-Sitzungen an, und Sie werden schnell sehen, welche Fragen angemessen erscheinen. Wenn Sie nicht intensive Forschungen über einen langen Zeitraum hinweg durchführen, dann sollten Sie nicht suggerieren, daß mögliche vorangegangene Geburts- oder Todeserfahrungen zurückgerufen werden.

Ich möchte noch einmal erwähnen, daß die Ereignisse in der Rückführung nicht erinnert, sondern tatsächlich wieder durchlebt werden, einschließlich aller Sinneseindrücke, die bei der ursprünglichen Erfahrung präsent waren.

Das folgende ist Teil einer Rückführungs-Sitzung, bei der Robert wiederum die Versuchsperson und ich die Hypnotiseurin war. Sie können diesen Rahmen auch für Ihre eigenen Experimente benutzen. Und Sie können natürlich in jegliches Alter bzw. Jahr zurückkehren. Die Vorgabe fünfzehn, fünf und eins sind nur Vorschläge.

Hier befindet sich die Versuchsperson schon im Trancezustand, und der erste Durchgang ist schon abgeschlosssen.

FRAGEN	ANTWORTEN
Wie alt bist du?	Drei.
Was für ein Tag ist das?	Dienstag.
Wo bist du?	In meinem Zimmer.
Was siehst du?	Boden und Fenster.
Was noch?	Baum, Straße vor dem Fenster.
Wo ist deine Mutter?	Sie muß unten sein.
Hast du Brüder?	Einen. (Robert hat zwei Brüder, aber der jüngste war noch nicht geboren, als er drei Jahre alt war.)
Bist du glücklich?	Ich weiß nicht. Ich bin allein.

»Jetzt wirst du die Szene langsam verschwinden lassen. Du wirst die Szene langsam verschwinden lassen. Ich werde jetzt von zehn bis null zählen. Wenn ich bei null angelangt bin, wirst du zwei Jahre alt sein.« (Die Suggestion wurde mehrere Male wiederholt, dann zählte ich.)

Wie alt bist du?	Ich bin zwei.
Wo bist du?	Auf dem Gras.
Ist es Sommer?	Ja. Schöner Tag. Ich krabble unter die Bank... mit den Füßen... schwarze Hosen... Sie sitzen über mir.
Wer?	Ich weiß nicht. Ich glaube, ich höre meine Mutter.
In einem Hinterhof?	Ja.
Wie nennst du deine Mutter?	Mut-ter. (Langgezogene Laute)
Wie nennst du deinen Vater?	Va-ti. (Dieselben langgezogenen Laute). Ich dachte, ich sah einen Hund. Braun.

Ich ließ ihn dann die Szene verlassen und suggerierte, daß er nach dem nächsten Zählen ein Jahr alt sein würde.

Wie alt bist du?	Ich bin eins.
Wo bist du?	Badezimmer.
Was tust du?	Im... Wasser.
In einer Badewanne?	Nein. Was Ähnliches. Auf Stelzen.
Wäscht dich jemand?	Ja. Meine Mutter.
Wie nennst du sie?	Ma Ma. (Dies wurde eher wie ein Ruf geäußert und unterschied sich sehr von dem »Mutter« im Alter von zwei Jahren.)
Kannst du das Zimmer sehen?	Bilder an der Wand... Papier.

Wie sieht deine Mutter aus?	Braunes Haar. Kleiner Vorderzahn. (Soweit sich Robert bewußt erinnern konnte, hatte seine Mutter weißes Haar gehabt. Als er ein Säugling war, war es jedoch noch braun.)

Auch hier hatte Robert wieder das Gefühl, zur Beschreibung dessen, was er jeweils sah und fühlte, nicht genügend Zeit gehabt zu haben. Zum Beispiel spürte er die Arme seiner Mutter um sich. Die Unmittelbarkeit solcher Erfahrungen unterscheidet sich offensichtlich stark von den indirekten Gefühlen, die mit bewußt erinnerten Vorfällen verbunden sind.

Diese Rückführungs-Sitzungen sind jedoch nur ein Teil dieses Experiments. Wenn Sie sich in dieser Art Rückführung geübt haben und mit den damit verbundenen Empfindungen vertraut sind, dann machen Sie den nächsten Schritt bei Ihrem Versuch, die Erinnerungen des Unbewußten an ein mögliches vergangenes Leben aufzudecken.

Lassen Sie sich nach der Einführung in die Trance von einer anderen Person die üblichen Suggestionen für eine Rückführung geben. Dieses Mal gehen Sie jedoch von der Gegenwart in ein sehr frühes Alter zurück, sagen wir ein Jahr oder sechs Monate. Legen Sie eine kurze Frage- und Antwort-Phase ein, dann lassen Sie sich von der anderen Person folgende Suggestionen geben:

»Ich werde rückwärts von zehn bis null zählen. So merkwürdig es erscheinen mag, wenn das Zählen beendet ist, wirst du Szenen aus einer Zeit sehen, bevor du (Ihr gegenwärtiger Name) warst.« Wiederholen Sie die Suggestionen, zählen Sie und fahren Sie dann fort. Hier sind einige allgemeine Anfangsfragen, die gestellt werden können.

Was siehst du?
Wo bist du?
Wie alt bist du?

In welchem Land bist du?
Welches Jahr ist das?
Wie heißt du?

Ich habe die Frage nach der Identität absichtlich ans Ende gesetzt. Das erlaubt ihnen eine gewisse Orientierung, bevor Sie sich mit einer anderen Identität befassen, und erleichtert den Übergang. Wenn Sie aussagen, daß Sie ein Erwachsener sind, dann können die folgenden Fragen gestellt werden:

Bist du verheiratet?
Wie heißt dein Mann/deine Frau?
Gehörst du irgendwelchen Organisationen an? Welchen?
Wer ist der Präsident, König oder Herrscher in deinem Land?
Was ist dein Beruf?
Wie heißen deine Eltern?
Aus welchem Land kommen deine Eltern?
Liest du eine Tageszeitung? Welche?

Sie dürfen bei diesem Experiment nichts übereilen. Nehmen Sie sich Zeit zu ausführlichen Antworten. Wenn Sie aussagen, daß Sie ein Kind sind, dann müssen natürlich andere gemäße Fragen gestellt werden. Ein Kind mag beispielsweise die Regierung seines Landes kennen oder auch nicht. Wenn weitere Informationen gewünscht werden, können entsprechende Suggestionen gegeben und die Persönlichkeit kann mit Hilfe der Zählprozedur ins Erwachsenenalter geführt werden.

Sie müssen der Person, die Ihnen bei dem Experiment hilft, vertrauen können. Ein Ehepaar kann, wenn die Beziehung gut ist, ein gutes Team sein. Wenn Sie sich in den Trancezustand versetzen, dann sollte auch immer die Suggestion gegeben werden, daß Sie, wann immer Sie wollen, aus der Trance kommen, entweder wenn Sie bis drei zählen oder nach einer bestimmten Zeit. Das überläßt Ihnen die Kontrolle und Sie können, wann immer Sie sich unbehaglich oder unsicher fühlen, die Trance beenden. Versichern Sie sich jedoch stets, daß Sie zu Ihrer gegenwärtigen Identität und in Ihr gegenwärtiges Alter zurückkehren. Instruieren Sie die Person, mit der Sie arbeiten, Ihnen folgende Suggestionen zu geben, wenn Sie auch nur im geringsten angespannt oder verkrampft erscheinen:

»Ich werde nun von eins bis zehn zählen. Wenn ich bei zehn angelangt bin, wirst du dich wieder in der Gegenwart befinden. Du wirst (Ihr gegenwärtiger Name) im Alter von (Ihr gegenwärtiges Alter) sein.« Die Suggestionen sollten wiederholt und dann sollte mit dem Zählen begonnen werden. Die Möglichkeit, daß Sie sich dem Übergang in Ihre gegenwärtige Persönlichkeit verweigern, ist sehr gering. Eine solche Situation ist so unwahrscheinlich, daß wir uns nicht damit zu befassen brauchen. Trotzdem sollte keine Sitzung beendet werden, ohne daß die oben genannten Suggestionen gegeben werden. Wenn das Zählen beendet ist, sollten Sie nach Ihrem Namen und Alter gefragt und die Sitzung erst abgeschlossen werden, wenn Sie sie korrekt angeben. Diese Prozedur sollte auch zur Beendigung einer gewöhnlichen Rückführung angewandt werden. Auch erweist es sich als günstig, wenn Sie der Trance-Einführung die Suggestion hinzufügen, daß Sie am Ende der Sitzung erfrischt und entspannt sein werden.

Es sollten stets sorgfältige Aufzeichnungen gemacht werden. Wenn Sie auf diese Weise eine Anzahl von Angaben erhalten haben, sollten diese an öffentlichen Unterlagen, alten Gemeindeakten usw. überprüft werden. Dies ist schwierig und braucht viel Zeit, aber wir können nicht als selbstverständlich voraussetzen, daß die Information korrekt ist. Wenn sich Namen, Daten und Örtlichkeiten durch historische Dokumente bestätigen, dann sind wir einem wissenschaftlichen Beweis schon etwas nähergekommen.

Ich möchte noch einmal betonen, daß wir zwar durch Hypnose Material bekommen können, das seinen Ursprung in vergangenen Leben zu haben scheint, daß wir aber auch versuchen müssen herauszufinden, ob die Information das ist, was sie zu sein scheint, oder ob es sich lediglich um ein Rollenspiel des Unbewußten handelt. Die Psychologen wissen weder über Geist und Seele noch über Hypnose genug, um kategorisch behaupten zu können, daß solche Erinnerungen Erfindungen des Unbewußten sind; aber Sie werden wohl auch kaum einen Psychologen sagen hören, daß es sich tatsächlich um Erinnerungen aus vergangenen Leben handelt.

Hypnose ist zwar eine exzellente Methode zur Entdeckung solchen Materials, aber auch automatisches Schreiben und automatisches Sprechen sind mögliche Methoden. Wenn Sie automatisches Schreiben anwenden wollen, dann suggerieren Sie sich zu Beginn, daß sich Ihr Unbewußtes Ihrer Hand bedienen wird, um sich zu diesem Thema auszudrücken. Sollten Sie schon einigen Erfolg mit automatischem Schreiben gehabt haben, dann könnte dies für Sie eine effektive Methode sein. Gehen Sie nach dem angegebenen Verfahren vor.

Diejenigen von Ihnen, die mit automatischem Sprechen experimentiert haben, mögen entdecken, daß Sie, wie ich, Reinkarnationsmaterial übermitteln. In diesem Fall überprüfen Sie das Material an sich selbst. Stellen Sie die gleichen Fragen mehrere Male, oder lassen Sie sie von jemandem stellen, und sehen Sie, ob Sie dieselben Antworten erhalten. Erstellen Sie eine Liste mit Fragen, und lassen Sie sie sich laut vorlesen, wenn Sie eine Sitzung abhalten.

Auch über das Ouija-Brett erhaltene Angaben sollten geprüft werden.

Dieses Kapitel befaßte sich hauptsächlich mit Hypnose und dem Aufdecken von Erinnerungen aus möglichen vergangenen Leben. Sollte aber Reinkarnation eine Tatsache des Lebens sein, die wir lange geleugnet haben, dann lassen sich Hinweise darauf auch in anderen Aspekten unseres normalen Lebens finden. Sie mögen zum Beispiel in Träumen erscheinen. Vergangene Leben könnten sogar einen Einfluß auf unseren gegenwärtigen Gesundheitszustand haben. Im nächsten Kapitel werden wir über Reinkarnation im Zusammenhang mit Träumen, Persönlichkeitstendenzen und gesundheitlichen Veranlagungen sprechen.

Die folgenden Auszüge aus dem Seth-Material geben einen möglichen logischen Bezugsrahmen für die Reinkarnation.

Auszüge aus Sitzung 126

Auch die elektromagnetische Realität eines Traumes wird entschlüsselt, so daß ihre Auswirkungen nicht nur vom Gehirn, sondern auch noch in den weitverzweigtesten, winzigsten Körperzellen erfahren werden. Traumerfahrungen, längst vergessen, bleiben für immer als elektromagnetisch kodierte Daten bewahrt. Wenn irgendein Eindruck in irgendeinem Teil des Gehirns wahrgenommen wird, dann könnt ihr sicher sein, daß er auch auf alle anderen möglichen Weisen empfunden wird, ob sich dies nun sofort bemerkbar macht oder nicht.

Jedweder Eindruck, den das menschliche Wesen erfährt, existiert als eine Reihe elektromagnetischer Signale und Kodes, die selbst wiederum ein elektromagnetisches Muster bilden.

Sie existieren innerhalb der Zellen, oder ich sollte genauer sagen, die Zellen bilden sich um sie herum. Diese elektromagnetisch kodierten Signale bilden dann elektromagnetische Gegenstücke, die die vollständige Erfahrung, wie sie von dem betreffenden Individuum wahrgenommen wurde, enthalten. Diese elektromagnetischen Muster wohnen zwar dem physischen System inne, sind aber davon unabhängig. Von Geburt an formt jedes Individuum mittels aufgebauter, individueller, kontinuierlicher elektromagnetischer Signale sein eigenes Gegenstück. Bei seinem physischen Tod existiert dann seine Persönlichkeit in mehr oder weniger vollständiger Form und entgeht natürlich so dem Ende, das es als integrierter Bestandteil des physischen Systems erleiden müßte.

Das elektromagnetische Muster *ist* die Persönlichkeit mit all ihren Erfahrungen der irdischen Zeit. Es kann sich dann dem inneren Selbst anschließen oder an ihm teilhaben. Obwohl das Ego ursprünglich vom inneren Selbst gestaltet wurde und auch ein Produkt der physischen Erbmasse und Umwelt war, stirbt es nicht, sondern seine Existenz wird von einer physischen Realität in eine elektromagnetische Realität umgewandelt. Es besitzt noch immer Individualität. Keine Individualität geht verloren, sondern sie wird Teil des inneren Selbst, und ihre Erfahrungen werden der Gesamterfahrung der vielen Persönlichkeiten, die das innere Selbst gebildet haben, hinzugefügt.

Auszüge aus Sitzung 132

Ich habe erwähnt, daß sich Elektrizität des elektromagnetischen Universums sehr von eurer Vorstellung von Elektrizität unterscheidet. Elektrizität, wie ihr sie innerhalb des physischen Systems wahrnehmt, ist eher wie ein Echolaut oder eine Art Schattenbild dieser unendlichen Vielfalt von Schwingungen. Diese Schwingungen verliehen vielen Phänomenen Realität und Aktualität, mit denen ihr zwar vertraut seid, die aber nicht als faßbare Gegenstände in eurem physischen System erscheinen.

Wir sahen, daß alle Erfahrungen als elektromagnetisch kodierte Daten innerhalb der Zellen bewahrt werden und sich das Zellmaterial um diese kodierte Erfahrung bildet. Das Ego beginnt, vom inneren Selbst zum Sein entfacht und stark beeinflußt von Erbmasse und Umgebung ... Dieses Ego baut dann im Laufe seiner Existenz eine eigene elektromagnetische Realität auf, da sich seine Erfahrungen zu kodierten Daten innerhalb der Zellen formen.

An jedem gegebenen Punkt ist das Ego innerhalb der elektromagnetischen Realität in sich vollständig, so wie es in psychologischer Hinsicht innerhalb des physischen Systems vollständig ist. Dies beinhaltet natürlich die Bewahrung der Träume wie auch die Bewahrung der rein physischen Daten.

Das elektromagnetische System besitzt viele Dimensionen der Realität, die innerhalb des physischen Systems nicht wahrgenommen werden können. Bislang konnten die Wissenschaftler Elektrizität nur an jenen Erscheinungsbildern studieren, die innerhalb ihres Bezugsrahmens wahrnehmbar sind. Mit der Entwicklung von feineren und ausgeklügelteren physikalischen Instrumenten werden sie auch mehr von dieser Realität wahrnehmen können. Aber da sie nicht imstande sein werden, sie innerhalb ihrer bekannten Bezugssysteme zu erklären, werden viele merkwürdige und verzerrende Erklärungen für festgestellte Phänomene abgegeben werden.

Es ist zu diesem Zeitpunkt äußerst schwierig, eine Ahnung von der unendlich vielfältigen Komplexität und Dimension der elektromagnetischen Realität zu vermitteln, wenn ihr in Betracht zieht, daß jeder eurer Gedanken aus einer einzigartigen und nur ihm zukommenden Impulsstärke besteht, und daß dies auch auf jeden Traum, den ihr in eurem Leben haben werdet, zutrifft; und daß all diese Erfahrung in bestimmten, völlig einzigartigen und kodierten Intensitätsbereichen zusammengefaßt wird; und dies, die Summe all dessen, was ihr seid, existiert innerhalb eines einzigen winzigen Intensitätsbereichs oder Frequenzbands.

Auch ist jedes menschliche Wesen und alles andere, mit wenigen Ausnahmen, innerhalb des physikalischen Bereichs in gleicher Weise elektromagnetisch aufgebaut, gleich ob es innerhalb physischer Materie existiert oder nicht. Euer physischer Bereich besteht wiederum innerhalb seines eigenen einzigartigen Intensitätsbereichs, ein winziges Band elektromagnetischer Impulse, das millionenfach kleiner ist als jede zufällig aus der Masse aller je geschriebenen oder künftigen Musikkompositionen herausgegriffene Note. Doch wie ihr wißt, soll euch dies nicht ein Gefühl der Nichtigkeit vermitteln, denn Einzigartigkeit bringt ihre eigene Verantwortung mit sich.

Alle Bewegung ist mentale psychische Bewegung, und alle mentale psychische Bewegung besitzt elektromagnetische Realität. Das innere Selbst bewegt sich durch Verwandlung oder Bewegung durch Intensitäten aus eurem physischen Bereich. Jede neue psychische Erfahrung eröffnet eine neue Schwingungsintensität und verstärkt die Wirklichkeit innerhalb des elektromagnetischen Systems. Die Bewegung durch Intensitäten innerhalb des elektromagnetischen Systems führt zu Bewegung durch Zeit innerhalb des physischen Systems.

KAPITEL XII

Reinkarnation, Verwandtschaftsbeziehungen und die Persönlichkeit

Wenn es Reinkarnation gibt, dann müssen Wissen und Intensität irgendwie bewahrt bleiben, um die eine Existenz mit der anderen zu verknüpfen. Andernfalls ergäbe, jedenfalls für mich, die ganze Theorie keinen Sinn. Diese Kontinuität des Selbst hätte nicht notwendigerweise bewußt zu sein, aber auf die eine oder andere Weise müßte sie Teil unseres individuellen Wesens sein.

Der Auszug am Ende des letzten Kapitels sollte Ihnen eine gewisse Vorstellung von einer Möglichkeit vermittelt haben, wie sich diese kontinuierliche Identität aufrechterhalten läßt. Demnach besitzen Erfahrungen, Gedanken und Handlungen eine elektromagnetische Realität, die sich im Verlauf jeder Existenz aufspeichert. Das gegebene Material existiert in Kodeform und führt zur Erschaffung der jeweiligen Persönlichkeit in elektromagnetischer Form. Wenn der physische Tod eintritt, bleibt doch die elektromagnetische Realität bewahrt. Doch psychologisch gesehen müßte auch ein gewisser Spielraum eingeräumt werden. Dem könnte über das innere Ego, wie Seth es nennt, Rechnung getragen werden, ein bewußtes inneres Gegenstück zu dem Ego, mit dem wir im Alltagsleben vertraut sind. Nach dieser Theorie fungiert das Unbewußte als Pufferzone zwischen innerem und äußerem Ego. Das innere Ego enthält die Erinnerung an unsere vergangenen Leben und leitet in übergeordneter Weise alle Aktivitäten. Das Unbewußte läßt einige Information aus dem inneren Ego (dem inneren Selbst) zum äußeren Ego durchdringen. Praktisch gesehen ist jedes Ego bewußt, aber das äußere Ego ist sich nicht des inneren Ego bewußt.

Das äußere Ego wird sich nicht mit Erinnerungen vergangener Leben befassen, einfach weil es zu stark mit dem Alltagsleben in der physischen Realität beschäftigt ist, um noch zusätzliche Information zu handhaben. Das äußere Ego befaßt sich noch nicht einmal mit vielen Erinnerungen aus diesem Leben. Die Vorstellung von einem inneren und äußeren Ego entspricht bis zu einem gewissen Grad der von den Psychologen vertretenen Konzeption von Zweitpersönlichkeiten. Auch läßt sich ziemlich einfach eine Analogie aus dem Alltagsleben finden, um dies in leicht verständlichen Begriffen zu erklären.

Wie Sie gegenwärtig verschiedene Rollen als Elternteil, Lebenspartner oder -partnerin, Gemeindemitglied und soziales Einzelwesen übernehmen und dennoch dieselbe Person bleiben, so würde auf ähnliche Weise das innere Ego Reinkarnationsrollen annehmen und doch die Identität und Führung beibehalten. In Ihrer Rolle als Ernährer mögen Sie manchmal Ihre Rolle als soziales Individuum oder als Gefährte vergessen, um sie dann am Ende eines Tages, wenn Sie von der Arbeit zurückkehren, wieder aufzunehmen. Auf dieselbe Weise würden Sie andere Reinkarnationsrollen weitgehend aus dem Blickfeld verlieren, solange Sie auf die gegenwärtige Rolle konzentriert sind. Im Grunde handelt es sich nur um eine Verlagerung der Konzentration. Nach Seth ist Bewußtsein die Richtung, in die das Selbst blickt.

Gemäß dieser Theorie war der Kommunikationsblock zwischen innerem und äußerem Ego in der frühen evolutionären Entwicklung des Menschen notwendig, als alle Energie und Aufmerksamkeit für das tägliche Überleben innerhalb der physischen Realität gefordert wurde. Nunmehr ist das äußere Ego wohl stark genug, um mit solch verdrängter Information umzugehen und mag sie sogar zum Überleben in einem Universum brauchen, das nun all seine Ressourcen und Kenntnisse zu fordern scheint. Möglicherweise haben wir unsere Erinnerungen an vergangene Leben selbsthypnotisch mit einer Reihe von blinden Flecken belegt, da wir auch im normalen Leben nur das sehen, was wir sehen wollen und andere Reize abblocken.

Sollte dies der Fall sein, dann sollten wir einige Anhaltspunkte finden können, die auf vergangene Leben zumindest hindeuten, Anhaltspunkte, die wir entweder ignoriert oder falsch interpretiert haben. Haben wir solche Anhaltspunkte? Kann die Reinkarnationstheorie irgendwelche logischen Antworten auf Fragen geben, die den Menschen seit Jahrhunderten gequält haben, Fragen, auf die wir einige mögliche Antworten haben, von denen keine wirklich adäquat scheint.

Wie viele Male fühlten Sie bei der ersten Begegnung mit einer bestimmten Person eine spontane Zuneigung oder Abneigung? Die Psychologie erklärt diese Reaktion auf verschiedene Weise. Zum einen orientieren sich unsere gegenwärtigen Reaktionen an vergangener Erfahrung, die teilweise auf unbewußten und unlogischen Vorlieben und Vorurteilen basiert.

Zum Beispiel hat vielleicht vor Jahren, in Ihrer Kindheit, ein Lieblingsonkel eine besondere Zigarrenmarke geraucht. Ohne sich über die Verbindung klar zu sein, könnten Sie nun in der Gegenwart Männer mögen, die diese besondere Zigarrenmarke rauchen. Dies ist ein vereinfachtes Beispiel für die Art und Weise, in der wir Vorurteile und Vorlieben bilden. Wir können dies jedoch noch weiterführen. Es ist genauso logisch anzunehmen, daß wir manchmal eine sofortige Zuneigung für oder Abneigung gegen verschiedene Personen hegen, weil wir sie in irgendeinem vergangenen Leben kannten. Wir könnten auch den Wunsch verspüren, gegenüber einer Persönlichkeit »etwas gutzumachen« für ein Unrecht, das wir ihr in einer vormaligen Existenz angetan haben, ohne uns des vergangenen Lebens oder des betreffenden Vorfalls bewußt zu sein.

Die Reinkarnationstheorie ist auch interessant im Zusammenhang mit persönlichen Neigungen und jenen besonderen Interessen und Verschrobenheiten, die wir alle an uns haben. Einer unserer Freunde ist zutiefst von russischer Geschichte, Musik, Geographie und Literatur fasziniert. Es gibt keinen offensichtlichen Grund für seine Neigung. Es wäre natürlich möglich, daß ein vergessener Vorfall aus der Kindheit dafür verantwortlich ist. Es ist jedoch auch möglich, daß unser Freund in einem vergangenen Leben in Rußland lebte.

Robert war immer vom Studium alter Schiffe fasziniert. Seine Bibliothek ist voll von – zumeist vor der Ehe gesammelten – Büchern über Schiffe im 18. Jahrhundert. Dieses Interesse scheint sich nicht mit seiner Herkunft begründen zu lassen. Niemand in seiner Familie wußte etwas über Schiffe. Auch lebte er als Kind nicht nahe am Meer oder an einem Hafen, einer Umgebung, die ein solches Interesse wecken könnte. Dies könnte natürlich die Folge eines Ereignisses sein, das er nicht erinnert. Es ließe sich aber auch als ein aus einem vergangenen Leben überkommenes Interesse erklären. Seth sagt zum Beispiel aus, daß Robert in seiner letzten Existenz oft mit dem Schiff reiste, vor allem zwischen England und Boston, Massachusetts.

Sie selbst mögen ähnliche Neigungen und Vorlieben haben, die Sie sich nicht erklären konnten oder für die Sie keinen offensichtlichen Grund finden können. Sie wären möglicherweise Anhaltspunkte für Interessen und Beschäftigungen in einem vergangenen Leben. Dies sollte zumindest in Betracht gezogen werden.

Die Reinkarnationstheorie bietet eine exzellente Erklärung für die Existenz von Genies und Wunderkindern. Die Talente und Leistungen eines Lebens gingen nicht verloren. Wenn ein Kind frühzeitig große Begabungen zeigt – Begabungen, wie sie ein Kind normalerweise nicht aufweist –, dann könnten diese das Resultat von Kenntnissen und Fähigkeiten sein, die in einer vergangenen Existenz erworben wurden. In dieser Vorstellung liegt eine ansprechende Ökonomie. Die Malerei als kleines aber beständiges Hobby könnte zum Beispiel im nächsten Leben ein wirkliches künstlerisches Talent zur Folge haben. Keine Fähigkeit ginge verloren, und keine Handlung wäre bedeutungslos.

Offensichtlich wäre uns im Normalfall ein Empfinden von Kontinuität und Identität zumeist nicht bewußt verfügbar, doch wirkte es als psychischer Kontext, innerhalb dessen unsere gegenwärtige Persönlichkeit ihre Existenz fortsetzt. Auf ähnliche Weise ist das Kind, das Sie waren, lebendig aber Ihrem Erwachsenen-Selbst kaum bewußt. Das Kind, das Sie waren, ist nicht tot. Es wurde zu etwas anderem, die erwachsene Persönlichkeit. Es war nicht ein Ding, sondern ein Werden. Das Kind, das Sie waren, ist nicht an irgendeinem physischen Ort zu finden. Doch bis zu einem gewissen Grad sind Sie noch immer das Kind, das Sie waren, auch wenn Sie nur noch einen Schimmer an bewußter Erinnerung haben, die Sie mit diesem Kind verbindet. Ebenso mag die Persönlichkeit, die Sie in einem vergangenen Leben waren, nicht tot sein. Sie könnte in Ihnen wie das Kind existieren, nicht greifbar aber lebendig, Teil des psychischen Kontexts, der Ihre gegenwärtige Identität enthält und formt.

Wir wissen über zu viele Dinge zu wenig, um eine solche Möglichkeit als töricht oder bedeutungslos abzutun. Wir wissen nicht genug über die menschliche Persönlichkeit, wie sie in der Gegenwart existiert, um sagen zu können, was sie in der Vergangenheit war oder nicht war. Sogar unsere Zeitvorstellung wandelt sich.

Wäre es möglich, daß wir in Träumen Bilder von Umgebungen, Straßen und Plätzen, die wir in vergangenen Leben kannten, erhaschen? Wir wissen, daß wir in Träumen Orte besuchen, die wir als Kinder kannten. Wir gehen Straßen entlang, dem Kind bekannt, das wir einst waren, auch wenn das Kind und die Straßen in physischer Hinsicht gar nicht mehr existieren sollten. So gesehen scheint es gar nicht so unwahrscheinlich, daß uns Träume auch Eindrücke von Erfahrungen vormaliger Leben übermitteln können.

Kehren Sie in Träumen oft zu denselben Orten zurück, Orte, die Ihnen im Wachzustand gar nicht bekannt sind? Diese könnten Schauplätze sein, die einst ebenso Teil Ihres Alltags waren wie die Straße, in der Sie jetzt wohnen. Es wäre zumindest vorstellbar, daß das Haus, das Sie jetzt Ihr Zuhause nennen, in den Träumen eines künftigen Lebens zu einem jener wiederkehrenden Traumörtlichkeiten wird, die so merkwürdig und fremd scheinen.

In Träumen scheint das Selbst relativ ungebunden an seine gewöhnliche physische Umgebung umherzuwandern, zumindest psychisch gesehen. Es macht Erfahrungen mit Menschen und Orten, die unter Umständen keine physische Realität mehr haben.

Bekanntermaßen ist Symbolik ein starkes Element der Sprache des Unbewußten. Symbole dieser Art sind zwar für das Unbewußte, nicht aber unbedingt für das bewußte Denken bedeutsam. So betrachtet ist leicht einzusehen, daß viele anscheinend sinnlose Träume erklärt werden könnten, wenn die grundlegenden Symbole entdeckt würden. Diese Symbole gestalteten sich jedoch bei jedem Individuum unterschiedlich. Es wäre zumindest möglich, daß sich einige dieser Schlüsselsymbole auf Erfahrungen vergangener Leben beziehen.

Das Seth-Material enthält sehr anregende Diskussionen über Träume, Schlüsselsymbole in Träumen und Reinkarnation. Danach enthalten Träume Informationen über Vergangenheit, Gegenwart und Zukunft, wobei die Schlüsselsymbole vom inneren Ego so geschickt ausgewählt werden, daß dieselben Symbole für alle Schichten des Unbewußten Sinn ergeben. Ein einziges Symbol kann sich also zugleich auf Ereignisse des gegenwärtigen und eines vergangenen Lebens beziehen und zudem Bedeutung für die Zukunft erhalten.

Hier ist ein Beispiel für die Art und Weise, in der solche Traumsymbole arbeiten können. Die Information einer vergangenen Existenz wird, wenn nötig, zurückgerufen und innerhalb des Traumkontexts mit gegenwärtigen Belangen verbunden. Eines Nachts hatte ich folgende zwei kurze Träume. Zunächst sah ich mich als eine sehr alte Frau. Ich wußte, daß ich Krebs hatte, tat aber anscheinend unbekümmert meine Arbeit bis zum Tage meines Todes. Der zweite Traum war ziemlich einfach, ich sah ein archaisches altes Schiff, das ein Leck bekommen hatte.

Seths Interpretation zufolge war das Haupt- oder Schlüsselsymbol, das beide Träume verband, *»tub«*.* Auf der Oberfläche drückte das Symbol gegenwärtige Ängste aus, daß ich eines Tages alt und »ein alter Kahn werden« würde. Auf dieser Ebene drückte das Symbol die gleiche Angst im zweiten Traum aus, in dem ich

* Anmerkung d. Ü.: Engl. *tub* bedeutet u. a. Wanne, Kübel und etwas abwertend, Kahn oder ein plumpes Schiff, sowie eine dickliche Person, ein Tönnchen.

unbewußt das Leben mit einem alten Kahn oder einem Schiff verglich, das leckte (Leben entrinnt). Hier erinnerte mich das Symbol auch an eine alte Freundin, deren Nachname Tubbs ist.

In dieser Weise wurde das Schlüsselsymbol in seiner einfachsten Form gebraucht. Laut Seth bedeutete das Symbol auf tieferen Ebenen sehr viel mehr. Die alte Frau war ich selbst in einer vergangenen Reinkarnation, in der ich an Krebs starb. *»Tub«* ließ auch hier ein Schiff anklingen, diesmal aber im Sinn von Transport oder Bewegung in der Zeit zurück zu einem vorangegangenen Leben. Hier erinnerte mich das Symbol daran, daß trotz natürlicher Ängste der Tod nur ein weiterer Beginn ist; wenn ich einmal gestorben war, so lebte ich doch wieder.

Auf dieser unbewußten Ebene symbolisierte der »Kahn« im zweiten Traum ein reales Schiff, auf dem Robert in einem vergangenen Leben den Atlantik überquert hatte, und enthielt so zusätzliche Beruhigung. Obwohl das Schiff ein Leck hatte, war das Unternehmen erfolgreich gewesen. Das Symbol gab mir auch Information im gegenwärtigen Bezug zu meiner Freundin M. Tubbs. Seth sagte, daß sie einige Schwierigkeiten hatte, bei denen Wasser eine Rolle spielte. Er erwähnte die Möglichkeit, daß sie schwanger war und das Fruchtwasser abgegangen war. In jedem Falle schien Wasser irgendwie von Bedeutung zu sein. Über Briefe überprüften wir das mit M. Tubbs. Sie war nicht schwanger, aber zur Zeit meines Traumes fegte der Hurrikan Cleo direkt über die nahe an der Küste gelegene Stadt in Florida hinweg, in der sie lebt. Die ganze Familie war sehr beunruhigt, denn überall schien Wasser zu sein.

Hier enthielt das eine Symbol *»tub«* Bedeutung auf verschiedenen Ebenen des Unbewußten und beinhaltete Information im Zusammenhang mit Vergangenheit, Gegenwart und Zukunft. Eine Erforschung Ihres eigenen Traumbuches könnte Sie die Schlüsselsymbole Ihrer Träume entdecken lassen. Sagen Sie sich im Zustand der Selbsthypnose, daß Sie sich der Bedeutung dieser Symbole entsinnen oder diese Symbole entdecken werden, wenn Sie sie über die Deutung Ihrer Träume nicht herausfinden können. Sie können sich auch diese Suggestionen ohne Hypnose kurz vor dem

Einschlafen geben. Untersuchen Sie dann die verschiedenen Träume und benützen Sie die Symbole als Schlüssel zur Entzifferung. Wenn Sie Ihre Experimente mit psychischer Zeit machen, können Sie auch Ihr Unbewußtes bitten, Ihnen Information über bestimmte Traumsymbole zu geben.

Gehen Sie auch ihr Traumnotizbuch durch, um festzustellen, ob Sie in Ihren Träumen ständig mit denselben Leuten sprechen – Personen, mit denen Sie im normalen Leben nicht bekannt sind. Wenn wir schon vormals gelebt haben und ein Teil des Selbst Erinnerungen an vergangene Leben so wie auch an die Kindheit hat, dann träumen wir möglicherweise von Personen, die wir in anderen Existenzen kannten. Es könnten also in unseren Träumen Anhaltspunkte für vergangene Reinkarnationen gefunden werden, Anhaltspunkte, die uns alte Identitäten erinnern lassen.

Weisen Sie Ihr Unbewußtes an, Sie die Bedeutung solcher Traumerfahrungen erkennen zu lassen. Wie gesagt, Sie können Selbsthypnose oder Experimente mit psychischer Zeit anwenden oder sich die entsprechende Suggestion vor dem Einschlafen geben. Haben Sie Erfolg mit automatischem Schreiben oder automatischem Sprechen, dann bitten Sie diese Ihre Quelle um Information. Das Seth-Material sagt aus, daß Beweise für Reinkarnation durch systematische Erforschung der menschlichen Persönlichkeit in Hypnose, Trancezuständen und Dissoziation, verbunden mit ernsthafter Überprüfung aller erhaltener Informationen, zu erlangen sind. Dies beinhaltet eine Überprüfung aller Angaben an Hand von öffentlichen und historischen Dokumenten.

Zu diesen Daten können wir nur durch Selbst-Erforschung kommen. Wir können nicht hoffen, die Möglichkeit oder Unmöglichkeit von Reinkarnation zu beweisen, solange wir nicht Informationen von der inneren Persönlichkeit erhalten. Und wir können diese Information bekommen. Die Frage ist: Sind die Angaben in faktischer Hinsicht stichhaltig, oder handelt es sich um Erfindungen des Unbewußten? Darauf kann uns nur die Überprüfung der augenscheinlichen Fakten eine Antwort geben.

Die ganze Angelegenheit ist von durchaus praktischer Bedeutung. Wenn wir andere Leben gelebt haben, dann verfügen wir vielleicht über in der Vergangenheit entwickelte Fähigkeiten, die wir aus verschiedenen Gründen nicht nutzen. Wenn Reinkarnation eine Tatsache ist, dann haben möglicherweise auch gesundheitliche Veranlagungen ihren Ursprung in der Vergangenheit; Neurosen mögen ihre Grundlagen in Erfahrungen vergangener Leben haben; gegenwärtige verwandtschaftliche Beziehungen könnten mit anderen persönlichen Beziehungen in vergangenen Leben erklärt werden.

Wann immer Besucher bei einer Seth-Sitzung zugegen waren, wurde stets eine kurze Geschichte der jeweiligen verschiedenen Reinkarnationen gegeben. Diese beinhaltet gewöhnlich vergangene verwandtschaftliche Beziehungen, und in vielen Fällen kannten sich gegenwärtige Familienmitglieder in vergangenen Leben. Die Informationen, die wir über unsere eigenen Familien erhielten, waren psychologisch gesehen einleuchtend und in praktischer Hinsicht äußerst hilfreich.

Unsere eigenen Erfahrungen lassen uns die Möglichkeit der Reinkarnation ernsthaft in Erwägung ziehen. Es stimmt, daß unsere Experimente wissenschaftlich gesehen keinen entscheidenden Beweis erbrachten, aber die Resultate sind so ermunternd, daß wir unsere Forschungen fortsetzen wollen. Auch verfügen wir über keinen ausreichenden Hinweis darauf, daß Reinkarnation nicht möglich ist.

Die alten Argumente gegen die Reinkarnation greifen nicht länger. In vergangenen Jahrhunderten war die Theorie mit dem Verweis darauf, daß wir keine Erinnerungen an irgendwelche möglichen vergangenen Leben haben, leicht abzutun. Jetzt, da wir mehr über die menschliche Persönlichkeit verstehen, ist dieses Argument bedeutungslos. Denn nun ist es offensichtlich, daß viele Erinnerungen aus der Kindheit im Unbewußten gespeichert sind. Wir wissen, daß wir auf vergangene Ereignisse reagieren, auch auf jene, die wir nicht bewußt erinnern. Es gibt keinen Grund, warum Erinnerungen aus vergangenen Leben nicht in gleicher Weise unterdrückt sein könnten.

Neue wissenschaftliche Erkenntnisse lassen vermuten, daß Realität weitaus fremdartiger und unbekannter ist, als wir angenommen haben. Einstein selbst war an der Erforschung außersinnlicher Wahrnehmung sehr interessiert. Und gewiß sollte uns die Entdekkung der Antimaterie auf weitere Entdeckungen in der Welt des Nicht-Greifbaren gefaßt machen.

In einem Buch, das sich mit so vielen Aspekten verborgener Phänomene befaßt, ist nur schwer mehr als eine kurze Erklärung über das unterzubringen, was Reinkarnation sein könnte, wie sie geschieht und welche Untersuchungen zur Überprüfung durchgeführt werden können. Wir können es uns nicht leisten, Möglichkeiten zu ignorieren. Wir können es uns nicht leisten, unsere Fragen und Forschungen auf bekannte und akzeptierte Gebiete zu beschränken. Neue Erkenntnisse kommen oft durch die Hintertür.

Es folgen einige kurze Auszüge aus dem Seth-Material, in denen praktische Fragen im Zusammenhang mit Reinkarnation besprochen werden, Fragen, die Ihnen beim Lesen dieses Kapitels gekommen sein mögen. Sie stammen aus verschiedenen Sitzungen und beinhalten Themen wie Geschlecht und Reinkarnation, vergangene Leben und verwandtschaftliche Beziehungen, Verantwortlichkeit und Schulden aus anderen Leben.

Über Reinkarnation und Geschlecht

Ein Übermaß an männlichen Existenzen macht eine Persönlichkeit in weiblicher Manier bitter ohne das innere Verstehen und Mitgefühl, das gewöhnlich mit dem weiblichen Geschlecht verbunden wird. In gleicher Weise führen durchgängig weibliche Existenzen zur Verhärtung der Persönlichkeit ohne die innere Stärke, die gewöhnlich mit dem männlichen Geschlecht verbunden wird. Aus diesem Grund leben die meisten Wesenheiten männliche und weibliche Existenzen.

Über persönliche Schulden und Reinkarnation

Daraus folgt nicht, daß ihr mit jeder Person, mit der ihr befaßt seid, auch in vergangenen Leben zu tun hattet. In den verschiedenen Existenzen begegnet ihr immer sowohl neuen Persönlichkeiten wie auch Menschen, die ihr kanntet. In der Tat löst ihr oft die mit bestimmten Persönlichkeiten entstandenen Probleme, indem ihr anderen Persönlichkeiten in anderen Leben helft.

Es gibt gewisse Gesetze, denen diese Angelegenheiten unterstehen. Aber achtet auf meine Worte: Alle Schulden werden bezahlt. Diese Schulden stellen tatsächlich Herausforderungen an die betreffende Persönlichkeit dar. Das Wort »Schulden« impliziert Schuld, und eine solche Mitbedeutung liegt nicht in meiner Absicht.

Das Gefühl von ursprünglicher Sündhaftigkeit ist jedoch zweifellos zum Teil ein inneres Wissen um Schulden dieser Art, doch wie gesagt geht es nicht um Schuld im üblichen Sinn.

Es gibt immer eine Vielfalt von persönlichen Problemen, die durchgearbeitet werden müssen, aber Zeit, Ort und Beziehung sind der eigenen Wahl überlassen.

Sie als Leser werden sich selbst eine Meinung bilden müssen, ob Sie die Reinkarnationstheorie als eine Möglichkeit oder Unmöglichkeit oder als eine Tatsache des Lebens betrachten, die bislang noch nicht wissenschaftlich bewiesen ist. Diejenigen von Ihnen, die interessiert sind, sollten einige der ausgezeichneten Bücher lesen, die zu diesem Thema inzwischen erschienen sind. Wer an Selbst-Erforschung interessiert ist, hat zumindest einige Hinweise bekommen, wie solche Experimente durchgeführt werden können.

Zum Abschluß dieses Kapitels füge ich einen Auszug aus einer Seth-Sitzung bei, in der Reinkarnation im Zusammenhang mit einer bestimmten Person diskutiert wird. Der Auszug ist ein ausgezeichnetes Beispiel dafür, wie Seth mit Hilfe von Reinkarnationsmaterial gegenwärtige Persönlichkeitstendenzen und Gesundheitsprobleme erklärt. Die in dieser Sitzung enthaltenen Einsichten sind psychologisch gesehen plausibel. Die betreffende Person stotterte stark, was hier angesprochen wird.

Liest man diesen Auszug durch, dann läßt sich leicht nachvollziehen, wie eine Krankheit oder Behinderung ihren Ursprung in einer fernen Vergangenheit haben kann und dort ruht, bis sie durch ein Ereignis in diesem Leben aktiviert wird. Der Gast, auf den in dieser Sitzung Bezug genommen wird, war ein sehr flüchtiger Bekannter. Zum Zeitpunkt der Sitzung hatten wir ihn erst einmal getroffen, und das vor etwa sieben Jahren. Dies war die erste Sitzung, die nicht bei uns zu Hause abgehalten wurde. Von guten Freunden abgesehen halten wir nur sehr selten Sitzungen für andere ab. Dies war eine Ausnahme von der Regel.

Auszüge aus Sitzung 89

Der Mann hatte mit keinem von euch in einem vergangenen Leben zu tun, auch sehe ich ihn nicht zu irgendeiner Zeit in England. Statt dessen sehe ich das Mittelmeergebiet um 1500, und es ist diese Zeit, in der seine gegenwärtige Sprachbehinderung ihren Ursprung hat.

Die Behinderung in diesem Leben begann zu einer Zeit, 1507, als er nicht sprach und sprechen hätte müssen, denn das Leben eines Mannes stand auf dem Spiel. Er sprach nicht, weil er Angst hatte, und nun kann er nicht sprechen, wenn er es sich am meisten wünscht.

Dem kann abgeholfen werden. Es ist einigermaßen verständlich, wenn man ein Schuldgefühl ein Leben lang mit sich herumschleppt. Ein Schuldgefühl, das seelisch seit ungefähr 1500 andauert, heißt das Gewissen ein bißchen überstrapazieren. Er hat sein ursprüngliches Unrecht mehr als wieder gutgemacht, das zudem unter den damaligen Umständen verständlich war.

Da war eine Armee aus einem anderen Land, eine Invasion. Man glaubte, daß es in der Kompanie dieser Person einen Verräter gäbe. Man hielt den Mann, der nun bei dieser Sitzung anwesend ist, für diesen Verräter. Er wies das von sich. Aber als man zu dem Schluß kam, daß ein anderer Mann der Schuldige sei, ein Mann, von dem er wußte, daß er unschuldig war, ließ er sie, um seinen eigenen Hals zu retten, glauben, daß der unschuldige Mann schuldig sei.

Dafür bezahlte er wieder und wieder. Niemand verlangte das von ihm. Schon damals fühlte er sich wegen seines Verrats schuldbewußter und quälte er sich mehr als es bei den meisten anderen der Fall gewesen wäre. In seinem unmittelbar letzten Leben plagte er sich mit einem nicht zu gebrauchenden Arm, rechten Arm, damit er, seht ihr, nicht wieder auf jemanden deuten konnte. Diesmal ist der selbstauferlegte Defekt geringfügiger, eher ein Ärgernis. Aber ein solches Ärgernis kann zur Tortur werden.

(Sofort nach der Sitzung erfuhren wir, daß die betreffende Person nicht wie die meisten ihre rechte Hand benützt, sondern beidhändig ist.)

Dafür besteht keine Notwendigkeit. Auf andere Weise, durch konstruktive Handlungen, hat er mehr als gutgemacht. Die Erkenntnis, daß er jenen Verrat mehr als wieder aufgewogen hat, sollte, wenn er sich diese Information zu Herzen nimmt, eine Minderung der Symptome zur Folge haben, die wiederum zu deren Verschwinden führen könnte.

Und er kennt den Mann, den er einst so verraten hat. In diesem Leben war er ihm gegenüber gütig. Im gegenwärtigen Leben hat er viel für diesen Mann, den er einst verriet, aufgegeben. Auch sagt Karma nichts dergleichen wie »Auge um Auge«, noch verweist es irgendwie auf Bestrafung. Karma ist im physischen Bereich nur das Resultat persönlicher Entwicklung und stellt die sich herausbildende Erkenntnis dar, daß wir alle psychisch und physisch Teil von All-das-was-ist sind. Wenn wir verletzen, dann verletzen wir nicht den anderen, sondern uns selbst. Wir müssen solche Narben nicht ewig tragen. Es gibt eine Zeit, wenn wir, sogar unbewußt, vergessen müssen, daß wir uns vergangen haben.

Die Persönlichkeit, um die es hier geht, *kann* sich sehr gut ausdrücken. In der Zeit um 1500 war er sehr beredt. Wegen dieser Beredsamkeit, so überzeugend, so glattzüngig, die seine Vorgesetzten dazu brachte, den Anschuldigungen gegen den unschuldigen Mann Glauben zu schenken, fürchtet er sich nun davor, von dieser Beredsamkeit Gebrauch zu machen.

Das Verlangen der jetzigen Persönlichkeit, sich auszudrücken, im Widerspruch zu den unbewußten Erinnerungen an jenes vergangene Leben und der damit verbundenen Angst vor den Auswirkungen einer unbesonnenen Eloquenz verursacht nun das Problem.

Der Mann, der einst von der hier betroffenen Persönlichkeit verraten wurde, ist jetzt sein Vater. Unbewußt weiß der Vater das. Und warum sonst würde er von einem Sohn fordern, was keinem Vater zusteht? Ich sage damit nicht, daß der Vater bewußt Lieblosigkeit oder Rache beabsichtigt. Der jetzige Vater liebt den einzigen Sohn. Es ist nicht der Sohn, den der Vater verletzen wollte: es ist der Mann, der der Sohn einst war.

Während der Vater es also seinem ehemaligen Verräter heimzahlt, kränkt er den Sohn, ohne zu wissen warum. Er kann seine Grausamkeit gegenüber dem Sohn oder die Handlungen, zu denen er sich gezwungen fühlt, nicht verstehen. Und der Sohn, der den Vater liebt, kann weder dessen kleine Grausamkeiten noch sein eigenes daraus bezogenes Dankbarkeitsgefühl verstehen. Er, mit seinem Gewissen, begrüßt diese kleinen Grausamkeiten, weil sie ihm das Gefühl geben, daß er Buße tut, und für was?

Für ein Unrecht, für das voll bezahlt worden ist. Und jede kleine Grausamkeit, die der Vater begeht, verletzt den Vater umso mehr, denn er ist bestürzt über seine Behandlung des Sohnes, dem er, was die bewußten Empfindungen angeht, tatsächlich väterliche Gefühle entgegenbringt.

Durch das Ertragen dieser Grausamkeiten erreicht die jetzige Persönlichkeit zwei Ziele. Er tut unnötigerweise Buße, gleichzeitig aber schlägt er zurück, indem er beim Vater Stunden der Reue verursacht.

Um der jetzigen Identität eine mehr oder weniger logische Erklärung für ein Symptom zu liefern, das seinen Ursprung in einem vergangenen Leben hat, bringen Persönlichkeiten oft ein Ereignis aus diesem Leben vor, das dann vom persönlichen Unbewußten als Sündenbock ausgemacht werden kann.

(Hier wird eine spezielle Situation beschrieben. Der Vorfall war trivial und bekam nur aufgrund der inneren Spannungen der betreffenden Person Gewicht. Seth sagte aus, daß sich die Person diese bestimmte Episode nicht ins Gedächtnis zurückrufen würde, daß sie aber von seinem persönlichen Unbewußten als Sündenbock für das Stottern diene, und daß er in diesem Leben seit diesem Vorfall stottere.)

Kommunikation ist ein Gebiet, auf dem die Persönlichkeit äußerst erfolgreich sein wird. Die Persönlichkeit wird bei ihrer gegebenen Beschränkung hinsichtlich der Sprachkommunikation Befriedigung auf einem oder mehreren Gebieten finden, auf denen sein latentes Verlangen nach Kommunikation ein Ventil finden kann.

(Hier wurde der elektronische Bereich genannt, in dem die betreffende Person Übung hat.)

Die Persönlichkeit sollte das Haus ihres Vaters verlassen. Wie kann er sich in Gegenwart eines Mannes ausdrücken, von dem er fühlt, daß er ihn einst verraten hat? Er schuldet dem Vater nicht mehr als die normale Zuneigung des Sohnes. Der Versuch, oberflächlich das Gefallen des Vaters zu erregen oder ihn in Bereichen zu erfreuen, die die eigene Person nicht interessieren, wird nicht zur persönlichen Weiterentwicklung oder zum Erfolg führen, und auch dem Vater in keiner Weise helfen.

Die Liebe, die zwischen Vater und Sohn besteht, kann am besten aufrecht erhalten und genährt werden, wenn der Sohn eigenständig ist, und der Vater weiß, daß er dazu in der Lage ist. Denn der Vater bedauert die Opfer, die er unbewußt forderte. Und der Sohn bedauert die Opfer, die er brachte.

Ruburt glaubt nicht, daß sich ein Hausgast derart benehmen sollte, wie ich mich benehme, aber dann bin ich ja auch gar nicht der Hausgast. Ich empfinde es als ziemlich schmerzliche, selbst-auferlegte Pflicht, in persönlichen Geschichten herumzugraben, und erachte es eigentlich als unter meiner Würde, mich als seelischer Schlüssellochgucker zu betätigen. Aber es sind zu wenige, die mit Aufrichtigkeit und Unvoreingenommenheit in sich hineinsehen können, und wenn dieses Material irgend etwas bewirken soll, dann muß es auf Wissen ausgerichtet sein, und Wissen muß in menschlichen Begriffen vermittelt werden.

KAPITEL XIII

Hinweise auf das Überleben der menschlichen Persönlichkeit

Hier wollen wir uns hauptsächlich mit einigen persönlichen Episoden befassen, die uns die Möglichkeit des Überlebens der menschlichen Persönlichkeit über die Verwandlung hinaus, die wir Tod nennen, akzeptieren lassen. Diese Vorfälle bieten keinen schlüssigen Beweis für ein solches Überleben, aber sie werfen Fragen auf, denen nachgegangen werden muß. Im anschließenden Kapitel wird die Angelegenheit noch gründlicher und im allgemeinen diskutiert, und es werden Anleitungen für Experimente gegeben.

Die Ereignisse, mit denen wir uns hier befassen, können in zwei Hauptgruppen unterteilt werden: diejenigen, bei denen automatisches Sprechen beteiligt ist, und jene, bei denen physische Phänomene auftreten. Ich erwähne den Malba-Vorfall nur deshalb, weil er an sich ein interessantes, wenn auch geringeres Beispiel für eine Persönlichkeit ist, die behauptet, einst mit physischer Materie verbunden gewesen zu sein, jetzt aber unabhängig davon zu existieren.

Diese Episode war das Ergebnis eines Experiments, das Robert und ich unabhängig von den Seth-Sitzungen unternahmen. Wir saßen einfach eines Abends im stillen Wohnzimmer und warteten. Bald begann ich zu sprechen. Die Stimme war meine eigene, aber Wortwahl, Sprachrhythmus und Modulation waren ungewöhnlich. Die Stimme klang ziemlich leise und verdrießlich. Malba hörte sich wie eine etwas seichte, nicht sehr intelligente, aber wohlmeinende Frau an.

Tatsächlich waren wir, im Abstand von etwa zwei Wochen, zwei

Sitzungen lang damit befaßt. In der ersten Sitzung erhielten wir sehr wenig Information, erfuhren nur, daß sich die Persönlichkeit Malba Brownson nannte und 1946 im Alter von sechsundvierzig in South Dakota gestorben sei. Die zweite Sitzung war weitaus interessanter, und von dieser wird hier berichtet.

Sie buchstabierte ihren Mädchennamen, Shilcock. Dies ist zusammengefaßt ihre Geschichte. Sie wuchs mit einer Tante und einem älteren Bruder auf, heiratete mit achtzehn und arbeitete in einer Kleider- oder Textilfabrik, die nur vage beschrieben wurde, an einem Ort, der wie Decatur, South Dakota, klang.

Wir hatten einige Probleme mit dem Wort Decatur. Es sprach sich aus wie Dek-a-tur mit Betonung auf der ersten Silbe. Sie sagte, sie sei ihrem Mann in der Fabrik begegnet, wo er Vorarbeiter war. Er starb 1962 in Marlboro, England, wo er Verwandte besucht hatte. Nach der Heirat behielt er seinen Job, führte aber auch eine Farm außerhalb von Decatur, wo das Paar lebte. Laut Malba war der Boden schlecht und ihr Mann kein guter Farmer.

Sie waren achtundzwanzig Jahre lang verheiratet und hatten eine Tochter und einen Sohn. Der Sohn lebt nun in Los Angeles, Kalifornien. Sie schien nicht zu wissen, wo die Tochter war, erwähnte aber, daß ihr Sohn zwei Töchter habe. Malba selbst arbeitete nur ein paar Monate in der Textilfabrik.

Die eher nüchterne und trockene Beschreibung ihres Todes war ziemlich faszinierend. Ihrer Erzählung nach starb sie 1946 in der Küche des Farmhauses. Sie stand am Ausguß und spülte das Geschirr und sah hinaus auf die »trübselige« Landschaft. Draußen parkte ein Lieferwagen. Sie fühlte einen stechenden Schmerz in der Brust und starb an einem Herzinfarkt.

Als sie zu Boden fiel, zerbrach sie einen Teller. Als nächstes weiß sie, daß sie über die Felder rannte, um Hilfe zu holen. Daß sie tot war, wurde ihr erst klar, als sie ins Haus zurückkehrte und ihren Körper in der Küche liegen sah. Als Robert sie fragte, wo denn ihre Familie zu der Zeit war, antwortete sie: »Mein Mann und mein Sohn waren irgendwo auf der Farm.« Robert fragte dann nach der Tochter und bekam zur Antwort, daß sie von zu Hause weggerannt sei.

Der Mann heiratete sieben Monate nach Malbas Tod wieder, und Malba sprach sehr verärgert von dieser neuen Heirat. Nach dem Tod des Mannes zog die zweite Frau nach Kalifornien und lebte dort bei Malbas Sohn und dessen Familie. Malba war darüber verbittert.

Ihre Kindheit war, so wie sie sie schilderte, nicht sehr erfreulich gewesen. Malbas Eltern waren nicht verheiratet, und sie wuchs bei einer Tante auf, die sich auch um ihren Bruder kümmerte. Malba schämte sich, daß sie unehelich war und sagte Robert: »Es ist sehr wichtig, einen guten Namen zu haben.« Sie konnte ihren Eltern nichts abgewinnen und wollte nicht über sie sprechen.

Sie konnte nicht erklären, wie sie den Kontakt mit uns herstellte und fügte hinzu, daß »sie uns mochte, weil wir uns nicht über sie lustig machten.« Auf unsere Frage hin sagte sie, daß ihr Mann versucht hatte, Luzerne, Weizen, Tabak und Mais anzubauen.

Unsere Straßenkarte weist keinen Ort namens Decatur in North oder South Dakota auf. Decatur klingt jedoch so ähnlich wie Dakota, und es könnte sich um eine Verzerrung des Namens handeln. Mit einer Ausnahme haben wir keine weiteren Experimente dieser Art unternommen, weil wir mit den Seth-Sitzungen zu beschäftigt waren. Außerdem sind solche Sitzungen zwar interessant, fügen unserem Wissen aber nichts Wesentliches hinzu.

Die Frage der Stadt, in der Malba angeblich lebte, ist noch immer offen, und das machte eine Überprüfung ihrer Geschichte fast unmöglich. Es wäre natürlich möglich, daß die ganze Geschichte eine Erfindung meines Unbewußten war. Andererseits könnte es sich auch um eine authentische Persönlichkeit handeln, die den physischen Tod überlebt hat.

Der nächste Vorfall ist etwas komplizierter und bedarf einer kurzen Erläuterung. Ein gewisser Vater Traynor war in meiner Kindheit über viele Jahre hinweg zu Gast in unserem Haus. Es gab Zeiten, in denen wir ihn nicht sahen, da er einem Missionsorden angehörte und oft reiste. Zur Unterstützung meiner Neigung, Gedichte zu schreiben, pflegte Vater Traynor meiner Mutter und mir aus einem alten Gedichtband vorzulesen. Chestertons »Lepanto« und Grays »Elegy in a Country Churchyard« waren seine

Favoriten und diese beiden Gedichte las er uns stets vor. Sehr selten bezog er andere Gedichte mit ein. Er las sie sehr dramatisch und mit vielen Gesten vor und sprach eine merkwürdige Mischung aus irischem und ziemlich gekünsteltem Bostoner Akzent.

Kurz vor der besagten Episode arbeitete ich an einer Charakterstudie von Vater Traynor. Er war nun schon seit fast fünfzehn Jahren tot, und in seinen letzten fünf Lebensjahren hatte ich nicht viel von ihm gesehen. Zu meiner Bestürzung war mein Gedächtnis nicht so gut wie ich gedacht hatte. Ich konnte mich nur an weniges entsinnen. Seine Eigenarten und Verschrobenheiten waren mir völlig aus dem Gedächtnis entschwunden.

Da beschloß ich, die beiden Gedichte, an denen er sich so erfreut hatte, laut vorzulesen, in der Hoffnung, in dieser Weise mein Gedächtnis aufzufrischen. Vielleicht fallen mir wenigstens ein paar Gesten wieder ein, dachte ich. Es war neun Uhr morgens, ein strahlend sonniger Morgen. Die Fenster standen weit offen. Ich stellte eine Tasse frischen Kaffee auf meinen Schreibtisch, öffnete eine Gedicht-Anthologie, suchte die Gedichte heraus und begann zu lesen.

Zu meinem Erstaunen dröhnte meine Stimme buchstäblich heraus, sehr tief, laut und männlich. Ich war völlig überrascht. Ich ging im Zimmer rasch auf und ab, während ich mit dieser lauten, ungewöhnlichen Stimme alle acht Seiten vorlas. Als das letzte Gedicht beendet war, verschwand die Stimme.

War sie tatsächlich so laut und tief gewesen, wie sie mir erschien? Ich konnte es nicht überprüfen. Ich war allein in der Wohnung. Da die ganze Sache ungeplant war, hatte ich kein Tonband mitlaufen lassen. War es die Stimme Vater Traynors gewesen? War die ganze Angelegenheit nur eine Halluzination? War nur mir die Stimme laut, tief und männlich erschienen? Ich beschloß festzustellen, ob sich die Sache wiederholen ließe, diesmal mit Tonband.

Ich nahm das Buch auf, stellte das Tonbandgerät an und begann noch einmal. Die ersten Worte wurden normal gesprochen, dann übernahm die dröhnende Stimme wieder. Die ganze Darbietung wurde, wenn auch leicht reduziert, wiederholt. Ich hatte das

Gefühl, in der Stimme zu sein, so als umhülle sie mich mit einer stetigen belebenden Energie.

Dies war erst der Beginn der Vater-Traynor-Episode. Der nächste Vorfall ereignete sich einige Monate später an einem Sonntagabend. Wir ließen das Tonband mit der besagten Stimme für unsere Freunde Mr. und Mrs. William Gallagher ablaufen. Als wir es uns angehört hatten, bat mich Bill Gallagher, ein paar Zeilen aus einem der Gedichte vorzulesen und mich dabei zu bemühen, mit derselben tiefen Stimme zu sprechen.

Zufällig hatte ich eine starke Erkältung. Meine Kehle war trokken, und wegen meiner Erkältung hatten wir die letzte Seth-Sitzung ausfallen lassen. Ich bezweifelte auch, daß wir die für den nächsten Abend anberaumte Sitzung abhalten würden. Ich sagte jedoch, daß ich trotz der Erkältung einen Versuch unternehmen wolle. Ich wollte feststellen, wie tief meine Stimme werden konnte, wenn ich mich darum bemühte. Sobald ich das Buch aufgenommen hatte, übernahm die Stimme Vater Traynors. Ich hatte einen schnellen klaren Gedanken: Was immer hier vor sich ging, mein Hals würde nicht mitmachen. Die Erkältung war so stark, daß ich nicht sah, wie ich das ganze Gedicht mit normaler Lautstärke vorlesen sollte. Doch die Stimme dröhnte dahin. Die Wirkung war sogar noch verblüffender als auf dem Tonband.

Das Zimmer war normal für eine abendliche Unterhaltung beleuchtet. Es war keineswegs dunkel. Ich saß in einem Schaukelstuhl, die Augen weit offen, und las das Gedicht. Laut Robert und den Gallaghers waren meine Augen dunkler und leuchtender als gewöhnlich. Ich gestikulierte viel mit der linken Hand. Subjektiv hatte ich das Gefühl, sie sei weitaus dicker als meine andere Hand, obwohl sie nicht anders aussah. Die Gesten waren nicht typisch für mich. Es war ein warmer Abend. Die Fenster standen alle offen, und diese tiefe Stimme dröhnte in einer Lautstärke, für die meine Stimmbänder sicherlich nicht geschaffen schienen.

Die Stimme hatte einen besonderen, singenden Rhythmus. Sie besaß zudem jene sehr beeindruckende Qualität ausgezeichneter Redner, deren Stimme auch in einem großen Publikumssaal überall vernehmlich ist. Ich habe keine Stimmausbildung oder Schauspielerfahrung. Als das Gedicht beendet war, verschwand die Stimme. Wir saßen da und diskutierten den Vorfall. Die Unterhaltung wandte sich dann den Seth-Sitzungen zu. Bill Gallagher hat ein Magengeschwür, und wir fragten uns, was Seth wohl dazu sagen würde. Eine äußerst ungewöhnliche Seth-Sitzung begann, ungeplant, spontan.

Diesmal war die Stimme Seths sogar noch lauter als die Vater Traynors. Der tiefe, männliche Ton war unverkennbar. Das außergewöhnliche Stimmvolumen wurde über zwei Stunden aufrechterhalten. Seth sprach so schnell, daß Robert Mühe mit seinen Notizen hatte. Mehrmals bat er Seth, seine Übermittlung zu verlangsamen.

Seth sagte Robert, er solle auf meine Gesichtszüge achten. Unglücklicherweise schrieb Robert so schnell als möglich mit und hatte keine Zeit, aufzublicken. Wir hatten kein neues Tonband mehr, und das Gerät war nicht auf Aufnahme eingestellt. Bill Gallagher saß mir direkt gegenüber. Peggy saß an der Seite und konnte nur mein Profil sehen. Bill war sich sicher, eine Veränderung meiner Gesichtszüge gesehen zu haben. Peggy war sich aus ihrem Blickwinkel nicht ganz sicher. Robert sah kaum auf. Seth hatte die Bemerkung, »beobachte Ruburts Gesichtszüge«, relativ beiläufig einige Minuten zuvor gemacht.

Als Seth deutete ich auf Bill und sagte, daß ihm sein Magengeschwür für den Rest des Abends nicht mehr zu schaffen machen würde. Es hatte ihn sehr geplagt und er trank Milch. Von diesem Moment an hörten die Schmerzen auf und kamen erst sehr viel später wieder, nachdem er und Peggy schon zu Hause waren. Suggestion könnte hierfür verantwortlich sein, aber jedenfalls war dies für Bill eine höchst willkommene Erleichterung. Die Gallaghers sind beide intelligente Menschen. Peggy ist Reporterin bei einer Lokalzeitung, und Bill arbeitet dort in der Werbeabteilung. Vor allem Peggys Beobachtungsgabe ist aufgrund ihres Berufs geschult, und Bill ist alles andere als leichtgläubig.

Dieser Teil der Sitzung dauerte über eineinhalb Stunden und schloß sich unmittelbar an die Vater-Traynor-Episode an. Danach gingen die Gallaghers. Sobald wir allein waren, wurde die Sitzung wieder aufgenommen. Meine Augen waren weit offen. Ich saß Robert gegenüber. Wir saßen beide am Wohnzimmertisch.

Das folgende sind Auszüge aus Roberts Notizen. Da hier auch physische Phänomene auftraten, deren ich mir nicht bewußt war, sind hier seine Notizen besser als jede Erklärung, die ich geben könnte. Robert schrieb seine Beobachtungen sofort auf.

Auszüge aus den Notizen Robert Butts

»Als Jane zu sprechen begann, saß sie erst im Schaukelstuhl, aber nach wenigen Worten stand sie auf und setzte sich zu mir an den Tisch. Ihre Augen waren weit offen, dunkel und leuchtend. Sie starrte mich an. Ich fühlte ein unmittelbares Beteiligtsein, etwas Neues bei diesen Sitzungen. Der direkte Blick ihrer Augen war verwirrend und beunruhigend. Dieser Effekt wurde noch verstärkt, da ich nun eine Veränderung ihrer Gesichtszüge wahrzunehmen glaubte.

Wenn ich versuche, objektiv zu sein, dann kann ich vielleicht sagen, daß diese Veränderung teils physischer Natur war und teils von einem subjektiven Empfinden meinerseits herrührte. Janes Gesichtsausdruck war außerordentlich lebendig. Wo ich vorher keine Veränderung wahrgenommen hatte, obgleich Bill Gallagher sie gesehen hatte, verloren jetzt Janes Gesichtszüge etwas von ihren weiblichen Merkmalen und wurden kantiger und straffer, so als wollte sich eine männliche Präsenz absichtlich zeigen.

Ich glaube, daß mir ihr Gesicht auch älter erschien. Ich hatte das Gefühl, durch ihre Augen von einer männlichen Persönlichkeit beobachtet zu werden. Das Empfinden, es mit einer anderen Persönlichkeit als Jane zu tun zu haben, war sehr stark. In der Tat war ich mehr damit befaßt, die Art der Veränderung, die ich beobachtete, zu beschreiben, als mich zu fragen, ob die Veränderung tatsächlich stattfand.«

(Einige weitere sehr überraschende stimmliche Phänomene

traten auf. Hier folgen kurze Auszüge aus späteren Teilen der Sitzung. Sie beinhalten Roberts Notizen und einige Kommentare Seths. Bitte erinnern Sie sich daran, daß Seth mich Ruburt und Robert Joseph nennt.)

Ich möchte nie zuviel von seiner Energie in Anspruch nehmen, und du bist in dieser Hinsicht ein richtiger Wachhund, was gut ist. Trotzdem hatte ich das Gefühl, es sei legitim, diese Sonderzeit in Anspruch zu nehmen und mit euch zu sprechen, da es nur wenige Gelegenheiten gibt, bei denen Ruburts mediale Fähigkeiten und Energien so gestimmt sind, daß wir in dieser Weise zusammenarbeiten können.

Es tut mir leid, daß du mit dem Protokollieren so beschäftigt sein mußt. Die Sitzung dieses Abends wird für Ruburt und auch für dich außerordentlich nützlich sein. Ich muß im Rahmen seiner Entwicklung arbeiten. In bezug auf seine Fähigkeiten kann ich keinen Einfluß auf ihn nehmen. Ich werde ihn nicht drängen. Auf längere Sicht würden wir dadurch verlieren.

Wir waren hier mit Variationen des Trancezustands befaßt, während wir zur gleichen Zeit mit unserem eigenen Material vorankommen wollten, so wurden zwei Unternehmen zu einem verbunden.

Sind deine Hände vom Schreiben müde?

»Nein, es geht.«

»Tatsächlich war ich sehr müde. Es war eine jener Situationen, in denen weiterzumachen leichter ist, als aufzuhören und dann wieder zu beginnen. Meine Schreibhand war ermattet. Seth/Jane saßen da, sahen mich an und lächelten, als seien sie entschlossen, eine Ewigkeit weiterzusprechen.«

Eure sehr menschlichen Beschränkungen machen mich verzagt, und wenn ich lächle, dann nicht aus Spott –

»In Ordnung.«

... sondern aus Dankbarkeit für euren Mut und eure Standhaftigkeit. Ich schlage jedoch eine Pause vor.

»Während dieser Übermittlung war ich mir nach wie vor Janes veränderter Gesichtszüge bewußt, die ich teilweise auf eine physische Veränderung und teilweise auf ein subjektives Empfinden zurückführte. Es war, als ob Jane, die mir so vertraut war, einen Schritt von mir zurückgetreten sei und einer anderen Persönlichkeit hervorzutreten erlaubte, was eine leichte physische und eine sehr viel stärkere psychische Veränderung mit sich brachte...

...Zu meiner echten Überraschung wurde Janes Stimme sogar noch gewaltiger. Dies gründete sich auf reine Stärke und Macht. Dabei waren keinerlei Anzeichen von Anstrengung zu bemerken. Ich wäre nicht überrascht gewesen, wenn die Decke über mir in Schwingung versetzt worden wäre. Die Wirkung war buchstäblich betäubend. Ich kann das Maß des Stimmumfangs nicht beschreiben und nur sagen, daß mich die Stimme umhüllte.«

(Ende von Roberts Notizen)

Die ganze Episode, der Vorfall mit Vater Traynor eingeschlossen, dauerte vier Stunden. Danach fühlte ich keine Überanstrengung meiner Stimmbänder oder Halsbeschwerden. Tatsächlich fühlte ich mich besser als zu Beginn des Abends. Dies war die erste Sitzung, bei der so überraschende Stimmveränderungen auftraten, obwohl es in der Vergangenheit gelegentlich weniger dramatische stimmliche Manifestationen gegeben hatte. Seit dieser Sitzung traten diese Stimmphänomene jedoch mit einiger Häufigkeit auf.

Abgesehen von der oben erwähnten Veränderung der Gesichtszüge zeigten sich wenige reale physische Phänomene. Ein derartiger Vorfall ist jedoch erwähnenswert. Bei einer Seth-Sitzung war sich ein Freund, William Cameron Macdonnel ganz sicher, eine Erscheinung gesehen zu haben. Später beobachteten Bill und Robert eindeutige physische Phänomene, und das Zimmer war zu dieser Zeit hell erleuchtet. Hier das Geschehen.

Die Erscheinung wurde in der Tür zwischen Wohnzimmer und Badezimmer gesehen. Bill sah sie so deutlich, daß er zwei Skizzen anfertigte und sie verbesserte, während die Sitzung weiterging. Die Erscheinung war für ihn eine Stunde lang immer wieder sichtbar.

Eine 60-Watt-Birne erhellte während dieser Zeit das Zimmer. Ich sprach weiterhin als Seth und sah nichts. Die Stelle, an der Bill die Erscheinung sah, lag völlig außerhalb von Roberts Blickfeld. Er konnte den Türrahmen nicht sehen, da ihm die offene Tür die Sicht versperrte. Auch konnte er seinen Platz am Tisch nicht verlassen, da wir ein wortwörtliches Protokoll von dem, was gesprochen wurde, haben wollten.

Während Bill mit dem Skizzieren der Erscheinung anfing, korrigierte ich ihn als Seth sprechend.

Die Gestalt im Türrahmen ist tatsächlich das Erscheinungsbild meiner selbst, obwohl es naturgemäß verzerrt wahrgenommen werden muß. Du nimmst mich über deine inneren Sinne wahr, und diese Daten müssen dann in Information umgewandelt werden, die von deinen äußeren Sinnen wahrgenommen werden kann ... Ich bin ein sehr viel fröhlicherer Geselle als hier dargestellt. (Hier sehe ich als Seth über Bills Schulter und betrachte die Zeichnung.) Dir entging hier eine bestimmte Falte entlang dessen, was man die Backenknochen nennen könnte. Wenn du die Erscheinungsform genauer beobachtest, kann ich sie vielleicht etwas klarer durchbringen.

Da ist eine Selbstgefälligkeit um die Lippen. (Bill bringt eine Korrektur an.) Ah, sehr gut; diese Konstruktion wird von mir selbst erschaffen. Um auf eurer Ebene der Wirklichkeit erscheinen zu können, muß meine Konstruktion aus Atomen und Molekülen bestehen. Deren Bewegung und Geschwindigkeit unterscheidet sich von jenen, die eure gewöhnlichen Konstruktionen bilden. Ich spreche in diesem Moment durch Ruburt, während ich gleichzeitig in jener Konstruktion präsent bin und ihn beim Sprechen beobachte. Zu einem späteren Zeitpunkt bin ich vielleicht imstande, aus meiner eigenen Konstruktion heraus zu sprechen. Aber das bedarf der Übung, und ich brauche dazu Kooperation.

Es ist wahr, daß ich nach euren Begriffen nicht gerade eine Schönheit bin, doch werdet ihr zugeben, daß ich auch nicht ganz häßlich bin. Die Gestalt ist eine Rekonstruktion dessen, was ich bin. Sie stellt ein Erscheinungsbild dar, das diese meine Fähigkeiten annehmen, wenn sie mit der physischen Ebene eng verknüpft sind. Das bedeutet nicht unbedingt, daß ich in allen Bereichen dieselbe Erscheinungsform habe.

Während der ganzen Zeit beobachtete Bill weiterhin die Erscheinung. Wie gesagt, war Robert die Sicht durch die Tür versperrt. Ich selbst als Jane sah nichts. Während unserer Erholungspause diskutierten wir das Geschehen. Ich gestehe, daß ich äußerst skeptisch war. Ich dachte, daß sich Bill vielleicht einbildete, die Erscheinung zu sehen, daß es sich um eine Halluzination handelte. In diesem Fall hatte ich allerdings keine Erklärung für Seths Kommentare. Da ich aber absolut nichts gesehen hatte, fand ich es schwierig, einfach der Aussage von jemand anderem zu vertrauen. Ich hatte keinen Grund, Bill zu mißtrauen und empfand Schuldgefühle, weil ich die Gültigkeit eines Phänomens, dessen er sich absolut sicher war, anzweifelte. Aber in der Pause fing ich an zu lachen und herumzualbern. Und nun trat das zweite Phänomen auf, eines, das ich schwer erklärlich finde. Ich stand in der offenen Tür. Wir hatten eine weitere Lampe angemacht, und das Zimmer war gut beleuchtet. »Hast du hier deinen Mann in der Tür gesehen?« fragte ich lachend.

Ich stand etwa einen Meter von Robert und Bill entfernt. Beide konnten mein Gesicht ganz genau sehen. Ihrem Bericht zufolge erschienen vor meinem Gesicht andere, mir völlig unähnliche Gesichtszüge. Sie hingen fast durchsichtig vor meinem Gesicht, dahinter waren meine eigenen Züge erkennbar. Die Gesichtszüge waren männlich.

Mir war erst klar, daß irgend etwas geschehen war, als mich beide ungläubig anstarrten. Robert sagte, ich solle mich nicht bewegen. Ich fühlte ein leichtes Prickeln, aber das war alles. Als Robert und Bill ihre Aufzeichnungen verglichen, stimmten ihre Beobachtungen völlig überein. Dann bat mich Robert, aus dem Türrahmen zu treten. Das Phänomen verschwand augenblicklich.

Für mich bestand kein Zweifel, daß die physischen Phänomene tatsächlich auftraten. Auch die Tatsache, daß diese Gesichtszüge von Robert und Bill bei gutem Licht beobachtet wurden, scheint auf die Wirklichkeit dieser Erscheinung zu verweisen. Bill überließ uns die beiden Skizzen, die er angefertigt hatte, und sie liegen in unseren Akten. Es wäre äußerst schwierig, den Ursprung dieser physischen Erscheinungen aus dem Unbewußten zu erklären.

Wären sie bei matter Beleuchtung oder im Halbdunkel aufgetreten, könnten sie nach wie vor ernsthaft in Frage gestellt werden. Die Tatsache, daß die Erscheinung so lange sichtbar blieb, und das bei gutem Licht, macht die ganze Episode außerordentlich faszinierend.

Die Erscheinung und das Phänomen der Gesichtszüge traten in einer Sitzung auf, in der Seth über die Natur physischer Materie sprach. Laut Seth waren beide Materialisationen als Demonstration zur Unterstützung seiner Argumente gedacht. Seine schon kurz erwähnte Hauptthese besagt, daß physische Materie unbewußt von jedem – menschlichen oder anderen – Individuum innerhalb des physischen Systems oder Bereichs aufgebaut wird. So wie wir uns unserer Atemzüge nicht bewußt sind, sind wir uns auch nicht unseres ständigen Aufbaus von physischer Materie bewußt. Auf unbewußter Ebene schaffen und erhalten wir also auch unsere eigene physische Gestalt. Seth demonstrierte mit der Erscheinung, wie Materie aufgebaut wird.

Alles in allem stellten die Erscheinung, das Phänomen der Gesichtszüge zusammen mit den Ausführungen dieser Sitzung eine sehr eindrückliche Demonstration dar.

Diese Ereignisse, wie auch andere, die in einem folgenden Kapitel berichtet werden, lassen uns annehmen, daß die menschliche Persönlichkeit über Fähigkeiten verfügt, die weit über die hinausgehen, die ihr gewöhnlich zugeschrieben werden. Diese Fähigkeiten scheinen der Persönlichkeit innezuwohnen, ob sie nun innerhalb der Grenzen physischer Materie agiert oder nicht. Es mag orthodoxere Erklärungen geben, die uns in weniger Probleme und kompliziertere Fragen verwickeln, aber diese konventionellen Erklärungen können uns auch vom Verstehen solcher Vorfälle abhalten, da sie uns daran hindern, anderswo nach Antworten zu suchen.

Roberts und meine außer-körperlichen Erfahrungen lassen uns auch beide an die grundsätzliche Unabhängigkeit der Persönlichkeit von der physischen Gestalt glauben. Diese Vorfälle, von denen einige schon erwähnt wurden, zwingen uns, unsere Realitätsvorstellungen zu erweitern. Wenn sich die Persönlichkeit in diesem Leben von ihrer Gestalt lösen und zu anderen Orten auf physischer Ebene reisen kann, dann ist die Annahme, daß sie nach dem physischen Tod ohne diese Gestalt existieren kann, keinesfalls unlogisch.

Wie kommen solche Erscheinungen zustande? Wie und bis zu welchem Grad kann die Persönlichkeit von physischer Materie unabhängig sein? Diese Fragen werden wir im folgenden Kapitel diskutieren und nach Anhaltspunkten suchen, die uns möglicherweise einen flüchtigen Eindruck von der Grundrealität jenseits des physischen Universums gewähren. Dieses Kapitel wird auch einige Experimente für die Leser enthalten.

Zum Abschluß dieses Kapitels folgen einige Auszüge aus der 34. Seth-Sitzung, in der Seth seine eigene Realität und Struktur beschreibt:

Wenn ich sage, ich bin Energie, ist das keine Lüge. Dies entspricht in der Tat mehr der Wahrheit als viele Bezeichnungen, die sich authentischer und komplizierter anhören. Ich bin eine Persönlichkeit in Grund-Energie-Form.* Dies beinhaltet in keiner Weise, daß ich ein »Geist« bin, eine Art Großpapa Langbein aus der Welt des science fiction. Was ich bin, ist schwer zu erklären, nicht nur wegen der gegebenen Beschränkung eures Wissens, sondern auch wegen unserer gegenwärtigen Kommunikationsmethode...

Nichtsdestoweniger besitze ich eine Struktur, und ich kann die Komponenten dieser Struktur so verändern oder austauschen, daß ich unter äußerst verschiedenen Bedingungen in Erscheinung treten und wirken kann. Bei diesen Sitzungen verwende ich meine grundlegenden Energiekomponenten anders, als ich es unter anderen Umständen tun würde. Mit anderen Worten, ich kann den Aufbau und die Anordnung meiner Komponenten verändern und meine Kräfte in eine bestimmte Richtung konzentrieren.

Wenn *ihr* in einen sehr kleinen Raum eindringen wolltet, dann würdet ihr euch vermutlich auf allen vieren niederlassen, die Schultern einziehen

* Anmerkung d. Ü.: Engl. *a personality in essence-energy form.* Später bezeichnet sich Seth als *energy essence personality,* zu deutsch »Energiepersönlichkeitskern.«

und Kopf voran in dieses imaginäre Loch kriechen. Dazu wäre eine Manipulation der Muskeln nötig, die eine vorübergehende Veränderung der Gestalt zur Folge hätte, eine etwas oberflächliche aber doch reale Anpassung des physischen Körpers in seiner Relation zum Raum. Dies bewirkte auch eine Veränderung der Blickrichtung und Wahrnehmung.

Auf sehr unterschiedlicher Ebene findet ein solcher Vorgang statt, wenn ich versuche, den kleinen Zugang zu euch zu betreten. Doch kommen die bei mir erforderlichen Manipulationen einer Transformation gleich, und ich verfüge hier über eine sehr viel größere Freiheit. Auf weitaus abschätzbarere Weise könntet ihr in so einem Fall euren Körper kleiner machen als das Loch, in das ihr eindringen wollt.

Mir steht grenzenlose Energie zur Verfügung, so wie euch auch. Der Hauptunterschied liegt darin, daß ich besser ausgerüstet bin, mich dieser Energie zu bedienen, und ich bin besser ausgerüstet, weil ich zusätzliches Wissen habe, von dem ich Gebrauch machen kann.

Eure Wissenschaftler wissen, daß sich alle Materie aus denselben Elementen zusammensetzt... Mittels Methoden, die ich beschrieben habe, kann ich meine Form verändern. Ihr habt beobachtet, wie sich Wasser in Dampf verwandelt. Das ist eine sehr einfache Analogie. Ich existiere als Energie, ich existiere in elektronischer und manchmal in chemischer Form. Ich sagte, daß ich den Aufbau meiner Komponenten verändern kann. Wenn ich als ein Geist betrachtet werden soll, dann muß alle Energie Geist sein.

Ich glaube, eurer Vorstellung nach ist ein Geist etwas ohne Form, und ich kann Form annehmen. Ganz gewiß besitze ich Struktur. Hier ist wahr, daß ihr unter gewöhnlichen Bedingungen meine Struktur nicht sehen könnt. Das bedeutet nicht, daß ich keine habe. Zuweilen mögt ihr imstande sein, meine Struktur zu erfahren. (Dies war vor jener Sitzung, in der die Erscheinung auftrat.) Seht ihr, die inneren Sinne gestatten direkte Erfahrung. Die äußeren Sinne liefern getarnte Verzerrungen der übersetzten indirekten Erfahrung.

Ihr oder eure Wissenschaftler sind sich bislang vieler Grundgesetze nicht bewußt, die solche Dinge wie meine Struktur regeln, obwohl bereits einige davon von originäreren Denkern erahnt werden.

»In diesem Land?«

Im Ausland. Einige wenige in eurem Land werden sich dieser Dinge auf einer sehr schwachen theoretischen Basis bewußt, wenn sie die Möglichkeiten überdenken, die die Zertrümmerung physikalischer Teilchen zu Formen der Grundenergie beinhaltet. Ich glaube, solche Theorien werden im Zusammenhang mit einem künftigen Weltraum-Programm in Betracht gezogen.

Diese Vorstellung wird euch helfen zu verstehen, was ich mit der Aussage, ich habe Struktur, kann sie aber verändern, meine. Ich kann eine solche Neuanordnung von molekularen Mustern durch direkte Manipulation bewirken. Das wird auf eurer Ebene nicht möglich sein. Selbst in ferner Zukunft bedeuten solche Neuanordnungen kostspielige, komplizierte und fast aussichtslose Unternehmungen, da ihr das Problem von außen her angeht. Die Lösung liegt in der Einwirkung auf Strukturen von innen heraus oder einer sehr direkten Manipulation des Gesamtselbst.

Auszüge aus Sitzung 21

Die Bezeichnungen »Geist«, »Medium« und so weiter sind lächerlich, um das gleich klarzustellen. Ihr benützt ganz einfach eure inneren Sinne. Diese Sinne haben nichts mit Magie zu tun. Auch nicht mit Religion im üblichen Sinn des Wortes, und ich bin nicht irgendeine degenerierende Spaltpersönlichkeit Ruburts. Auch will ich mich nicht mit irgendeinem langbärtigen, glanzäugigen Geist auf Wolke Nummer neun verglichen wissen.

Es ist ganz einfach eine Tatsache, daß ich als menschliches Wesen gelebt habe. Diese Sitzung und andere Sitzungen sind keine Séancen, so wie sie normalerweise verstanden werden. Sogenannte Séancen, wenn sie authentisch sind, sind einfach Übungen im Gebrauch der inneren Sinne. Die Kulte, die um solche Ereignisse hergemacht werden, sind albern und in einigen Fällen unverzeihliche Demonstrationen der Dummheit von wohlmeinenden, aber törichten Persönlichkeiten.

Aberglaube zeugt Aberglaube. Was Janes oder Ruburts Unbewußtes angeht, so stelle ich den Kontakt mit euch durch euer beider Unbewußtes her; aber dies geschieht durch jenen größeren Teil, der zwischen Ebenen oder Feldern existiert, der Bestandteil des Geistes und der Seele, nicht aber des Gehirns ist und mit den inneren Sinnen arbeitet. Ich habe absolut nichts mit jenem Teil des Unbewußten zu tun, der mit euren persönlichen Erinnerungen oder eurer gegenwärtigen Persönlichkeitsstruktur befaßt ist.

Ihr habt mich gefragt, warum euch dieses Material übermittelt wird. Meine Antwort ist, abgesehen von meiner starken Zuneigung zu euch beiden, seid ihr nicht mit einem Kult, einer Religion oder einer bestimmten Geistesrichtung verknüpft. Ihr seid aufgeschlossen und keine Dummköpfe; ihr seid nicht bereit, mich in die Verkleidung eines schmerbäuchigen Cupids, Buddhas, Gottes, Heiligen oder Teufels zu stecken. Solche Menschen sind schwer zu finden.

KAPITEL XIV

Die »Geisterwelt«

Eines Abends besuchten uns Freunde, Mr. und Mrs. J. Wir kamen auf ASW zu sprechen. Mr. J. erzählte uns, daß er manchmal die menschliche Aura sehen könne – sehr feine Emanationen, wie einige denken, die den Körper wie einen Lichtschein oder »Heiligenschein« umgeben. Er versicherte, daß er die Aura seiner Frau auch während unserer Unterhaltung sehen könne. Ich hatte noch nie eine Aura gesehen, war jedoch bereit anzunehmen, daß es sie geben könnte.

Neugierig geworden, beschloß ich ein kleines Experiment zu unternehmen. Ich sagte Mr. J., daß ich mich auf die – für mich unsichtbare – Aura seiner Frau konzentrieren und versuchen wolle, sie über ihrem Kopf etwas nach oben steigen zu lassen. Er willigte ein, mir zu sagen, ob ich Erfolg hatte oder nicht. Statt dessen konzentrierte ich mich darauf, die Aura heller erscheinen zu lassen, ohne dies jemandem zu sagen. Nach etwa einer Minute sagte Mr. J, daß die Aura nicht aufsteige, aber ihr Schein intensiver würde.

Ich muß zugeben, daß ich etwas überrascht war. Wir beschlossen dann, ein weiteres kleines Experiment zu unternehmen. Das Zimmer war durch eine gewöhnliche Wohnzimmerlampe einigermaßen gut beleuchtet. Wir saßen in der Couchecke beisammen, wo die Lampe brannte, und hielten uns an den Händen. Ich fragte: »Ist jemand da?« Fast sofort schrie Mrs. J. auf, »jemand packt meine Hand.« Gleichzeitig wurde der Kontakt mit meiner Hand unterbrochen und ihre Hand nach oben gerissen. Ihr Ellbogen war fest auf das Couchtischchen gepreßt, die Hand starr nach oben gerichtet, die Finger leicht gebogen, als berührten sie eine andere Hand. Die angespannten Arm- und Handmuskeln gaben den Anschein, als laste ein starker Druck auf ihnen. Mrs. J. zitterte und war schweißgebadet. Abgesehen von Mrs. J.s Verhalten konnte keiner von uns etwas Ungewöhnliches erkennen.

Sie beharrte weiterhin darauf, daß jemand Unsichtbares ihre Hand gepackt hielt und auf ihren Arm Druck ausübe. Sie hatte offensichtlich Angst. Wie gesagt, wir sahen nichts, obwohl das Zimmer gut beleuchtet war. Mrs. J. spielte uns ganz gewiß nichts vor. Sie fing an zu weinen. Ich wußte nicht, ob eine für uns unsichtbare Persönlichkeit anwesend oder ob die junge Frau außerordentlich beeinflußbar war.

Mit fester Stimme sagte ich: »Du wirst Mrs. J.s Hand loslassen und uns in Frieden lassen.« Dies wiederholte ich mehrere Male. Ich wußte, diese Gegensuggestion würde, falls Mrs. J. übermäßig beeinflußbar war, das Problem beheben. Wenn andererseits eine unsichtbare Persönlichkeit anwesend war, dann bat ich sie, uns zu verlassen in der Hoffnung, daß sie es auch tun würde.

Sobald ich die Worte gesprochen hatte, fiel Mrs. J.s Hand mit einem so lauten Geräusch auf den Tisch zurück, daß wir alle erschraken. Wir sprangen auf und sahen uns im Zimmer um. Ich wiederholte, »du wirst uns jetzt verlassen. Du wirst die junge Frau in Frieden lassen«, bis sich Mrs. J. beruhigt hatte. Ihr Zustand ließ es mir nicht ratsam erscheinen, das Experiment fortzusetzen. Wir kamen also zu keinen Schlüssen. Mrs. J. fühlte sich für den Rest des Abends unbehaglich. Wenn jemand anwesend gewesen war, so hatte es sich um eine sehr aktive Persönlichkeit gehandelt.

Dies bringt uns zu einigen Punkten, die solche Experimente im allgemeinen betreffen. Ich empfehle, solche Séancen nicht im Dunkeln abzuhalten. Ich habe zwar keinen Beweis dafür, nehme aber an, daß sich eine Persönlichkeit, die den physischen Tod überlebt hat, kaum von der banalen Angelegenheit der Beleuchtung irritieren läßt. Die Dunkelheit befördert Mißtrauen und entzündet die Einbildungskraft. Medien haben lange auf Dunkelheit bestanden, und diese Forderung hat wie vieles andere lange die

Untersuchungen der parapsychologischen Gesellschaften beeinträchtigt. Lassen Sie bei Ihren eigenen Experimenten das Zimmer einigermaßen hell beleuchtet. Dabei kann die Atmosphäre immer noch friedlich und intim bleiben. Wäre das oben erwähnte Experiment im Dunkeln ausgeführt worden, hätte es die junge Frau noch weitaus stärker verängstigen können.

Dies ist der einzige Vorfall bei all unseren Experimenten, der einigermaßen unangenehm war. Wichtig ist, daß alle, die an solchen Ereignissen beteiligt sind, mit gesundem Menschenverstand und stabilem Gefühl an die Sache herangehen. Diejenigen, die solche Experimente durchführen, brauchen ein starkes Verantwortungsgefühl und haben dafür zu sorgen, daß Atmosphäre, Bedingungen und Einstellung in der richtigen Weise gewahrt bleiben. Wir wissen bislang noch nicht genug über Suggestion an sich oder die Persönlichkeit im allgemeinen, um Risiken einzugehen. Beim geringsten Anzeichen von Beunruhigung bei irgendeiner der teilnehmenden Personen sollte die Sitzung sofort beendet werden.

Möglicherweise spielt Suggestion bei diesen Vorgängen eine wichtige Rolle; sie kann angewandt werden, muß aber unter Kontrolle gehalten werden. Solche Experimente ergeben offensichtlich nur Sinn, wenn man die Möglichkeit der Anwesenheit einer unsichtbaren Persönlichkeit akzeptiert. Die Annahme dieser Möglichkeit bringt also schon eine Suggestion mit sich, noch bevor die Sitzung begonnen hat. Man kann folglich nicht behaupten, Suggestion spiele bei diesen Vorgängen keine Rolle. Suggestion ist in jedem Bereich unseres Lebens wichtig, bei diesen Experimenten ebenso wie auf jedem anderen Gebiet. Aber wenn Sie legitime Resultate erzielen wollen, sollten Sie Ihre Phantasie nicht mit Ihnen durchgehen lassen.

Es besteht auch die Möglichkeit, daß eine unsichtbare Persönlichkeit in einer Art und Weise auf emotionaler Ebene agiert, die wir nicht verstehen. Bei solchen Experimenten liegt es an Ihnen, das Gleichgewicht zu wahren. Sofern Sie nicht eine außerordentlich nüchterne Person sind, empfehle ich persönlich nicht, daß Sie mit Persönlichkeiten in Kontakt zu kommen suchen, mit denen Sie oder Ihre Freunde eng verbunden waren. In einem solchen Fall könnte der emotionale Druck so stark werden, daß Sie nur schwer hinsichtlich des Experiments oder der Resultate objektiv bleiben können.

Etwas später wird noch mehr über solche Experimente gesagt werden. Bevor wir uns nun dem Überleben der menschlichen Persönlichkeit zuwenden, lassen Sie uns einen Blick auf die Persönlichkeit werfen, wie wir sie in ihrer gewöhnlichen Existenz kennen; und bevor wir versuchen, über die sogenannte Geisterwelt zu sprechen, lassen Sie uns unsere eigene gegenwärtige subjektive Erfahrung etwas genauer betrachten.

Die Frage ist, wie physisch ist unsere gewöhnliche Erfahrung? Wieviel von unserer Realität existiert gegenwärtig innerhalb physischer Materie, und wieviel existiert in einer Realität, die wir weder sehen noch berühren können? Als Spezies bestehen wir aus organischem Gewebe, aber in vieler Hinsicht scheint unsere Realität in einem anderen Medium zu existieren als dem von Fleisch und Knochen.

Niemand von uns würde beispielsweise die Realität unserer Gedanken leugnen, und doch ist ein Gedanke kein physisches Objekt wie ein Glas, das wir in den Händen halten können. Sobald wir versuchen einen Gedanken zu untersuchen, verändern wir ihn. Der ursprüngliche Gedanke verschwindet und wird von einem neuen ersetzt. Nur über unsere innere Erfahrung können wir wissen, was ein Gedanke ist.

Ebensowenig würden wir die Gültigkeit psychischer Einsichten oder von Emotionen oder Träumen leugnen. Auch diese sind in keiner Weise konkrete Objekte, und doch sind sie wesentlicher Bestandteil unseres Bewußtseins. Solche subjektiven Erfahrungen scheinen mit physischer Materie verknüpft, aber nicht im buchstäblichen Sinne in ihr enthalten zu sein.

Wir sagen, Träume existieren »in unserem Kopf«. Aber Träume existieren nicht in gleicher Weise in unserem Kopf wie Gewebe, Blutgefäße und Knochen. Ein Chirurg kann mit dem Skalpell in unser Gehirngewebe eindringen und es untersuchen, doch keine

Untersuchung dieser Art wird einen Traum oder Gedanken oder eine seelische Erfahrung zutage fördern. Kein Skalpell kann in einen Traum schneiden wie es die sichtbaren Fasern in unseren knöchernen Schädeln durchdringen kann. Was meinen wir also, wenn wir annehmen, daß Träume und Gedanken in unserem Kopf sind?

Diese Vorstellung gründet sich auf die Annahme, daß die menschliche Persönlichkeit durch physische Materie beschränkt ist und vom physischen Selbst in Grenzen gehalten wird. Von daher müßte alles der Persönlichkeit Zugehörige innerhalb des physischen Organismus existieren. Selbst wenn wir rein physische Geschöpfe wären, müßten wir doch zugeben, daß wir einige nicht-physische Dinge in uns haben, da ansonsten auch unsere Träume und Gedanken physischer Natur sein müßten, was sie nicht sind.

Wissenschaftler stellten die Theorie auf, daß Bewußtsein eine Auswirkung der Körpermechanismen sei. Selbst wenn das alles sein sollte, was ich nicht glaube, dann müßten wir nach wie vor einräumen, daß ein Teil unserer Realität nicht physischer Natur ist, sondern aus der physischen Materie hervorgeht und weder gesehen noch berührt werden kann. Wie dem auch sei, diese Haltung erzeugt die Vorstellung, daß Realität allein von der physischen Existenz besimmt wird. Wir sehen nur die Dinge als gültig an, die von den physischen Sinnen in dieser Weise eingeordnet werden können.

Es scheint keine Rolle zu spielen, daß die Physiker entdeckten, daß unsere Sinne die Realität verzerren, daß wir lediglich Muster aus Atomen und Molekülen bilden, diese als Objekte wahrnehmen und sie benennen. Nach wie vor tun wir so, als sei die physische Realität der einzige Maßstab, nach dem Erfahrung zu bemessen ist.

Wir können uns kaum auf etwas beziehen, das uns als zutiefst unreal berührt. Wir können sagen, daß eine Erfahrung in einer bestimmten und nicht in anderer Hinsicht existiert. Viele Träume sind beispielsweise eine ebenso eindrückliche und gültige Erfahrung wie jegliche Erfahrung im Wachzustand und üben eine gleichermaßen starke Wirkung auf unsere Persönlichkeit aus. Der Traum mag zwar keine physische Realität besitzen, er hat aber ganz gewiß eine psychische Realität.

Sehen wir uns an, wie real oder unreal verschiedene Erfahrungen sind. Nehmen wir die Örtlichkeiten, die uns in Träumen erscheinen. Traumörtlichkeiten existieren in unserem Kopf nicht in gleicher Weise wie eine Straße in einer Stadt existiert. Innerhalb des Traumkontexts erscheint uns die Örtlichkeit als unmittelbar. Im Traum gehen wir vielleicht Straßen entlang, die im physischen Sinn nicht existieren. Wir empfangen Daten, die wir im Wachzustand als Sinneseindrücke bezeichnen würden. Wir hören, berühren, schmecken, riechen und agieren auf eine Weise, die wir, wenn wir wach wären, physisch nennen würden. Wir gehen, sprechen, handeln, spielen, während unser physischer Körper ruht.

Ich kann Water Street auffinden, wann immer ich will; die Straße ist sozusagen ein fester Bestandteil der Stadt Elmira, in der ich wohne. Aber ich kann nicht jederzeit zu einer Traumörtlichkeit zurückkehren. Könnten wir sagen, Traumörtlichkeiten unterscheiden sich von Orten der physischen Ebene insofern, als wir nicht zu ihnen zurückkehren können? Nicht ganz, da viele von uns in Träumen dieselben Straßen und Häuser wieder besuchen, die uns von anderen Träumen her vertraut sind. Wie wir im Wachzustand Traumörtlichkeiten nicht finden können, können wir im Traum auf physischer Ebene existierende Orte nicht finden. Wir haben guten Grund zur Annahme, daß wir zu verschiedenen Traumörtlichkeiten zurückkehren können, wenn wir uns vor dem Einschlafen die entsprechende Suggestion geben. So mag also auch die Traumwelt, wie die physische Welt, über eine organisierte Struktur verfügen, in der wir uns ganz gut zurechtfinden – während wir schlafen.

Diese Dinge mögen auf den ersten Blick mit dem Thema der sogenannten Geisterwelt nichts zu tun haben. Sie mögen jedoch nun erkennen, daß wir weitaus mehr sind als aus physischer Materie bestehende Geschöpfe. Unsere persönliche unmittelbare Erfahrung transzendiert die physische Realität, wie wir sie kennen. Wir sind eine Mischung aus körperlicher Stofflichkeit und etwas anderem, dem wir uns nur über die subjektive Erfahrung nähern können, etwas, das uns zu dem macht, was wir sind, und ohne das Bewußtsein sinnlos wäre.

Bewußtsein ist genau jener Teil in uns, der nicht als Gegenstand in einem physischen Universum existiert, der aus Gedanken und Emotionen und Träumen besteht, und in dem wir uns auf intimste Weise verwirklichen. Es macht keinen Unterschied, wie Sie diesen Teil unserer Persönlichkeit benennen, Geist oder Seele. Der Punkt ist, daß die wesentlichsten Aspekte unseres Selbst nicht materialisiert sind.

Es stimmt jedoch, daß Anhaltspunkte für die Existenz dieses Teils der menschlichen Persönlichkeit in der physischen Materie gefunden werden können. Unsere Emotionen sind über die Gabe oder den Entzug von Chemikalien oder Hormonen zu beeinflussen. Bis zu einem gewissen Grad kann unsere Persönlichkeit manipuliert werden. Selbst eine feine Änderung in unserem physischen Aufbau bewirkt eine Veränderung im inneren Selbst. Doch die Tatsache bleibt bestehen, daß sehr bedeutsame Erfahrungen, von denen unser Bewußtsein und unsere Identität abhängen, nicht im herkömmlichen Sinne physischer Natur sind.

Wenn diese Realität unseres Selbst nicht in der Materie enthalten, sondern nur mit ihr verbunden ist, dann können wir legitimerweise sagen, daß wir sowohl in physischen wie in nicht-physischen Dimensionen agieren und existieren. Manchmal sind wir enger mit dem körperlichen Universum verbunden als zu anderen Zeiten. In Träumen sind wir beispielsweise weniger an die physische Welt gebunden als im Wachzustand. Unser Sinnesapparat ist auf Müßiggang heruntergedreht. Wir bleiben im physischen Universum erhalten, schränken aber unsere Unternehmungen auf dieser Ebene ein. Diese wird für uns ebenso unreal wie der Traumzustand, wenn wir wach sind.

Es wäre zumindest vorstellbar, daß das *Ich* unserer Träume nur ein weiterer Aspekt unserer Identität ist; ein *Ich*, dessen wir uns im Wachzustand weitgehend unbewußt sind; ein *Ich*, das trotz der Manipulation des Ego im physischen Universum nun weiterhin als es selbst existiert; und ein *Ich*, das weiterhin existiert, nachdem seine Verbindung mit der physischen Materie gelöst ist.

Die Untersuchungen der Psychologen von gespaltenen Persönlichkeiten zeigen, daß ein Selbst sehr wohl mehrere andere Persönlichkeiten in sich enthalten kann, die kein Bewußtsein voneinander haben, jede für sich in verschiedenen Situationen funktionieren und alle verschiedenen Fähigkeiten und Verhaltensweisen zum Ausdruck bringen. Das Traum-Selbst und das Selbst im Wachzustand sind Teile derselben Persönlichkeit, die unter unterschiedlichen Umständen tätig sind. Die Vorstellung von einem inneren und äußeren Ego, wie Seth sie nennt, gibt einige sehr plausible Erklärungen für eine Reihe unserer Fragen. Das innere Ego, das innerhalb der Träume agiert, wäre hinsichtlich seines Bewußtseins und seiner Identität von der physischen Materie unabhängig. Nach dem physischen Tod würde sich das innere Selbst weiter betätigen wie zuvor – und möglicherweise nun zum dominanten Teil der Persönlichkeit werden, während das äußere Ego dann so agierte wie das Unterbewußte in dieser Existenz.

Die menschliche Persönlichkeit ist komplexer als wir uns vorstellen. Ihre eigenen Experimente, seit Beginn dieses Buches, haben Ihnen möglicherweise schon Fähigkeiten und Wahrnehmungen zu Bewußtsein gebracht, deren Sie sich vorher nicht gewahr waren. So haben Sie vielleicht über Ihre persönliche Erfahrung bereits erkannt, daß das bewußte Ego nur ein Teil des Gesamtselbst ist, der innerhalb der physischen Materie agiert. Aber der Teil der Persönlichkeit, der das Unbewußte einschließt, das träumende *Ich*, ist nicht in dieser Weise gebunden und scheint Realitäten wahrzunehmen, mit denen das äußere Ego unvertraut ist, und unter Bedingungen zu agieren, unter denen das Selbst des Wachzustands versagen würde.

Die Frage ist nicht: Gibt es eine Geisterwelt? Die Frage ist: Was ist das Wesen jenes Teils der menschlichen Persönlichkeit, der schon jetzt teilweise von physischer Materie unabhängig ist? Was sind seine Potentiale, Beschränkungen und Eigenschaften? Und vielleicht am wichtigsten, existiert dieser Teil des Selbst weiterhin, nachdem die Verbindung mit der physischen Materie beendet ist?

Denn wenn wir schon jetzt teilweise vom physischen System unabhängig sind, dann ist die Annahme nicht unlogisch, daß die

Persönlichkeit ganz oder teilweise weiterhin existiert. Das Selbst ist kein festes Ding. Es wandelt sich ständig. Die Erfahrung des Todes würde es verändern wie jede andere Erfahrung auch. So wie wir die Auswirkung eines Ereignisses auf irgendeine Persönlichkeit nicht abschätzen können, können wir auch nicht vorhersagen, wie der Tod das lebendige individuelle Bewußtsein verändern wird.

Wir wissen, daß das Bewußtsein nicht länger physisch orientiert wäre. An dieser Stelle sollte man sich daran erinnern, daß wenigstens ein Drittel eines Vierundzwanzig-Stunden-Tages im Schlaf verbracht wird, wo wir nicht in ego-bezogener Weise und auf die physische Realität ausgerichtet, sondern unbewußt, intuitiv und auf die innere subjektive Realität konzentriert agieren. Hinweise auf das Verhalten der Persönlichkeit nach dem physischen Tod könnten wohl in einer systematischen Untersuchung des Verhaltens der Persönlichkeit in Schlaf- und Trancezuständen gefunden werden. Denn dieses *Ich* des Schlafzustands müßte der Teil von uns sein, der überlebt – das subjektive *Ich*, das bereits einigermaßen unabhängig von physischer Materie ist.

Eine Untersuchung unserer eigenen Traumaufzeichnungen innerhalb eines Zeitraums von zweieinhalb Jahren deutet stark darauf hin, daß die Persönlichkeit im Schlaf keineswegs desorganisiert ist. Die innere Logik, inneren Einsichten und Traumkonstruktionen weisen Komplexität, Vielfalt und Zielbewußtheit auf. Es ist keinesfalls jener chaotische wirre Zustand, den man mit dem Traum-Selbst in Verbindung bringt.

Es ist durchaus möglich, daß die menschliche Persönlichkeit, wenn sie den physischen Tod überlebt, einige der Merkmale aufweist, die die gegenwärtige Persönlichkeit in Traum-, Trance- oder anderen dissoziierten Zuständen zeigt. Hier existiert eindeutig Bewußtsein und Selbst-Bewußtsein. Gelegentlich existiert sogar ein Ich-bewußtsein, doch die Grenzen zwischen den verschiedenen Persönlichkeitsebenen sind nicht so klar gezogen wie im Wachzustand.

Sicherlich werden der Phantasie und den kreativen Aspekten der Persönlichkeit im Traumzustand mehr Spielraum gegeben. Die

Problemlösung scheint mehr in die Richtung des intuitiven Spiels zu gehen als in die des logischen Denkprozesses. In Träumen lösen wir beispielsweise Probleme, indem wir Traumdramen konstruieren und verschiedene Lösungen ausagieren. Die eigentlichen Träume und verworfenen Lösungen werden oft vergessen, doch häufig wachen wir mit der Lösung des Problems auf. Diese Traumarbeit verweist darauf, daß die Persönlichkeit des Schlafzustands nicht der ihr eigenen Zielgerichtetheit, Intention und Ordnung entbehrt. Möglicherweise zeigt die Persönlichkeit nach dem physischen Tod dieselbe Art von innerer Aktivität.

Wir wissen seit langem, daß Geist die Materie beeinflußt, aber wir wußten nicht wie und in welchem Ausmaß. Selbst die Bedeutung der Begriffe »Geist« und »Materie« hat sich verändert. Das Seth-Material enthält die Vorstellung, daß physische Materie von allen lebenden Wesen unbewußt aufgebaut wird. (Danach haben Angehörige anderer Spezien ein eher allgemeines Bewußtsein als ein organisiertes Ego. Ihr Bewußtseinszustand wird mit unserem Zustand im Unbewußten verglichen.) Dieser Theorie zufolge ist sich unser Ego der fortgesetzten Erschaffung der physischen Materie genauso unbewußt wie der ständigen Geburt und Wiedergeburt von Atomen innerhalb des physischen Stoffs seiner eigenen Gestalt. Der Gedanke ist vollständig ausgeführt, kann aber hier nur kurz diskutiert werden. Die Theorie beinhaltet auch detaillierte Erläuterungen, wie eine Übereinkunft über die Anordnung von Objekten im Raum erzielt wird.

Diese Vorstellung ist nicht so sehr weit hergeholt, wenn man sie im Licht der kürzlichen Entdeckungen im Bereich der Physik betrachtet. Wenn physische Materie in dieser Weise aufgebaut wird, dann würde das Individuum beim physischen Tod ganz einfach die unbewußte Konstruktion seiner physischen Gestalt beenden. Die Persönlichkeit existiere weiterhin. Das innere Selbst bliebe eine psychische Einheit, wenngleich das Ego möglicherweise nicht mehr als dominierender Teil des Selbst agiert.

Es wäre dann der Persönlichkeit unter gewissen Bedingungen möglich, in etwa ihr ursprüngliches physisches Selbst neu zu bilden und für uns als Erscheinung sichtbar zu werden. Es wäre vorstellbar, daß die Persönlichkeit die physische Materie nicht mehr ganz so gut beherrscht und die Molekularstruktur Mängel aufweist. Das Ego wäre nicht verschwunden, sondern würde beim physischen Tod vom restlichen Selbst assimiliert. Es würde im Falle einer Erscheinung für den Moment seine alte Position als Regisseur der psychischen Aktivität wieder einnehmen. Auch hier könnte unter diesen Bedingungen die Beherrschung der physischen Materie mangelhaft sein, unter gewissen Umständen aber doch ausreichen, eine Materialisierung für die Sinne eines Beobachters wahrnehmbar zu machen.

Es wäre demnach auch theoretisch möglich, daß sich eine Persönlichkeit in der einen oder anderen Weise kundtut, indem sie sich durch die physische Gestalt einer anderen Persönlichkeit, die noch innerhalb unseres Systems agiert, ausdrückt. In diesem Falle gäbe es eine Art Kooperation, eine mediale oder psychische Arbeitsbeziehung zwischen den beiden Persönlichkeiten. Ein Medium wäre demnach eine Person, die eine solche Kooperation zuläßt. Unter diesen Umständen würde keine unabhängige Erscheinung gebildet, sondern das Medium gestattet der »freien« Persönlichkeit den Gebrauch seiner Stimmbänder oder anderer Teile seines autonomen Muskelapparats.

Eine unabhängige Erscheinung wäre eine, die sich physischer Materie bedient, um ein selbständiges Ebenbild seines Selbst zu formen, das nach unseren Maßstäben mangelhaft sein kann oder auch nicht. Eine abhängige Erscheinung könnte nur mit Hilfe der zeitweiligen Kooperation eines Individuums, das bereits innerhalb des physischen Systems agiert, kommunizieren. Eine abhängige Erscheinung könnte sich nur durch die Veränderungen kundtun, die sie im Verhalten der anderen mit ihr kooperierenden Persönlichkeit auslöst.

So weit mir bekannt ist, sind diese Theorie und Klassifizierung von Erscheinungen originär und aus meinen Überlegungen und Erfahrungen entstanden. Ich bin jedoch sicher, daß eine Geisterwelt, Welt des Geistes oder wie immer Sie das nennen mögen, uns nicht unvertraut wäre. Sie würde bereits innerhalb der physischen Materie, aus der wir bestehen, existieren und wäre vielleicht das schwer faßbare Merkmal dessen, was der physischen Materie Leben verleiht. Das Unbewußte oder Unterbewußte wäre sich bereits dieser Realität gewahr. Nur das Ego wäre mit ihr unvertraut.

Wie gesagt, Anhaltspunkte für die Natur dieser Realität könnten durch die Erforschung unseres jetzigen Bewußtseins entdeckt werden, wenn es nach innen statt nach außen gerichtet ist. Die Experimente mit psychischer Zeit, die Untersuchung Ihrer Träume wie auch alle anderen in diesem Buch angeführten Experimente werden Ihnen hier nützlich sein und Sie größere Flexibilität erlangen lassen.

Mit Ihren Fortschritten wird sich das Ego allmählich seiner Beziehung mit anderen Teilen des Gesamtselbst gewahr werden. Da es bei unseren Experimenten berücksichtigt wird, wird es bereitwilliger für einen Moment beiseitetreten, damit wir uns auf andere Realitätsbereiche konzentrieren können, in denen das Ego nicht effektiv funktionieren kann.

Wir haben bereits die unabhängigen und abhängigen Erscheinungen erwähnt. Bei Ihren eigenen Experimenten müssen einige wichtige Faktoren in Betracht gezogen werden. Es gibt bestimmte Probleme im Zusammenhang mit den möglichen Kommunikationsformen mit derartigen Persönlichkeiten, und einige davon sollten gründlicher besprochen werden.

Es ist äußerst schwierig, die Gültigkeit einer solchen Kommunikation zu beweisen, einer Kommunikation, die angeblich mit Persönlichkeiten besteht, die den physischen Tod überlebt haben. Mögen Ihre Informationen auch stichhaltig sein, wir nehmen oft als selbstverständlich an, daß solche Persönlichkeiten in derselben Weise agieren wie wir, und das ist meiner Ansicht nach ein Fehler. Ihre psychische Struktur kann sich in gewisser Hinsicht verändert haben; beispielsweise mag für ein nicht-physisches Wesen das Ego weniger notwendig sein. Das Ego ist äußerst spezialisiert und auf materielle Orientierung gerichtet.

Es ist sehr wahrscheinlich, daß solche Persönlichkeiten statt dessen Bewußtseinsmerkmale aufweisen, mit denen wir in Träumen, Trance und anderen dissoziierten Zuständen vertraut geworden sind. Die Kommunikation fände eher auf einer assoziativen, intuitiven und symbolischen Ebene statt als auf der, die dem Wachzustand zugehört. Wir können kaum davon ausgehen, daß die psychische Struktur einer Persönlichkeit, die den physischen Tod überlebt hat, die gleiche wie unsere ist. Wir können deshalb nicht erwarten, daß die Kommunikation den uns vertrauten Richtlinien folgt. Dies hieße zuviel erwarten und könnte uns in eine falsche Richtung führen.

Die Kommunikationsprobleme, vor die die in Erscheinung tretende Persönlichkeit gestellt ist, sind bei weitem größer als die Anstrengung, der es zur Wahrnehmung von unserer Seite bedarf. Eine solche Persönlichkeit muß auf ein physisches System einwirken, in dem es nicht länger agiert. Für eine unabhängige Erscheinung müßten Atome und Moleküle so aufgebaut werden, daß sie eine relativ konsistente Gestalt ergeben. Ein gewisses minimales Muskelsystem müßte aufgebaut werden und so weiter. Es soll jedoch daran erinnert werden, daß es genau das ist, was wir, wenngleich unbewußt, tun, wenn wir von Kindern zu Erwachsenen heranwachsen. Wir fügen die physische Materie hinzu, aus der unsere Gestalt besteht. Wir bilden, erhalten und entwickeln unseren Körper. Eine unabhängige Erscheinung würde, allerdings von Grund auf, dasselbe tun.

Eine abhängige Erscheinung würde nicht annähernd so viele Probleme haben. Sie würde lediglich die schon aufgebaute Materie beeinflussen und in einer Art psychischer Kooperation mit einem lebenden Individuum arbeiten. In diesem Fall könnten allerdings einige Verzerrungen aus den unbewußten Bereichen des Individuums, das sich innerhalb des physischen Systems befindet, auftreten.

Ihre Experimente mit dem Ouija-Brett könnten Ihnen sehr gute Beispiele dafür geben. Wenn Sie eine Botschaft erhalten, die ihrer Aussage nach von einer solchen Persönlichkeit stammt, versuchen Sie so viel Information als möglich zu erhalten und berücksichtigen Sie dabei, daß Ihre Quelle möglicherweise nicht mit unserer Art von Fakten befaßt ist. Geistige Ereignisse könnten für diese sehr legitime Fakten darstellen, während Sie sie unter Umständen überhaupt nicht als Fakten ansehen. Auch ist Zeit in der Realität einer solchen Erscheinung relativ, Zeit, wie wir sie kennen, mag für sie bedeutungslos sein.

Mit anderen Worten, die kommunizierende Persönlichkeit erfährt vielleicht Zeit so wie Sie, wenn Sie sich in einem dissoziierten Zustand befinden. Es handelt sich hier nicht um das uns vertraute fortlaufende Zeitsystem, und wir werden in dieser Hinsicht einige Anpassungen vornehmen müssen, wenn wir es mit einer ein Zeitelement enthaltenden Information zu tun haben.

Es gibt einige Richtlinien, an denen Sie Ihre Botschaften messen können, ob Sie sie nun über das Ouija-Brett, automatisches Sprechen oder andere Verfahren erhalten haben. Sie wurden in diesem Buch bereits angeführt, und es ist außerordentlich wichtig, daß Sie sie bei der Beurteilung solcher Übermittlungen anwenden. Es ist auch möglich, daß sich stichhaltige Information in Material verbirgt, das hauptsächlich dem Unbewußten entstammt. In diesem Fall kann ein kontinuierliches Experimentieren dazu führen, daß Sie die persönlichen Daten allmählich aussondern und die stichhaltige Information stärker hervortritt.

Eine Persönlichkeit als abhängige Erscheinung wird sehr wahrscheinlich über das Unbewußte der experimentierenden Person Eingang finden und das vegetative Nervensystem und autonome Muskelsystem beeinflussen. Im Falle des Ouija-Bretts würde sich das in der Bewegung des Zeigers auswirken. Eine unabhängige Erscheinung besäße, zumindest theoretisch, größere Freiheit, obwohl sehr wahrscheinlich auf emotionaler Ebene wichtige psychische Verbindungen bestehen, die auch eine unabhängige Erscheinung beeinflussen. Diese Verbindung könnte zwischen dem Beobachter und der Erscheinung wirksam sein.

Auch automatisches Schreiben könnte als Kommunikationsmethode von einer solchen überlebenden Persönlichkeit benutzt werden. In diesem Fall wäre die Erscheinung wie auch beim Ouija-Brett eine abhängige. Automatisches Sprechen ist die Methode, mit der ich am vertrautesten bin. Bislang hatte ich keinen Erfolg mit automatischem Schreiben. Ich habe den Verdacht, daß hier mein Ego Barrieren aufgerichtet hat, da ich von Beruf Schriftstellerin bin. Mit anderen Worten, das Ego will Anerkennung für seine eigenen Produktionen. Für Seth zu sprechen, verursacht mir in dieser Hinsicht keine Probleme; wäre ich allerdings gewohnt gewesen, mein Schreiben zu diktieren, wären vielleicht auch gegen das automatische Sprechen Barrieren aufgebaut worden.

Kommunikationen dieser Art werfen so viele Fragen auf, wie sie Antworten geben. Solange in diesen Bereichen nicht weitere Untersuchungen durchgeführt werden, haben wir keine schlüssigen Beweise für ihren Ursprung. Wir können sagen, daß sie nicht auf bewußter Ebene stattfinden. Auch scheint das qualitativ beste Material nicht dem Unbewußten zu entspringen, es sei denn, der Begriff des Unbewußten an sich wird erweitert und umfaßt mehr als es gegenwärtig der Fall ist. Ich spreche hier über Material von höchster Qualität, nicht von Übermittlungen, die offensichtlich Erfindungen des Unbewußten sind. Diese Phänomene scheinen gewiß auf die Existenz von Persönlichkeiten zu verweisen, die den physischen Tod überlebt haben. Und sie deuten auf eine innere Realität, die innerhalb des Kontexts lebender Materie ihren Ort hat – eine Realität, die weiterhin unabhängig von ihrem körperlichen Bezugsrahmen existiert, in dem sie einst Ausdruck fand.

Es wird für Sie hilfreich sein, wenn Sie Bücher lesen, die sich mit ASW befassen. Es sind viele Fälle von spontanen Erscheinungen dokumentiert worden, die aber in diesem Buch nicht diskutiert werden können. Ich empfehle jedoch, daß Sie sich in einer öffentlichen Bibliothek nach geeignetem Material umsehen.

Befragen Sie Ihre Bekannten nach Erscheinungen, die sie vielleicht gesehen haben oder zu sehen glaubten. Einige meiner Bekannten haben mir von solchen Erfahrungen berichtet. Wir können nicht selbstverständlich annehmen, daß alle solchen »gesichteten Erscheinungen« die Folge einer überreizten Phantasie oder unbewußter Projektionen sind.

Wenn schließlich akzeptiert sein wird, daß die Persönlichkeit ganz oder teilweise den Tod überlebt – und ich glaube, daß es dazu kommen wird – dann wird ein solcher Glaube als ebenso modern angesehen werden wie der Glaube an Raumschiffe und Raketen. Jahrhundertelang haben Menschen den Gedanken an eine Fahrt zum Mond verhöhnt. Heute sind solche augenscheinlich unpraktischen Ideen Realität, die unseren Alltag, unsere Wirtschaft, Erziehung und Politik beeinflussen.

Die moderne Wissenschaft eröffnet neue Unternehmensbereiche. Wir können es uns nicht länger leisten, Bestandteile menschlicher Erfahrung in dunklen Verliesen des Aberglaubens und der Unwissenheit zu verstecken und vorzugeben, daß sie nicht existieren. Wir müssen auf realistische Weise alle Aspekte der Existenz erkunden und neue und alte Theorien mit vorurteilsloser Spekulation, Imagination und mit Vernunft erforschen.

Bei allen unseren vorangegangenen Experimenten in diesem Buch kann nach Hinweisen auf die innere Realität gesucht werden. Diejenigen von Ihnen, die aufgeschlossen, aber nicht leichtgläubig sind, mögen eine experimentelle Séance eine außerordentlich interessante Forschungsmethode finden. Lesen Sie zu diesem Thema nochmals in Kapitel 3 nach. Sie können auch ein einfacheres Verfahren anwenden, bei dem Sie mit Freunden in einem ruhigen Zimmer sitzen. Für diese Zwecke ist eine mittlere Beleuchtung, nicht zu trübe und nicht zu hell, am geeignetsten. Sie können auch im Halbdunkel sitzen, wenn Sie das vorziehen, aber meiner Meinung nach sollten solche Sitzungen in einer möglichst »vernünftigen« Atmosphäre abgehalten werden. Sie werden sich nicht geneigt fühlen, Ihre Konzentration nach innen zu richten, wenn das Zimmer strahlend hell ist; Sie sollten sich aber bei mittlerer Beleuchtung relativ wohl fühlen. Wenn jemand für solche Experimente Dunkelheit braucht, findet vielleicht er und nicht unbedingt die »Geister« Dunkelheit förderlich.

Seien Sie entspannt, empfänglich und still. Sie können mit den anderen Teilnehmern im Kreis sitzen, wenn Sie wollen, und sich bei den Händen halten, wenn das gewünscht wird. Wir wissen zu wenig über solche Angelegenheiten, um sagen zu können, ob bestimmte Kontakte über Berührung zustande kommen oder nicht. Unsere eigenen Erfahrungen scheinen nicht darauf hinzudeuten. Dann warten Sie einfach. Sie können leise fragen: »Ist jemand da?«

Solche Experimente erfordern gesunden Menschenverstand von allen Teilnehmern. Disziplin ist wesentlich. Eine überaktive Imagination wird keine legitimen Resultate erbringen. Sie wird nur zum Mißtrauen beitragen, das solche Séancen bereits umgibt. Auf der anderen Seite sind ein Gefühl für Spontaneität und eine gewisse kontrollierte Bereitwilligkeit absolut notwendig. Ihre Experimente mit psychischer Zeit werden Ihnen die Erfahrung der Verlagerung der Konzentration vermitteln, die Sie hier brauchen.

Denken Sie immer daran, wie wichtig es ist, von allen Sitzungen Aufzeichnungen zu machen, vor allem, wenn es sich um experimentelle Séancen handelt. Diejenigen von Ihnen, die ein Tonbandgerät besitzen, sollten unter allen Umständen die Sitzungen mitschneiden. Suchen Sie die Teilnehmer sorgfältig aus. Sie sollten absolut vertrauenswürdig, aufgeschlossen und ausgeglichen sein. Natürlich müssen Sie sich mit Ihnen wohl fühlen. Es könnte sich herausstellen, daß Sie bei solchen Sitzungen mit einigen Leuten bessere Resultate erzielen als mit anderen. Unsere Erfahrungen scheinen darauf zu verweisen, daß die beteiligten Persönlichkeiten viel mit Erfolg oder Mißerfolg zu tun haben.

Ich persönlich bin davon überzeugt, daß die menschliche Persönlichkeit den Wandel, den wir Tod nennen, überlebt. Auch wenn wir gegenwärtig über keine wissenschaftlichen Beweise verfügen, heißt das nicht, daß sie immer fehlen werden. Man muß sich daran erinnern, daß in der Vergangenheit ein solcher Beweis für das Überleben der Persönlichkeit als unnötig erachtet wurde. Die Religionen bestanden auf einem solchen Glauben, es war ein Glaubensartikel. Es ist zu hoffen, daß in nicht allzu langer Zeit eine Untersuchung solcher Phänomene von unserer Wissenschaft als legitim anerkannt wird. Wie die Entdeckungen im Bereich der Physik die Kluft zwischen Materie und Nicht-Materie, und die Entdeckungen im Bereich der Biologie die Kluft zwischen belebter und unbelebter Materie schließen, könnten auch wir auf weitere Erkenntnisse stoßen, die wiederum neue Möglichkeiten eröffnen.

Die folgenden Auszüge aus der 24. Seth-Sitzung handeln vom inneren Selbst und seiner Beziehung zum physischen Universum und zur nichtphysischen Realität.

Ein Teil des Individuums ist sich auch des winzigsten Teils des Atems bewußt. Ein Teil des Individuums weiß unmittelbar vom winzigsten Oxygenpartikel und von Komponenten, die in die Lunge eintreten. Das denkende Gehirn weiß davon nichts.

Tatsächlich, meine lieben Freunde, weiß euer so überaus wichtiges *Ich* sehr wohl davon. Ihr kennt euer so wichtiges *Ich* nicht, und darin liegt das Problem. Es ist modern, den Menschen oder das *Ich* des Menschen als Produkt des Gehirns anzusehen und als ein isoliertes Stück des Unbewußten mit noch einer Portion Krimskrams dabei.

Bei dieser so unnatürlichen Unterteilung vermeint der Mensch folglich, daß er sich nicht kennt. Er sagt: »Ich atme, aber wer atmet, da ich mir nicht bewußt sagen kann, daß ich atmen oder nicht atmen soll?« Er sagt: »Ich träume, aber wer träumt? Ich kann mir nicht sagen, daß ich träumen oder nicht träumen soll.« Er schneidet sich in Hälften und wundert sich, warum er nicht ganz ist. Der Mensch hat stets nur jene Dinge als Beweis zugelassen, die er sehen, riechen, berühren oder hören kann und somit wertschätzt er nur die Hälfte seiner selbst, und hier übertreibe ich. Er ist sich nur eines Drittels seiner selbst bewußt, denn zwei Drittel von ihm existieren in jenem Bereich, den er nicht zugeben will...

Wenn der Mensch nicht weiß, wer in ihm atmet, und wenn er nicht weiß, wer in ihm träumt, dann nicht, weil es einen gäbe, der in der physischen Welt handelt und einen, der völlig getrennt davon atmet und träumt. Er weiß es nicht, weil er den Teil von sich, der atmet und träumt, begraben hat. Wenn ihm diese Funktionen so automatisch erscheinen, daß sie offenbar von jemandem ausgeführt werden, der von ihm völlig getrennt ist, dann weil er die Trennung vorgenommen hat...

Ich erwähnte vorhin, daß das Bewußtsein oft das Unbewußte wird und umgekehrt. Das sollte an sich nicht überraschend sein. Ihr seid damit in eurer alltäglichen Existenz vertraut. Es handelt sich nicht um einen isolierten Vorfall, der einmal im Leben vorkommt; und doch hat der Mensch in der Regel diese Tatsache völlig ignoriert. Im Schlaf wird das Bewußtsein das Unbewußte und das Unbewußte wird auf sehr reale Weise das Bewußte. Jeder Mensch weiß das instinktiv und doch weigert er sich starrköpfig, das zuzugeben.

Der Teil von euch, der träumt, ist ebensosehr das *Ich* wie der Teil von euch, der auf andere Weise agiert. Der Teil von euch, der träumt, ist der Teil von euch, der atmet. Und dieser Teil ist sicherlich so legitim und in der Tat für euch als Einheit notwendiger, als der Teil, der auch Bridge oder Scrabble spielt. Die Annahme erscheint absurd, daß eine so lebenswichtige Angelegenheit wie das Atmen einer untergeordneten und fast völlig abgetrennten, geringeren Persönlichkeit, einem armen Verwandten gleich, überlassen würde.

So wie für den bewußten Verstand Atmen auf automatische Weise vonstatten zu gehen scheint, scheint dies auch für die wichtige Funktion der Transformation von Vitalität des Universums in Mustereinheiten zuzutreffen. Aber diese Transformation ist für euch nicht so offensichtlich; von daher scheint es, als würde sie von jemandem ausgeführt werden, der noch entfernter und fremder ist als jener nicht anerkannte Teil von euch, der atmet...

Tatsache ist ganz einfach, daß ihr selbst diese Verschleierungsmuster (der physischen Welt) bildet. Ihr formt die Welt der Erscheinungen mit demselben Teil von euch, der atmet. Bewußtseinsmäßig laßt ihr den, der atmet, nicht als Teil eurer selbst zu, und genausowenig gebt ihr zu, daß der Schöpfer des verschleierten physischen Universums Teil von euch selbst ist.

Weil ihr wißt, daß ihr atmet, ohne euch der daran beteiligten Mechanismen bewußt zu sein, seid ihr entgegen euren Neigungen gezwungen, zuzugeben, daß ihr selbst eure Atmung bewerkstelligt. Wenn ihr ein Zimmer durchquert, müßt ihr gezwungenermaßen zugeben, daß ihr euch dazu gebracht habt, auch wenn ihr keine bewußte Kenntnis davon habt, daß und wie ihr die Muskeln zur Bewegung veranlaßt habt. Und wenn ihr diese Dinge auch realisiert, so glaubt ihr sie nicht wirklich. In euren ruhigen unbewachten Augenblicken sagt ihr noch immer: »Wer träumt?«

Da es für den Menschen so schwierig ist, den Teil von sich zu erkennen, der seine Muskeln bewegt und seine Atemzüge macht, ist es wohl nicht weiter verwunderlich, wenn er ebenfalls nicht erkennen kann, daß dieses Gesamtselbst auch die Verschleierungswelt der physischen Materie formt, und zwar in fast gleicher Weise, wie er mit seinem Atem ein Muster auf einer Glasscheibe bildet.

Wenn ich sage, daß ihr selbst die Verschleierungsmuster eures eigenen physischen Universums erschafft, indem ihr die innere Vitalität in gleicher Weise gebraucht, wie ihr mit eurem Atem ein Muster auf einer Glasscheibe erzeugt, meine ich nicht notwendigerweise, daß ihr Schöpfer des Universums seid. Ich sage nur, daß ihr die physische Welt erschafft, wie ihr sie kennt, und dies, meine lieben Freunde, beinhaltet eine sehr lange Geschichte.

Auch ich weiß nicht alle Antworten. Es ist jedoch eine Tatsache, daß sogar der Mensch in seiner tölpelhaften Art entdecken wird, daß er selbst sein physisches Universum erschafft, und daß die Mechanismen des physischen Körpers mehr Funktionen und Vielfältigkeit besitzen, als er weiß.

KAPITEL XV

Möglichkeiten und Chancen der ASW-Forschung

Die Parapsychologie ist ein Zweig der Psychologie, der nach Beweisen für Telepathie, Hellsehen und ähnlichem forscht und sich mit Experimenten im Bereich der außersinnlichen Wahrnehmung befaßt. Parapsychologen bestehen darauf, daß ASW eine bewiesene Tatsache ist. Persönlichkeiten wie J.B. Rhine in den USA und Willem Tenhaeff in Holland und andere haben ihr Leben mit der Erforschung von ASW unter strikten Laborbedingungen verbracht. Mit einigen bemerkenswerten Ausnahmen vertreten dagegen die klinischen Psychologen meist sehr nachdrücklich die Ansicht, daß ASW nicht wissenschaftlich bewiesen ist.

Tatsächlich ist Telepathie und Hellsehen unter wissenschaftlichen Bedingungen, z. B. von dem holländischen Sensitiven Croiset unzählige Male demonstriert worden, und die Experimente Rhines mit den Zenar-Karten sprechen für sich selbst. Verschiedene außerkörperliche Erfahrungen sind von Forschern dokumentiert worden, deren Integrität außer Frage steht. Erscheinungen oder Materialisationen treten auf, gleich ob zu unserem Mißvergnügen oder nicht. Zahllose Fälle sind in den Unterlagen der verschiedenen parapsychologischen Gesellschaften zu finden.

ASW ist eine bewiesene Tatsache. Wir wissen, daß sie existiert und Teil des Kontexts ist, innerhalb dessen wir als menschliche Wesen agieren. Wir wissen nicht, wie sie funktioniert, warum sie funktioniert, wann sie funktioniert, obwohl wir einige Teilantworten auf diese Fragen haben. Oft führt schon ein Testversuch mit den ASW-Fähigkeiten einer Person dazu, daß diese, zumindest zeitweise, nicht wirksam werden. Erfolg zu Hause unter vertrauten Bedingungen ist eine Sache. Erfolg in einem Laboratorium unter Anspannung ist eine andere Sache. ASW ereignet sich oft genug spontan. Solange wir nicht mehr über ihre Merkmale und Eigenschaften wissen, werden wir unter Testbedingungen wahrscheinlich Probleme damit haben. Glücklicherweise sind einige Sensitive begabt genug, um ihre Fähigkeiten praktisch anwenden und zulassen zu können, daß ihre Talente untersucht werden. Professor Tenhaeff, der mit Croiset arbeitete, hat zu unserem Wissen über ASW und ihrer Verbindung mit assoziativen Geistesprozessen beigetragen.

Es besteht kein Zweifel, daß ASW-Fähigkeiten enger mit der Intuition und dem subjektiven Selbst verknüpft sind, als mit den logischen Fähigkeiten des egoistischen Selbst. Eine Theorie besagt, daß diese Fähigkeiten beim prähistorischen, nicht zivilisierten Menschen sehr viel ausgeprägter waren, und daß sie sich mit dem Fortgang der Evolution zurückbildeten. Es wäre allerdings auch möglich, daß wir sie bei unserem Kopfsprung in den Materialismus und die Technologie ganz einfach ignoriert haben.

Je pragmatischer und »objektiver« wir sind, desto weniger gebrauchen wir unsere ASW-Fähigkeiten. Das führt uns natürlich in eine unserer Schwierigkeiten. Diejenigen, die ASW mit einer strikt pragmatischen Einstellung untersuchen, hegen oft Vorurteile gegen sie. Diejenigen, die nicht pragmatisch sind, werden häufig des Mangels an wissenschaftlicher Objektivität bezichtigt. Der ideale Forscher wäre eine Person, die intuitiv und in wissenschaftlicher Methodik ausgebildet ist.

Da die ASW-Fähigkeiten eher unbewußt als bewußt sind, weisen sie die Merkmale auf, die eine sich in einem subjektiven Zustand befindliche Person zeigt. Die Anwendung unbewußter Symbolik ist oft eines davon. Auch hier gibt Pollacks Buch über Croiset ausgezeichnete Beispiele für den Stellenwert der Assoziation (ein Gedanke oder Bild führt zum nächsten) und wie sie wirken kann, um ein hellseherisches Bild aufzubauen. Hier kommen allerdings gelegentlich Verzerrungen vor. Die Sprache des Unbewußten muß erforscht werden. Wir müssen lernen, sie mit einiger Präzision zu entziffern.

Medien im allgemeinen sind eine Angelegenheit, die Parapsychologen wie Psychologen vermutlich liebend gerne vergessen würden, wenn sie könnten. Unglücklicherweise können sie das nicht, da ausgezeichnete ASW-Beweise von Medien erhalten wurden. Mentale oder psychische Medien sind jene Personen, die sich vor allem mit mentalen oder psychischen und weniger mit physischen oder physikalischen Phänomenen befassen, also eher über hellseherisches Wissen verfügen als Materialisationen produzieren oder Gegenstände in Bewegung setzen.

Mentale Medien sind leichter zu untersuchen, da sie in der Regel bei ihrer Arbeit nicht auf Dunkelheit oder Schummerlicht bestehen. Wir wissen bislang nicht, ob Dunkelheit das Auftreten von authentischen Erscheinungen fördert. Dunkelheit fördert sicherlich Betrug. Ich persönlich glaube, daß Licht die beteiligten Personen weitaus mehr irritiert als die möglicherweise auftretenden Erscheinungen.

Psychologen wie Parapsychologen sind in der Vergangenheit von betrügerischen Medien so oft hintergangen worden, daß sie nun die Einstellung haben: Schuldig, bis die Unschuld bewiesen ist. Dies mag für die Wissenschaftler eine gute Arbeitsgrundlage sein und in der Tat die Qualität des wissenschaftlichen Beweises verbessern, unter anderen Gesichtspunkten hingegen ist diese Einstellung bedauerlich. Jenen, die über intuitive oder mediale Fähigkeiten verfügen oder sie bei sich vermuten, widerstrebt es verständlicherweise, sich vorzuführen und wie ein Zirkuspferd zu präsentieren. Ein Mißerfolg unter solchen Umständen wird eben nicht als eine natürliche Konsequenz von Nervosität ausgelegt, sondern als ein Hinweis auf Betrügerei und faule Tricks gewertet.

Die meisten Medien sind überzeugt, daß eine Persönlichkeit, die den physischen Tod überlebt hat, die Kontrolle übernimmt, wenn sie sich in einem medialen Trancezustand befinden. Diese Persönlichkeit wird Control, Kontrollgeist oder Kontrollpersönlichkeit genannt. Manchmal werden bei solchen Séancen Informationen erhalten, über die keine lebende Person verfügen konnte. Ich spreche hier von Fällen, in denen nie Betrug entdeckt wurde. Da parapsychologische Forscher naturgemäß eifriger nach Hinweisen auf Betrug suchen als irgendein Detektiv nach einem Mordverdächtigen, bedeutet das, daß die betreffenden Medien rein wie frischgefallener Schnee sind.

Diese Vorfälle können allerdings auch ohne die Theorie vom Überleben der Persönlichkeit erklärt werden. Das Medium kann in diesen Fällen seine eigenen hellseherischen Fähigkeiten anwenden. Möglich ist auch, daß die Kontrollpersönlichkeit vom Medium unbewußt als Instrument eingesetzt wird, damit sie – oder er – jene Fähigkeiten gebrauchen kann, an denen das Ego keinen Anteil hat.

Dies würde das Medium vor übergroßer Besorgtheit, vor der ablenkenden Unruhe bewahren, ob die Information korrekt war oder nicht. Ein Mißerfolg wäre nicht sein Mißerfolg, sondern der der Kontrollpersönlichkeit. Wenn zudem noch Forscher wie Bluthunde auf Taschenspielertricks lauern, dann kann dies eine sehr nützliche Methode sein, um den psychischen Druck abzubauen. Sie könnte auch den intuitiven Elementen des Selbst erlauben, unbehelligt vom logischen Diktat des egoistischen Selbst zu operieren. Einige Personen mögen solche psychischen Mechanismen brauchen.

Ebenso möglich ist es, daß diese Kontrollpersönlichkeiten genau das sind, was sie zu sein behaupten. Zwar kreuzte noch nie eine Persönlichkeit, die den physischen Tod überlebt hat, mitten im Laboratorium eines Parapsychologen auf, aber viele dokumentierte Fälle von Erscheinungen machen ein persönliches Überleben wahrscheinlicher, als allgemein angenommen wird. Mehr dokumentierte Fälle von »außer-körperlichen« Erfahrungen wären hier hilfreich, denn wenn zweifellos zu beweisen ist, daß eine Persönlichkeit im Leben an zwei Orten zugleich erscheinen kann, würde dies die Theorie vom Überleben unterstützen. Einige hervorragende Fälle sind dokumentiert worden, und sie sollten nicht vergessen werden.

Der Trancezustand eines Mediums, gleich was er sonst noch ist, ähnelt der Trance in Hypnose; jedenfalls scheint es so. Ich gehe bei unseren Sitzungen jedoch nicht in die tiefere Trance, die für Medien gewöhnlich charakteristisch ist. Ob ich das in Zukunft tun werde, bleibt abzuwarten. Der Trancezustand selbst scheint, unabhängig von allem anderen, eine notwendige Methode zu sein, um die Konzentration nach innen zu richten, und äußere, ablenkende Reize abzublocken.

Wir selbst beginnen jetzt bei den Seth-Sitzungen mit einem einfachen Test, mit dem wir herauszufinden hoffen, was uns Seth hinsichtlich hellseherischen Materials auf relativ schlüssiger Grundlage bringen kann. Beim ersten Mal war ich sehr nervös und ich kann verstehen, warum ein tieferer Trancezustand größere Freiheit oder Zwanglosigkeit gestattet. In meiner leichten Trance kann ich mir zweier Gedankenrichtungen zugleich bewußt sein: meiner eigenen und der von Seth, die Vorrang hat. Ohne mir klar zu sein, was ich bei unserem ersten Test tat, wechselte ich hin und her und benützte zwei Quellen. Die Resultate dieses Versuchs erwiesen, daß Seths Information korrekt war und meine falsch. Ich mache keinen bewußten Versuch, mich während oder vor Sitzungen in Trance zu versetzen, sondern lasse alles natürlich geschehen. Da im allgemeinen der tiefere Trancezustand während der Sitzungen nicht eintrat, haben wir es dabei belassen. Diese eine Testerfahrung hat mich jedoch gelehrt, zwischen Seths Übermittlungen und etwaigen eigenen, verzerrenden Gedanken, die dazwischenkommen mögen, zu unterscheiden. Diese Erfahrung war von unschätzbarem Wert.

Die Trance, ob sie nun einer solchen überlebenden Persönlichkeit zu sprechen gestattet oder nur ein praktisches psychisches Hilfsmittel ist, ist unter diesen Bedingungen außerordentlich hilfreich. Psychologen, Parapsychologen und authentische Medien sollten gewiß ihre Kräfte zusammenschließen im aufrichtigen Bemühen, diese Angelegenheiten zu erforschen.

ASW-Untersuchungen, an denen keine Medien beteiligt sind, sind sehr viel leichter zu beurteilen. Croiset zum Beispiel benutzte keinerlei Art von Kontrollgeist, und der wissenschaftliche Nachweis seiner Fähigkeiten ist untadelig. Dasselbe trifft auf Peter Hurkos zu, der nun in diesem Land seine Fähigkeiten beweist. Wenn solche überlebenden Persönlichkeiten existieren und mit den Lebenden kommunizieren, dann ist die Kontrollpersönlichkeit eines Mediums legitim nicht nur unter psychologischen Gesichtspunkten, sondern auch aus sehr praktischen Gründen. Ansonsten könnten die Kontrollpersönlichkeit und die mediumistische Trance im Grunde unnötig aber psychisch gesehen wichtig sein. Einige Personen mit starken medialen Fähigkeiten brauchen vielleicht nicht zu einer solch »künstlichen« Persönlichkeit Zuflucht zu nehmen. Andere mögen in ihr eine Unterstützung finden, um die psychische Stabilität aufrechtzuerhalten.

All dies sind Fragen, auf die wir keine Antwort haben, und Fragen, die für unser Verständnis von ASW wesentlich sind. Parapsychologen und Psychologen gehen unterschiedlich an diese Dinge heran. In vielen wissenschaftlichen Bereichen wird die Parapsychologie noch immer nicht für sehr respektabel gehalten, obwohl sich diese Einstellung allmählich ändert. Psychologen geben sich übergroße Mühe im Versuch, objektiv zu sein und scheinen von daher oft ganz legitime Beweise nicht zu akzeptieren. Während einzelne Psychologen aufgeschlossener sein mögen, scheint das Mißtrauen gegenüber ASW ein allgemeines Merkmal der Psychologie zu sein. Sie mußte sehr hart arbeiten, um ihre eigene Wissenschaftlichkeit unter Beweis zu stellen, und das mag einer der Gründe für ihre diesbezügliche Starrheit sein.

Die Personen, die sich ihrer medialen Fähigkeiten bewußt geworden sind, bekommen diese Situation zu spüren, da die Einstellung der Parapsychologen und Psychologen ihnen gegenüber zum Teil aus der Spannung zwischen diesen beiden Gruppen resultiert. Die erste Reaktion auf diesem Gebiet ist: »Beweise es. Jetzt.« Der Wunsch der Parapsychologen, ihre Sache zu beweisen, ist an sich nicht falsch. Nur so können sie erreichen, daß sie akzeptiert werden.

Meiner Meinung nach ist ASW allen außer jenen hinlänglich bewiesen worden, die sich weigern, die Beweise zu akzeptieren.

Wir brauchen nunmehr eine Atmosphäre des gegenseitigen Vertrauens und der Kooperation zwischen Parapsychologen, Psychologen und jenen, die über ASW-Fähigkeiten verfügen. Die Einstellung, »na gut, zeig's mir«, dient einer solchen Bemühung nicht. Das menschliche Element muß in diesem Bereich mehr als in jedem anderen berücksichtigt werden. Eine ausgezeichnete Demonstration dieser Fähigkeiten kommt eher durch eine freundliche Beziehung zwischen den Gruppen zustande. Unter Bedingungen des Mißtrauens und Verdachts funktionieren sie, wenn überhaupt, schlecht.

Die Parapsychologie kann offensichtlich nicht allen alles bieten. Man kann ihr dafür gratulieren, daß sie Fragen untersuchte, die in der Vergangenheit von etablierten Erkenntnisforschern vermieden wurden. Was jedoch ihre Suche nach wissenschaftlicher Beweisbarkeit angeht, so ist zu hoffen, daß sie in Zukunft ihren Abenteuergeist und ihre Neugierde beibehält, die ihre Entstehungsgeschichte auszeichnen.

Im allgemeinen umgeht die Parapsychologie auch das Problem der Reinkarnation, was verständlich ist, da es sich um einen kniffligen Punkt handelt. Doch ab und zu taucht das Thema trotzdem auf, so etwa bei der Arbeit des verstorbenen Edgar Cayce. Cayce war ein Heiler, der im Trancezustand die korrekte Therapie für kranke Patienten angab, gleich ob die Patienten ihn besuchten oder ihm nur einen Brief schrieben. Es mag vielleicht schwer zu akzeptieren sein, aber zweifellos hatte er oft Erfolg, wo die Ärzte versagten. Im Trancezustand sprach er jedoch auch oft über Reinkarnation und bestand darauf, daß sie eine Tatsache menschlicher Existenz sei. Seine Diagnosen erwiesen sich als korrekt. Deutet dies darauf hin, daß auch seine Aussagen zur Reinkarnation stimmig sind?

Wir sind inzwischen sogar willens, das Thema des Überlebens der menschlichen Persönlichkeit der wissenschaftlichen Erforschung für würdig zu erachten – hauptsächlich nur deshalb, weil sich soviel Beweismaterial anhäuft, das durch keine andere These hinlänglich erklärt werden kann; trotzdem bleibt Reinkarnation ein Randgebiet, ein unwillkommenes Stiefkind, das uns immer wieder belästigt. Immerhin bringen einige hervorragende Persönlichkeiten, wie zum

Beispiel Dr. Ian Stevenson von der University of Virginia durch ihre eigenen Untersuchungen allmählich etwas Licht in die Sache.

Wissenschaftlich gesehen ist nach wie vor ein Beweis fast unmöglich, daß eine jetzt lebende Persönlichkeit, sagen wir, im 17. Jahrhundert gelebt hat, selbst wenn sie unzweifelhaft eine persönliche Kenntnis jenseits des normalen Vermögens demonstriert, eine Kenntnis, die sich als stichhaltig erweist. Nehmen wir zum Beispiel an, John X käme mit Informationen über Bischof Y, der, wie man weiß, um 1700 in einer bestimmten Stadt gelebt hat – Informationen, die in ihren Detailkenntnissen die Wissenschaftler verblüffen. Dafür gäbe es theoretisch neben der Reinkarnation noch andere Erklärungen.

Auf uns unbekanntem Wege könnten die Informationen unbewußt gesammelt worden sein. Sie könnten auf hellseherische Weise erhalten worden sein (Croiset half in dieser Weise Wissenschaftlern bei der Überprüfung alter Manuskripte) oder über Kommunikation mit der betreffenden Persönlichkeit, ähnlich wie es bei einem Medium der Fall ist. Zugegebenermaßen erscheinen alle diese Erklärungen ebenso kompliziert wie die Reinkarnationstheorie, doch müssen sie in Betracht gezogen werden. Spezielle Fälle in Indien scheinen keine andere Erklärung zuzulassen als die, daß Reinkarnation eine Tatsache ist, doch diese werden hierzulande weitgehend ignoriert, vielleicht, weil die oben erwähnten Erklärungen auch möglich sind.

Erscheinungen gehören definitiv zum Bereich der Parapsychologie, und jeder Fall wird sorgfältig untersucht. Es ist bewiesen, daß es sie gibt und dokumentierte Fälle finden sich in den Unterlagen der parapsychologischen Gesellschaften. Dies ist jedoch kein Beweis dafür, daß die Persönlichkeit, *wie wir sie kennen*, den Tod überlebt. Es ist ein Beweis, daß etwas von der Persönlichkeit überlebt, was etwas anderes sein mag. Diese Erscheinungen deuten auf ein Überleben der menschlichen Persönlichkeit hin, daran kann kein Zweifel bestehen. Wir können solche Vorfälle abtun, was jedoch keinen Einfluß auf die Tatsachen an sich hat. Solche Erscheinungen besitzen Gültigkeit, gleich ob sie uns mit unseren gegenwärtigen Theorien, Vorstellungen oder Irrtümern in Verlegenheit bringen oder nicht.

Spiritualismus hat vor allem in der Vergangenheit viel zur Förderung der ASW-Forschung beigetragen. Die Atmosphäre des Vertrauens und des Glaubens in diesen Zirkeln hat wahrscheinlich vielen bei der Entwicklung ihrer Fähigkeiten geholfen. Unglücklicherweise kommt in spiritistischen Zirkeln auch Betrug vor, wie überall. Die Atmosphäre bei Séancen zieht sowohl wohlmeinende, sich der Selbsttäuschung hingebende Personen an wie auch sehr ernsthafte Menschen, die genau unterscheiden, was sie akzeptieren und was nicht.

In jeder Stadt in den USA gibt es Medien. Sie arbeiten in ihren eigenen spiritistischen Zirkeln. Viele sind ehrlich und wohlmeinend, verfügen aber nur über geringe Fähigkeiten. Einige mögen starke Fähigkeiten haben. Wir brauchen dringend in Forschungstechniken gut ausgebildete Mitarbeiter der parapsychologischen Institute, die diese Personen herausfinden, sie ermuntern, ihre Talente zu erforschen und zu entwickeln, die Betrüger aussondern und die begabten Medien dazu überreden, sich für eine Untersuchung ihrer Fähigkeiten zur Vergügung zu stellen.

Wir würden gerne ASW isolieren wie ein Biologe einen Virus isoliert, aber das ist unmöglich. Wir wollen voraussagbare Experimente, aber die menschliche Persönlichkeit ist nicht voraussagbar. ASW scheint am besten zu funktionieren, wenn wir uns bei der Kommunikation nicht auf die physischen Sinne verlassen, wenn wir uns nicht des logischen Denkprozesses bedienen, wenn wir nicht hauptsächlich auf die unmittelbar physische Realität ausgerichtet sind. Diese Merkmale machen natürlich eine Untersuchung dieser Phänomene schwierig. Ich behaupte jedoch, daß die charakteristischen Merkmale von ASW bis zu einem gewissen Grad über die Erforschung der menschlichen Persönlichkeit und ihrer Vorgehensweise in Traum- und dissoziierten Zuständen untersucht werden können.

Ich bin der Meinung, daß die menschliche Persönlichkeit, sollte sie den Wandel, den wir Tod nennen, überleben, zum Teil jene Art von Bewußtsein und Verhalten aufweist, die die lebende Persönlichkeit zeigt, wenn sie vom Ego dissoziiert ist. Da die Sprache des Unbewußten auch Teil des gesamten ASW-Kontexts ist, wäre eine solche Untersuchung eine Hilfe für die Interpretation dieser inneren Symbolik.

Die Art und Weise, in der die Persönlichkeit unter diesen Bedingungen arbeitet, sollte viel darüber aussagen können, wie außersinnliche Wahrnehmungen empfangen und gehandhabt werden. Eine sorgfältige Untersuchung präkognitiver Träume wäre von unschätzbarem Wert. Jene Träume, in denen die Informationen nicht ganz klar, sondern mit anderem Material aus dem Unbewußten gemischt sind, können uns hier sogar mehr darüber sagen, wie die Persönlichkeit diese Information gebraucht, als die überraschenderen präkognitiven Träume. Psychologen befassen sich mit Untersuchungen des Traumzustands, doch meines Wissens ist hier Präkognition kein Kriterium.

Die Experimente in diesem Buch sollten den Lesern zur Erkenntnis und Anwendung wenigstens einiger ihrer Fähigkeiten verholfen haben. Vor allem die Experimente mit Voraussagen sollten von all jenen durchgeführt werden, die sich für ASW interessieren. Hier besteht zumindest die Möglichkeit, daß Prägkognition auf eine gewisse schlüssige Grundlage gebracht wird. Soweit mir bekannt ist, sind diese Experimente originär. Die Experimente mit psychischer Zeit sind Vorschläge aus dem Seth-Material, obwohl sie in abgewandelter Form auch schon von anderen durchgeführt wurden.

Zweifellos sind einige Träume präkognitiv. Die entsprechenden, im Buch angeführten Experimente wurden, wenn auch nicht sehr umfangreich, von anderen Forschern unternommen, vor allem von J. W. Dunne.

Viele von Ihnen mögen entdecken, daß Sie Erfolg mit dem Ouija-Brett, dem automatischem Schreiben oder automatischem Sprechen haben, obwohl letzteres etwas ungewöhnlicher ist. Dies ist an sich jedoch nicht ein Beweis für ASW, sondern es handelt sich um Methoden, mit denen das Unbewußte erreicht werden kann.

Gelegentlich mögen sie auch Instrumente sein, die Sie authentische ASW-Fähigkeiten erkennen und anwenden lassen. Eine ehrliche Beurteilung Ihres so erhaltenen Materials wird Sie erkennen lassen, ob Sie Ihr Unbewußtes anzapfen oder tatsächlich andere Kräfte jenseits der anerkannten Grenzen unseres persönlichen Selbst erschließen.

Es gibt gute Gründe zur Annahme, daß Hypnose den Zugang zu außersinnlichen Wahrnehmungsfähigkeiten befördert, da sie eine Person in die Lage versetzt, den Brennpunkt ihrer Aufmerksamkeit von der physischen auf die innere Umwelt zu verlagern. Es soll jedoch erwähnt werden, daß hier durch Suggestion Halluzinationen bewirkt werden können. Eine hypnotisierte Person kann davon überzeugt werden, daß sich ein Tisch drei Meter in die Höhe erhebt, und sie wird darauf schwören. Die Halluzination würde in diesem Fall vom Hypnotiseur einfach suggeriert werden. Möglicherweise spielt Suggestion auf außergewöhnliche Weise auch bei Séancen eine Rolle, wenn sich zum Beispiel Gegenstände bewegen. Das heißt jedoch nicht, daß diese Phänomene durch Suggestion verursacht werden. Diejenigen von Ihnen, die an Hypnose interessiert sind, sollten einige der ausgezeichneten Bücher lesen, die sich mit den Prinzipien der modernen, wissenschaftlich orientierten Hypnose befassen.

Selbsthypnose macht Sie mit der Trance vertraut, in der sie jenen dissoziierten Bewußtseinszustand erreichen, in dem sich die ASW-Fähigkeiten oft kundtun. An Trancezuständen im allgemeinen ist nichts Unnatürliches. Ich kann ohne Bedenken sagen, daß jeder Leser und jede Leserin dieses Buches sich schon oftmals im Leben im Trancezustand befunden hat, ohne es zu wissen.

Falls Ihnen die Selbsthypnose nicht liegt, brauchen Sie sie jedoch nicht anzuwenden. Ich habe andere Methoden zur Konzentrationssteigerung und der Verlagerung der Aufmerksamkeit nach innen angeführt. Es geht hier um die zeitweilige Freisetzung der Persönlichkeit vom Diktat des Egos, die wir für diese Experimente brauchen. Es ist belanglos, wie wir diesen Bewußtseinszustand nennen oder welche Methode wir anwenden.

Hypnose führt zu einer erhöhten inneren Konzentration, indem Ablenkungen von außen ausgeschaltet werden. Sie gleicht nicht dem Schlafzustand, obwohl sich gewisse allgemeine Vergleiche zwischen Schlaf und hypnotischer Trance ziehen lassen. Wenn ein Hypnotiseur in seiner Tranceeinführung suggeriert, daß sich die Versuchsperson schläfrig fühlt oder einschlafen wird, dann wird sie beides tun. Wenn der Hypnotiseur keine derartigen Suggestionen gibt, dann wird sich die Versuchsperson nicht schläfriger fühlen als einige Momente zuvor, es sei denn – und das ist ein wichtiger Punkt –, sie ist bereits davon überzeugt, daß die hypnotische Trance dem Schlafzustand ähnelt.

Hypnose kann dazu verwendet werden, einen schlafähnlichen Zustand herbeizuführen; das bedeutet nicht, daß Hypnose als solche notwendigerweise dazu führt. Sie kann mit großem Nutzen eingesetzt werden, um Bewußtsein und gezielte Aufmerksamkeit zu steigern, so zum Beispiel, wenn ein Student für eine schwierige Prüfung lernt. Sie kann auch als Methode angewandt werden, um das Selbstvertrauen einer Persönlichkeit aufzubauen und sie zu versichern, daß sie alle ihre Fähigkeiten zur Verfügung hat. Sie kann, wie in diesem Buch vorgeschlagen, angewandt werden, um die Belange des Egos zu umgehen, damit sich ASW leichter kundtun kann.

Ich fange erst damit an, meine eigenen Fähigkeiten zu benutzen. Ich möchte daran erinnern, daß ich vor Beginn der hier angeführten Experimente keine ASW-Erfahrung hatte. Auch mein Mann hatte mit all diesen Experimenten Erfolg. Seine Arbeit mit den täglichen Voraussagen ist besonders interessant. Wir haben auch mit einigen anderen Experimenten begonnen, die hier nicht angeführt werden können, weil wir noch nicht lange genug mit ihnen arbeiten.

Gibt es zum Beispiel einen Astralkörper? Viele glauben, daß wir einen nicht greifbaren inneren Körper besitzen, der aus einem Stoff zwischen Materie und Nicht-Materie besteht. Andere glauben, daß dieser Astralkörper elektromagnetischer Natur ist. Ursprünglich erschien mir diese Vorstellung ziemlich weit hergeholt. Doch einige meiner Erfahrungen scheinen darauf zu verweisen, daß es so etwas wie Astralreisen oder Reisen in diesem Astralkörper gibt.

Was die Seth-Sitzungen angeht, so haben wir sie fortgesetzt. Seth sagt aus, daß er ein Energiepersönlichkeitskern ist, der nicht mehr innerhalb des physischen Systems agiert. Wir wissen ganz einfach nicht, wer oder was er ist. Inoffiziell wurde uns von einem Psychologen gesagt, daß Seth nicht die üblichen Merkmale einer Spaltpersönlichkeit aufweist. Die verschiedenen physischen Phänomene und hellseherischen Fälle, die in den Sitzungen auftraten, beweisen in dieser Hinsicht weder das eine noch das andere.

Trotz meiner eigenen Vorbehalte bezüglich physischer Phänomene könnten sich diese in Zukunft als wichtig erweisen. Wenn Seth – für mich sichtbar – mitten in unserem Wohnzimmer, bei gutem Licht, sozusagen in voller Pracht erscheint, dann will ich gerne zugeben, daß er tatsächlich das ist, was er zu sein behauptet. Robert hat einige tatsächliche Veränderungen meiner Gesichtszüge bei Sitzungen wahrgenommen. Er und ein Zeuge beobachteten bei ausgezeichnetem Licht die merkwürdige Materialisation, die vor meinem Gesicht erschien, am selben Abend, an dem der Zeuge auch die Erscheinung sah. Ich hingegen sah diese Erscheinung nicht. Da weitere Materialisationen nicht sehr oft auftreten und meine Person daran beteiligt ist, habe ich sie selbst nie beobachtet.

Es deutet nichts darauf hin, daß Suggestion für diese Phänomene verantwortlich ist, vor allem, da sie bei guter Beleuchtung auftraten. Seth sagte kürzlich aus, daß die Veränderung meiner Gesichtszüge fotografiert werden könnte, und wir haben vor, einige künftige Sitzungen darauf zu verwenden. Was die veränderte Stimme angeht, so handelt es sich kaum um eine Halluzination. Tonbandaufnahmen können das beweisen. Die ganze Angelegenheit scheint nicht dem Unbewußten zu entspringen, es sei denn, wir sind willens, das Unbewußte völlig neu zu definieren und ihm Kräfte und Fähigkeiten zuzusprechen, die bei weitem das übersteigen, was ihm gegenwärtig zugestanden wird.

Seth diskutierte diese Thematik kürzlich mit dem oben erwähnten Psychologen im Rahmen einer der bizarrsten Unterhaltungen, an denen ich je beteiligt war. Seth, Robert, der Psychologe und ich führten im Büro des Psychologen ein ausgedehntes Gespräch, bei dem ich mit solcher Geschwindigkeit einmal für mich und einmal für Seth sprach, daß wir alle überrascht waren.

Unabhängig davon, was Seth nun ist oder nicht ist, fasziniert uns das Seth-Material ständig durch sein hohes intellektuelles Niveau, seine logischen und psychologischen Einsichten, seine psychologischen und wissenschaftlichen Theorien. Das Material befaßt sich mit der Untersuchung der menschlichen Persönlichkeit, wie sie im Wachzustand, im Traum und in Trancezuständen erscheint, es diskutiert unter anderem die Natur physischer Materie, die Theorie des sich ausdehnenden Universums, Antimaterie und das Wesen der Zeit. In vielen Fällen werden Experimente vorgeschlagen. Wir haben es hier nicht mit einer allgemeinen abstrakten Abhandlung in pseudo-wissenschaftlicher oder esoterischer Sprache zu tun, die leicht abgetan werden könnte. Wenn Seth behauptet, daß physische Materie unbewußt aufgebaut wird, dann erläutert er in der Folge genau, wie das vonstatten geht und liefert dann sehr überzeugende Demonstrationen, um seinen Punkt zu beweisen. Er sagt auch aus, daß Mathematiker zu denselben Schlußfolgerungen kommen könnten, wenn sie von ihren Grundlagen ausgehen.

Da einige der praktischsten Theorien sozusagen aus dem Blauen heraus entstanden sind – aus unbewußten oder intuitiven Quellen – sollten die im Seth-Material dargelegten Gedanken ernsthaft in Betracht gezogen werden, unabhängig von ihrer Quelle oder wegen ihr, je nach Ihrem Standpunkt. Das Material bietet die logischsten und akzeptabelsten Theorien, mit denen wir je in Berührung gekommen sind; es bietet ein in sich schlüssiges und originäres Modell des Universums, das unabhängig von persönlichen religiösen Überzeugungen akzeptiert werden kann; es bietet eine Brücke zwischen Wissenschaft, Psychologie und Parapsychologie. Es schlägt wissenschaftliche Experimente vor, die die vorgelegte Hypothese beweisen können und befaßt sich ausführlich mit der Natur von ASW im allgemeinen.

Unglücklicherweise sind Parapsychologen mit unzähligen Manuskripten bombardiert worden; manche sind in ihrem Inhalt lächerlich, manche philosophisch »wirr« oder vage spiritistisch und manche schlichtweg obszön; die meisten kamen durch automatisches Schreiben und einige durch automatisches Sprechen zustande. Jedoch nicht alles auf diese Weise entstandene Material ist von dieser Art, und eine genaue Untersuchung verschiedener Manuskripte von guter Qualität wäre nützlich und produktiv.

Eine mißliche Folge dieses Beharrens auf wissenschaftlicher Methode in diesem Bereich ist der Mangel an intelligenten Theorien, die eindeutige und beobachtbare Fakten erklären. Eine Theorie wird aber gebraucht, nicht nur um diese Fakten zu erklären, sondern auch um einen möglichen Bezugsrahmen für weitere Untersuchungen und Experimente herzustellen. Theorien sind ein wichtiger Bestandteil der wissenschaftlichen Methode, was oft übersehen wird. Wissenschaftler überprüfen ständig Theorien, verwerfen sie, wenn neue Entdeckungen sie als unzulänglich erweisen und entwickeln neue Theorien, um die gegenwärtigen Fakten zu erklären. Eine Theorie ist nicht unbedingt eine Wahrheit. Sie ist eine Erklärung, mit der man arbeitet, um die gegebenen Fakten einzuordnen. Unter diesem Gesichtspunkt liefert das Seth-Material einen ausgezeichneten Beitrag.

Die Leser dieses Buches werden über die Experimente selbst entdecken, daß sie über Fähigkeiten verfügen, von denen sie in der Vergangenheit weitgehend keine Kenntnis hatten, und daß außersinnliche Wahrnehmung nichts Unnatürliches, Okkultes oder Übernatürliches ist. Die menschliche Persönlichkeit besitzt ganz einfach eine umfassendere Realität und ein größeres Gewahrungsvermögen, als wir bislang vermutet haben. Wenn Erscheinungen wissenschaftlich bewiesen sind – und einige hervorragende Parapsychologen bestehen darauf – dann müssen sie als »natürlich« anerkannt werden und als innerhalb des Kontexts einer Natur existent, die wir gerade erst zu erforschen begonnen haben.

Seit Beginn der im Buch angeführten Experimente hatten ich und mein Mann viele präkognitive Träume, die alle dokumentiert sind; wir hatten Erfahrungen, die nicht anders zu erklären sind als damit, daß die menschliche Persönlichkeit bis zu einem gewissen Grad von physischer Materie, physischem Raum und Zeit unabhängig ist; und wir beneiden Leser, die sich nun auf diese Forschungsreise begeben. Verwundert sehen wir zurück auf unsere eigene Initiation in diese Realitäten, und wir erwarten weitere Fortschritte.

Das Seth-Material enthält weitere Vorschläge für künftige Untersuchungen. Seth behauptet, daß sich eine Person mit der geeigneten Suggestion zu hellseherischen Träumen bringen kann. Andere faszinierende Konzeptionen für Traumtherapie sind ebenfalls erläutert worden, und wir beabsichtigen, sie durch von Seth vorgeschlagene Experimente zu überprüfen.

Ich möchte auch nochmals empfehlen, daß Sie Ihr Hintergrundwissen über ASW durch die Lektüre weiterer Bücher erweitern. Sie schulden es sich selbst, daß Sie entdecken, welche Arbeit in diesem Bereich bereits geleistet wurde, welche Beweise vorliegen, welche Fortschritte erzielt wurden und wo weitere Fortschritte nötig sind. Diese Fähigkeiten sind die Ihren. Die entsprechenden Untersuchungen und Forschungen betreffen Sie deshalb ganz persönlich.

Beginnen Sie in der Zwischenzeit mit Ihren eigenen Untersuchungen. Haben Sie die Fähigkeit, in die Zukunft zu sehen? Meine Antwort lautet ja. Aber belassen Sie es nicht bei meinem Wort. Führen Sie Ihre eigenen Experimente durch. Finden Sie es selbst heraus. Kommunizieren Sie telepathisch mit Freunden und Verwandten! Nur Ihre eigenen Erfahrungen und Aufzeichnungen können Ihnen eine angemessene Antwort geben. Die Herausforderung und der Lohn gehören Ihnen.

Der innere Raum wird unser nächstes Neuland, unser nächster Grenzbereich sein. Niemals hatte die einzelne menschliche Persönlichkeit eine solche Gelegenheit, ihre eigenen Fähigkeiten zu entwickeln und zum Wissen ihrer Spezies beizutragen. Es gibt Risiken – wie bei jedem Unternehmen. Es gibt Rückschläge. Aber das Projekt ist mehr als lohnenswert. Denn das, was wir sind, ist nur zum Teil in der physischen Materie enthalten. Laßt uns zum erstenmal in der Geschichte der menschlichen Rasse, frei von Aberglaube und Unwissenheit versuchen, die immateriellen Teile unseres Selbst zu erfassen. Der unentdeckte Mensch muß erst mit vollem Wissen und all seinen Potentialen zum Vorschein kommen. Der Gebrauch dieser Potentiale mag uns vielleicht wahrhaft weise werden lassen.

Bei unserer letzten Sitzung fragten wir Seth nach ein paar passenden Kommentaren, die wir als Schluß für dieses Buch verwenden könnten. Ich füge sie hier bei.

Auszüge aus der Sitzung 180, 23. August 1965

Die menschliche Persönlichkeit hat keine Beschränkungen außer denen, die sie akzeptiert. Es gibt keine Grenzen für ihre Entwicklung oder ihr Wachstum, wenn sie keine Grenzen akzeptiert. Es gibt keine Begrenzungen des Selbst außer jenen, die das Selbst willkürlich schafft und aufrechterhält. Es gibt keinen Schleier, den menschliche Wahrnehmung nicht durchdringen könnte, außer dem Schleier der Unkenntnis, der vom materialistischen Ego vorgezogen wird.

Das, was leer erscheint, so etwa euer Raum, ist leer nur für jene, die nicht wahrnehmen, die blind sind, weil sie fürchten, das wahrzunehmen, was das Ego nicht verstehen kann. Das Ego ist jedoch auch einer größeren Kenntnis, Bewegungsfreiheit, eines größeren Gesichtskreises und Wirkungsvermögens fähig. Es wohnt im physischen Universum, aber es kann tatsächlich auch andere Realitäten wahrnehmen und wertschätzen. Das Ego ist Teil der Persönlichkeit und kann als solcher an robusteren, herzhafteren, intensiveren Realitäten teilhaben. Die Persönlichkeit kann in vielen Welten zugleich wohnen und tut es auch.

Die fragende Intuition und das suchende Selbst können, wie Sommerwinde, kleine und große Räume bereisen, können von Wirklichkeiten und Gegebenheiten wissen, die winziger sind als Stecknadelköpfe und größer als Galaxien. Die Macht, die Kraft und die Fähigkeiten der menschlichen Persönlichkeit können auf praktischste Weise als grenzenlos angesehen werden.